TEORIA INSTITUCIONAL
UMA POSSÍVEL RESPOSTA DO DIREITO ADMINISTRATIVO A EMERGÊNCIAS

ALEXANDRA DA SILVA AMARAL

Prefácio
Flavio Amaral Garcia

Apresentação
Fábio Corrêa Souza de Oliveira

TEORIA INSTITUCIONAL
UMA POSSÍVEL RESPOSTA DO DIREITO ADMINISTRATIVO A EMERGÊNCIAS

Belo Horizonte

FÓRUM
CONHECIMENTO JURÍDICO

2024

© 2024 Editora Fórum Ltda.

É proibida a reprodução total ou parcial desta obra, por qualquer meio eletrônico, inclusive por processos xerográficos, sem autorização expressa do Editor.

Conselho Editorial

Adilson Abreu Dallari
Alécia Paolucci Nogueira Bicalho
Alexandre Coutinho Pagliarini
André Ramos Tavares
Carlos Ayres Britto
Carlos Mário da Silva Velloso
Cármen Lúcia Antunes Rocha
Cesar Augusto Guimarães Pereira
Clovis Beznos
Cristiana Fortini
Dinorá Adelaide Musetti Grotti
Diogo de Figueiredo Moreira Neto (*in memoriam*)
Egon Bockmann Moreira
Emerson Gabardo
Fabrício Motta
Fernando Rossi
Flávio Henrique Unes Pereira

Floriano de Azevedo Marques Neto
Gustavo Justino de Oliveira
Inês Virgínia Prado Soares
Jorge Ulisses Jacoby Fernandes
Juarez Freitas
Luciano Ferraz
Lúcio Delfino
Marcia Carla Pereira Ribeiro
Márcio Cammarosano
Marcos Ehrhardt Jr.
Maria Sylvia Zanella Di Pietro
Ney José de Freitas
Oswaldo Othon de Pontes Saraiva Filho
Paulo Modesto
Romeu Felipe Bacellar Filho
Sérgio Guerra
Walber de Moura Agra

FÓRUM
CONHECIMENTO JURÍDICO

Luís Cláudio Rodrigues Ferreira
Presidente e Editor

Coordenação editorial: Leonardo Eustáquio Siqueira Araújo
Aline Sobreira de Oliveira

Rua Paulo Ribeiro Bastos, 211 – Jardim Atlântico – CEP 31710-430
Belo Horizonte – Minas Gerais – Tel.: (31) 99412.0131
www.editoraforum.com.br – editoraforum@editoraforum.com.br

Técnica. Empenho. Zelo. Esses foram alguns dos cuidados aplicados na edição desta obra. No entanto, podem ocorrer erros de impressão, digitação ou mesmo restar alguma dúvida conceitual. Caso se constate algo assim, solicitamos a gentileza de nos comunicar através do *e-mail* editorial@editoraforum.com.br para que possamos esclarecer, no que couber. A sua contribuição é muito importante para mantermos a excelência editorial. A Editora Fórum agradece a sua contribuição.

Dados Internacionais de Catalogação na Publicação (CIP) de acordo com ISBD

A485t   Amaral, Alexandra da Silva

Teoria institucional: uma possível resposta do direito administrativo a emergências / Alexandra da Silva Amaral. Belo Horizonte: Fórum, 2024.

184 p. 14,5x21,5cm
ISBN 978-65-5518-635-2

1. Estado administrativo. 2. Teoria das instituições. 3. Diálogos institucionais. I. Título.

CDD: 342
CDU: 342

Ficha catalográfica elaborada por Lissandra Ruas Lima – CRB/6 – 2851

Informação bibliográfica deste livro, conforme a NBR 6023:2018 da Associação Brasileira de Normas Técnicas (ABNT):

AMARAL, Alexandra da Silva. *Teoria institucional*: uma possível resposta do direito administrativo a emergências. Belo Horizonte: Fórum, 2024. 184 p. ISBN 978-65-5518-635-2.

A Eduardo, aos meus filhos, Felipe, Danillo, Arthur e Igor, e à minha avó, Ceriselda (in memoriam), meu amor, carinho e gratidão.

AGRADECIMENTOS

A Céri Amaral, minha mãe, inspiração e apoio, agradeço pela revisão, partilha de ideias e pela inspiração. Ao meu pai, Carlos Amaral, minha gratidão pelo incentivo incondicional ao longo de toda a minha vida. Agradeço a minha irmã, Adriana, amiga de sempre, pela presença nas minhas ausências. A meu marido, Eduardo, meu amor, agradeço pela compreensão, parceria e troca. Aos meus filhos tão queridos, obrigada pela paciência. A minha cunhada, Renata, sou grata pela disponibilidade para a tradução do resumo da dissertação. Minha gratidão ao Prof. Dr. Fábio Corrêa Souza de Oliveira, meu orientador, pelos ricos debates, pela segura condução da orientação, pela compreensão e pelo agradável convívio. À Profa. Dra. Vanice Regina Lirio do Valle agradeço pela orientação inicial e pela contribuição em minha vida acadêmica. Sou grata à professora Fernanda Duarte Lucas da Silva e ao professor Carlos Bolonha pelos preciosos apontamentos na banca de qualificação e pelas sugestões tanto metodológicas quanto de leitura. Obrigado a todos os amigos, alunos, colegas da Procuradoria-Geral Federal que torceram por mim durante o percurso.

Tudo está desviado do próprio caminho. Sejam dadas graças a Deus por eu naqueles tempos ter adquirido de meu mestre a vontade de aprender e o sentido do caminho reto, que se conserva mesmo quando a vereda é tortuosa.

(Umberto Eco)

SUMÁRIO

PREFÁCIO
Flávio Amaral Garcia 13

APRESENTAÇÃO
Fábio Corrêa Souza de Oliveira 15

INTRODUÇÃO 17
1   Apresentação do problema 17
2   Objeto, objetivo e plano de investigação 21
3   Metodologia 28

I TEORIA INSTITUCIONAL 29
1   Teorias interpretativas 33
1.1   Interpretação não institucional: a teoria não interpretativista e o direito como integridade 38
1.2   Institucionalismo estilizado. Herbert Hart e o conceito de direito 49
1.3   Institucionalismo assimétrico 54
1.3.1 A contribuição de John Hart Ely: a teoria do reforço de representação 55
1.3.2 A contribuição de Jeremy Waldron: a teoria da autoridade 60
2   A virada institucional: institucionalismo empírico de Adrian Vermeule 66
2.1   Legalidade e separação de poderes 67
2.1.1 Caso *Crowell v. Benson* 68
2.1.2 *Administrative Procedure Act* (APA), de 1946 70
2.1.3 Do império da lei ao Estado Administrativo 73
2.2   *Standards* de deterência: *Skidmore* (1944), *Chevron* (1984), *Auer* (1997) e *Mead* (2001) 78
2.2.1 Caso *Skidmore v. Swift & Co.* 79
2.2.2 Caso *Chevron* 82
2.2.3 Caso *Auer v. Robbins* 84
2.2.4 Caso *United States v. Mead* 85

2.3	Capacidades institucionais e efeitos sistêmicos	88
2.4	Dilema institucional: decisões racionalmente arbitrárias	100
2.5	O Estado Administrativo e a moralidade da lei	107
2.5.1	*New Coke*	108
2.5.2	Moralidade do direito	109
2.5.3	Constitucionalismo do bem comum	110
3	Constitucionalismo e democracia	121
3.1	Constitucionalismo	122
3.2	Neoconstitucionalismo	124
3.3	Hiperpresidencialismo	127
3.4	Constituição de 1988 e estabilidade institucional	134
4	Emergência e Estado administrativo	136
4.1	Direito Administrativo emergencial	137
4.2	Direito Administrativo schmittiano	140
4.3	Reflexões sobre discricionariedade e a teoria dworkiana	147
4.4	A estratégia dialógica da ação eleita: uma questão de justificação	150
5	O argumento de capacidades institucionais como resposta a cenários de crise pelo Judiciário brasileiro	152
5.1	Declaração de emergência em saúde pública por surto de novo coronavírus	153
5.2	Medidas de enfrentamento da situação de emergência em saúde pública	156
5.3	O impacto da COVID-19 e o Estado administrativo	159

CONCLUSÃO 165

REFERÊNCIAS 175

PREFÁCIO

Foi com enorme honra que recebi o convite da Professora Alexandra da Silva Amaral para prefaciar a obra *Teoria institucional: uma possível resposta do Direito Administrativo a emergências*, fruto da sua tese de doutorado apresentada na Universidade Estácio de Sá, sob a orientação do Professor Fábio Corrêa Souza de Oliveira.

Tenho a satisfação e o privilégio de contar com a Professora Alexandra Amaral como docente dos cursos de licitações e contratos que coordeno na Fundação Getulio Vargas (FGV Direito Rio). Sou testemunha da sua competência e, sobretudo, dedicação à vida acadêmica, agora coroada com a publicação da obra que ora apresento.

A questão central objeto da investigação acadêmica da autora conecta-se com as respostas que o Direito, notadamente o Direito Administrativo, pode oferecer em contextos e situações de crise e emergência. A relevância do tema é evidente, em especial após os complexos desafios impostos pela pandemia de COVID-19.

Foi-se o tempo – se é que isso aconteceu em algum momento da história da humanidade – que vivíamos em um mundo com estabilidade (ainda que aparente). Como dizia o filósofo grego Heráclito, *nada é permanente, exceto a mudança*. Na atual quadra do século XXI, temos a impressão de que as mutações são cada vez mais intensas, aceleradas e imprevisíveis, atraindo, entre outras consequências, maior frequência na ocorrência de crises e situações de emergência.

Daí surge a indagação central formulada pela Professora Alexandra Amaral: como o Direito Administrativo responde a emergências? Sem pretensão de afirmar com inequívoca certeza ou mesmo correndo o risco de cometer alguma injustiça, não me recordo de obra jurídica no Brasil que tenha enfrentado a temática das crises e emergências sob a perspectiva do Direito Administrativo.

Eis, portanto, a primeira virtude do livro: aprofundar uma investigação acadêmica de tema relevante, com destacada importância prática e, principalmente, com literatura escassa. A obra que tenho a honra de prefaciar preenche, portanto, uma lacuna na doutrina jurídica brasileira.

Para o enfrentamento do tema, a Professora Alexandra Amaral empreendeu percurso com amplo substrato teórico e axiológico, com eixo central na obra do Professor Adrian Vermeule. Dialoga, ainda, com autores do porte de Ronald Dworkin, Carl Schmitt, Herbert Hart, entre tantos outros de destacada importância na teoria geral do direito.

A autora propõe que "a hipótese do presente trabalho é a de que a resposta está na análise das instituições jurídicas, a partir do estudo dos conceitos de capacidades institucionais e efeitos sistêmicos e a compreensão da complexa articulação entre os três Poderes".

Assim é que o referencial teórico institucionalista foi o caminho seguro descortinado pela Professora Alexandra Amaral para defender a ideia central de que um modelo de deferência às escolhas administrativas pelo Poder Judiciário não necessariamente deve induzir a um fortalecimento excessivo do Poder Executivo, não afastando o dever da autoridade administrativa no indispensável ônus da justificação. Partindo da obra de Vermeule, assume a autora que "a questão central não é qual a decisão correta, mas se o processo adotou um caminho racional. As questões são institucionais e não filosóficas".

Bem se vê que a obra enfrenta questões complexas e caras ao Direito Administrativo, como os limites do controle jurisdicional aos atos da Administração, a necessária revisitação da ideia de separação de Poderes e a secular inquietude inerente ao exercício de competências discricionárias à luz da legalidade estrita. E, de modo inovador, o fio condutor que conecta todos esses temas é o contexto das tomadas de decisão em situações de crise e estado de emergência.

Enfim, tenho para mim que o Direito Administrativo tem se apresentado como o ramo do Direito mais desafiador na atual quadra. Impressiona a sua evolução, especialmente quando comparamos com a dogmática que prevalecia até o final do século passado. Julgo que os parâmetros da juridicidade, consensualidade, pragmatismo e consequencialismo são indispensáveis para que o operador do Direito enderece adequadamente as soluções para os complexos desafios que o século XXI nos impõe. E vejo, com otimismo, que esse viés contemporâneo permeou toda a obra da Professora Alexandra Amaral.

Boa leitura! Asseguro que será prazerosa e instigante.

Flávio Amaral Garcia
Doutor em Direito Público pela Universidade de Coimbra. Professor de Direito Administrativo da Fundação Getulio Vargas – RJ

APRESENTAÇÃO

No início do outono de 2023, Alexandra da Silva Amaral conquistava o título de doutora em Direito. Com elogios da banca, formada pelos professores Carlos Bolonha (UFRJ), Luigi Bonizzato (UFRJ), Fernanda Duarte da Silva (UNESA), Marcelo Machado Lima (UNESA), além de mim, na qualidade de presidente e orientador, Alexandra foi aprovada na defesa da sua tese, a qual sustentou com serenidade, empenho e competência. A rigor, o encontro ensejou, mais do que uma defesa, um diálogo, no melhor sentido da busca pela compreensão frente a um objeto complexo, expondo e ouvindo uma interlocução *desinteressada, comunicativa* e não *estratégica*, como convém ao exercício acadêmico, e tão ao jeito da personalidade afável e investigativa da autora.

Ao longo do doutorado, Alexandra foi o modelo do que se espera de um estudante desse nível de formação, que confere o mais alto grau de titulação. Curiosa, dedicada, aberta, estudiosa, envolvida, compenetrada, Alexandra facilitou a orientação e cresceu intelectualmente durante o percurso. Foi um ganho para mim, profissional e pessoalmente, tê-la acompanhado por esse caminho de conquistas.

A tese, intitulada *Teoria institucional: uma possível resposta do Direito Administrativo a emergências*, ora publicada, é de atualidade manifesta. Tem a sua circunstância marcada pela pandemia ocasionada pelo coronavírus SARS-CoV-2, causador da COVID-19. A pandemia levou à discussão sobre o *estado de exceção* e, especialmente aqui, sobre um *Direito Administrativo de exceção* ou um *Direito Administrativo de emergência*. A questão é crucial: é antes hipótese da teoria do direito. Uma facticidade excepcional, grave, como a experimentada em função da pandemia, autoriza excepcionar o Direito ou o Direito confere resposta à crise e, portanto, não é suspenso? Diante de algo como a *emergência de saúde pública de importância internacional* (Lei nº 13.979/20) – ou, por exemplo, do *estado de sítio*, que nessa situação não foi instituído –, a legalidade (inclusive constitucional) deve ser afastada? Ou é o caso de uma *legalidade extraordinária*? Em tal contingência, a *discricionariedade* aumenta? Soluções ajurídicas ou antijurídicas são admitidas? Ou múltiplas respostas jurídicas?

Essa é a questão central do trabalho de Alexandra Amaral. O marco teórico é dado por Adrian Vermeule, e outros são chamados ao debate, com o que convergências e divergências são apontadas. Professores como Carl Schmitt, Herbert Hart, John Hart Ely, Ronald Dworkin e Jeremy Waldron. Tem-se, pois, um rico quadro teórico e prático.

Agora na forma de livro, a alcançar um público maior, o estudo empreendido por Alexandra Amaral traz uma contribuição relevante para a reflexão dessa matéria que está no cerne do Direito porque vem a ser a sua negação ou a sua afirmação.

Boa leitura!

Rio de Janeiro, setembro de 2023.

Fábio Corrêa Souza de Oliveira
Prof. de Direito Administrativo da Faculdade de Direito da Universidade Federal do Rio de Janeiro (UFRJ) e do PPGD da Universidade Estácio de Sá (UNESA)

INTRODUÇÃO

1 Apresentação do problema

Como o Direito Administrativo responde a emergências? O questionamento sugere reflexões que muitas vezes tendem a procurar uma ordem jurídica completa, que seja capaz de oferecer uma única resposta correta. No entanto, o século XXI, longe de fornecer certezas, mostra-se assombrado por crises, em que os padrões existentes são insuficientes e as exceções demandam ponderações e novas soluções.

Diferentes versões do positivismo diferem em relação ao tema. Hart (2009), a partir do conceito de textura aberta, reconhece vaguezas e ambiguidades, quer na jurisprudência ou na legislação. Sustenta que os legisladores não podem ter o conhecimento de todas as circunstâncias futuras. Inerente a essa imprevisibilidade está uma relativa imprecisão dos objetivos.[1] Tal posição admite, portanto, que tribunais possam desempenhar função normativa e criadora[2] e que devam usar sua discricionariedade para dirimir incertezas contidas na lei e tornar mais precisos padrões que se apresentam vagos.

Importante também a compreensão da discricionariedade, enquanto corte teórico, como conceito que revela "um novo espaço jurídico decisório substantivo, dentro do qual seus agentes poderão, conforme a amplitude definida pelo legislador, escolher, total ou parcialmente,

---

[1] HART, H. L. A. O conceito de direito. Pós-escrito organizado por Penélope A. Bulloch e Joseph Raz. Tradução: Antônio de Oliveira Sette-Câmara. São Paulo: Editora WMF Martins Fontes, 2009. p. 167.
[2] HART, H. L. A. O conceito de direito, ob. cit., p. 176.

o motivo e o objeto de seus atos, ou ambos, sempre para realizar a boa administração".[3]

Com efeito, a lei não terá o condão de atingir todos os aspectos da atuação administrativa, mas reserva certa margem de liberdade de decisão diante do caso concreto para que, de forma geral, a autoridade possa optar por uma dentre várias soluções possíveis, todas válidas perante o direito.[4][5][6]

Não menos importante a observação de Oliveira (2007) para o embaraço que existe em perquirir onde há discricionariedade e onde há arbitrariedade, especialmente porque "a confirmação da qualidade do ato só vem *a posteriori*, ou seja, após o exame da questão e a tomada de decisão correspondente".[7]

Em outra perspectiva doutrinária, Dworkin (2010) sustenta que, mesmo nos casos difíceis, o juiz terá sempre o dever de descobrir quais são os direitos das partes, não sendo possível criar novos direitos com aplicação retroativa.[8] Assim, conclui ser improvável que, em sistemas

---

[3] MOREIRA NETO, Diogo de Figueiredo. *Curso de direito administrativo*: parte introdutória, parte geral e parte especial. 15ª edição. Revista, refundida e atualizada. Rio de Janeiro: Ed. Forense, 2009. p. 106.

[4] PIETRO, Maria Sylvia Zanella Di. *Direito administrativo*. 27. ed. rev. atual e ampl. Rio de Janeiro: Forense, 2014. p. 221.

[5] No mesmo sentido, afirma Aragão que "discricionariedade administrativa seria, assim, a margem de escolha deixada pela lei ao juízo do administrador público para que, na busca da realização dos objetivos legais, opte, entre as opções juridicamente legítimas, pela medida que naquela realidade concreta, entender mais conveniente". O autor admite, ainda, a discricionariedade presente quando a lei utiliza conceitos jurídicos indeterminados e afirma que, "dentre as possíveis formas de preencher aquele conteúdo de baixa densidade normativa, o administrador o densifica num exercício de discricionariedade, por intermédio de um juízo de conveniência e oportunidade" (ARAGÃO, Alexandre Santos de. *Curso de direito administrativo*. Rio de Janeiro: Forense, 2012. p. 155-156).

[6] O tema não encerra consenso na doutrina. Note-se a contribuição Eros Grau, que afirma: "A discricionariedade é essencialmente uma liberdade de eleição entre alternativas igualmente justas ou entre indiferentes jurídicos – porque a decisão se fundamenta em critérios extrajurídicos (de oportunidade, econômicos etc.), não incluídos na lei e remetidos ao juízo subjetivo da Administração –, ao passo que a aplicação de conceitos Indeterminados é um caso de aplicação da lei. A consequência mais relevante que se extrai dessa distinção respeita precisamente ao papel a ser desempenhado pelo Poder Judiciário diante de ambas as hipóteses. Se não lhe cabe, por um lado, a apreciação da decisão discricionária, por outro lhe cumpre, inquestionavelmente, manifestar-se sobre a aplicação, pela Administração, dos conceitos indeterminados" (GRAU, Eros Roberto. *O Direito posto e o direito pressuposto*. 7ª edição revista e ampliada. São Paulo: Malheiros Editores, 2008. p. 203-204).

[7] OLIVEIRA, Fabio de. *Por uma teoria dos princípios*: o princípio constitucional da razoabilidade. 2ª edição. Rio de Janeiro: Lumen Juris, 2007. p. 130.

[8] DWORKIN, Ronald. *Levando os direitos a sério*. Tradução: Nelson Boein. 2ª edição. São Paulo: Editora WMF Martins Fontes, 2010. p. 127.

jurídicos complexos e abrangentes, como os da Grã-Bretanha e dos Estados Unidos, duas teses divirjam a ponto de não existir uma resposta correta. Acredita, portanto, no direito como integridade, como uma elaboração de um *romance em cadeia*. O direito não pode estar voltado para o passado ou para programas instrumentais de pragmatismos jurídicos voltados para o futuro. As afirmações jurídicas são opiniões interpretativas que combinam elementos, como uma política em processo de desenvolvimento. Por essa razão, rejeita a ideia de um juiz que cria o direito.[9]

Waldron (2003) procura restaurar a dignidade da legislação ao questionar o desconforto jurisprudencial em relação a ela. Enfatiza que a lei é, no mundo moderno, o produto de uma assembleia, composta de pessoas com crenças e interesses divergentes e muitas vezes conflitantes, que debatem como iguais. E, nesse ponto, atenta para o fato de que os juízes vivem solitários, rodeados por livros e pelo saber, porém isolados da vida comum, rodeados por um número pequeno de igual distinção.[10]

Ely (2010) enfrenta de forma objetiva o debate na teoria constitucional americana e a disputa entre as correntes interpretacionistas e não interpretacionistas. Sua contribuição aponta para a reflexão sobre o papel da legislação e do Direito Constitucional como necessário para as situações em que o governo representativo se tornou suspeito.[11]

Vermeule (2009) lança novas luzes sobre tão interessante debate, que tem como pano de fundo a discricionariedade e a nem sempre harmoniosa relação entre as funções estatais. Esse é o ponto de corte teórico em que imprime sua concepção de direito e será de fundamental importância para o institucionalismo empírico por ele sustentado. Para tanto, o autor resgata o pensamento de Carl Schmitt para procurar compreender a relação entre legalidade e emergências, a partir dos buracos negros e cinzentos, domínios nos quais estatutos, decisões judiciais e práticas institucionais, explícita ou implicitamente, excepcionam os constrangimentos legais do Executivo.[12]

---

[9] DWORKIN, Ronald. *O império do Direito*. Tradução: Jeferson Luiz Camargo. São Paulo: Martins Fontes, 1999. p. 271-272.
[10] WALDRON, Jeremy. *A dignidade da legislação*. Tradução: Luis Carlos Borges. São Paulo: Martins Fontes, 2003. p. 37.
[11] ELY, John Hart. *Democracia e desconfiança*: uma teoria do controle judicial de constitucionalidade. São Paulo: Editora WMF Martins Fontes, 2010. p. 246.
[12] VERMEULE, Adrian. Our Schmittian Administrative Law. *Harvard Law Review*, vol. 122, n. 4, 2009, p. 1095.

Procura demonstrar, ainda, que, depois do 11 de setembro,[13] os tribunais aplicaram conceitos abertos do Direito Administrativo, como discricionariedade e razoabilidade, de forma deferente, criando buracos cinzentos nos quais a revisão judicial da ação das agências[14] é mais aparente que real.

O problema central da presente tese está na pergunta: como o direito responde a situações de crise?

A hipótese do presente trabalho é a de que a resposta está na análise das instituições jurídicas, a partir do estudo dos conceitos de capacidades institucionais e efeitos sistêmicos.

A atualidade do tema justifica realizar uma aproximação entre os autores e suas teorias para procurar compreender a complexa articulação entre os três poderes.

---

[13] Os ataques ou atentados terroristas de 11 de setembro de 2001, ou apenas 11 de setembro, foram uma série de ataques suicidas contra os Estados Unidos coordenados pela organização fundamentalista islâmica al-Qaeda em 11 de setembro de 2001. Na manhã daquele dia, dezenove terroristas sequestraram quatro aviões comerciais de passageiros. Os sequestradores colidiram intencionalmente com dois dos aviões contra as Torres Gêmeas do complexo empresarial do World Trade Center, na cidade de Nova Iorque, matando todos a bordo e muitas das pessoas que trabalhavam nos edifícios. Ambos os prédios desmoronaram duas horas após os impactos, destruindo edifícios vizinhos e causando vários outros danos. O terceiro avião de passageiros colidiu contra o Pentágono, a sede do Departamento de Defesa dos Estados Unidos, no Condado de Arlington, Virgínia, nos arredores de Washington, D.C. O quarto avião caiu em um campo aberto próximo de Shanksville, na Pensilvânia, depois de alguns de seus passageiros e tripulantes terem tentado retomar o controle da aeronave dos sequestradores, que a tinham reencaminhado na direção da capital norte-americana. Não houve sobreviventes em qualquer um dos voos. Quase três mil pessoas morreram durante os ataques, incluindo os 227 civis e os 19 sequestradores a bordo dos aviões. Disponível em: https://pt.wikipedia.org/wiki/Ataques_de_11_de_setembro_de_2001. Acesso em: 09 ago. 2020.

[14] SEC. 2. *As used in this Act— (a) AGENCY —"Agency" means each authority (whether or not within or subject to review by another agency) or the Government of the United States other than Congress, the courts, or the governments of the possessions, Territories, or the District of Columbia. Nothing in this Act shall be construed to repeal delegations of authority as provided by law. Except as to the requirements of section 3, there shall be excluded from the operation of this Act (1) agencies composed of representatives of the parties or of representatives of organizations of the parties to the disputes determined by them, (2) courts martial and military commissions, (3) military or naval authority exercised in the field in time of war or in occupied territory, or (4) functions which by law expire on the termination of present hostilities, within any fixed period thereafter, or before July 1,1947, and the functions conferred by the following statutes: Selective Training and Service Act of 1940; Contract Settlement Act of 1944; Surplus Property Act of 1944.* Disponível em: https://www.justice.gov/sites/default/files/jmd/legacy/2014/05/01/act-pl79-404.pdf. Acesso em: 09 ago. 2020.

2 Objeto, objetivo e plano de investigação

A fim de não incorrer no risco da generalização e de um direcionamento da pesquisa muito amplo para a elaboração de um trabalho que possa contribuir para o avanço dos debates, o tema foi delimitado ao estudo específico da teoria institucional, a partir da contribuição de Adrian Vermeule, como instrumental necessário para alcançar uma possível resposta à pergunta formulada.

A teoria institucional, segundo Bobbio (2016), assumiu seu lugar de honra inicialmente como um movimento de reação ao positivismo, em especial, em relação à visão de que a exasperação dessa teoria teria tido como consequência a redução do direito ao direito estatal, quando há outros ordenamentos positivos diferentes do Estado.[15]

Hauriou (2009)[16] afirma que "uma instituição é uma ideia de obra ou de empresa que se realiza e dura juridicamente num meio social".[17] Prossegue o autor a elencar os três elementos de uma instituição corporativa, a saber: a ideia de uma obra ou de uma ideia diretriz; o poder de governo organizado para sua realização, pautado nos princípios da separação de poderes e do regime representativo; e as manifestações de comunhão que ocorrem no grupo social para sua concretização.[18]

O presente trabalho adota como marco teórico da explicação dos sistemas complexos o recorte proposto por Adrian Vermeule.

Vermeule (Cambridge, Massachusetts, 1968) é um importante cientista do direito na atualidade. Professor da Escola de Direito de Harvard e da Faculdade de Direito da Universidade de Chicago, foi premiado duas vezes com o Prêmio de Excelência em Ensino (2002-2004) e eleito, em 2012, para a Academia Americana de Artes e Ciências.

---

[15] BOBBIO, Norberto. *Jusnaturalismo e positivismo jurídico*. Tradução: Jaime A. Clasen. Revisão técnica: Marcelo Granato. 1ª edição. São Paulo: Editora Unesp; Instituto Norberto Bobbio, 2016. p. 41.

[16] Importante destacar que a abordagem do presente trabalho é fundada no institucionalismo contemporâneo. No entanto, não se pode deixar de apontar para a contribuição das visões clássicas do institucionalismo, a exemplo daquela desenvolvida por Maurice Hauriou. A teoria aponta a instituição como verdadeiro elemento objetivo do sistema jurídico, razão pela qual são as instituições que fazem as regras de direito, e não o contrário. Os traços principais da teoria do direito como instituição serão mais bem analisados na Parte I, Capítulo 1.

[17] HAURIOU, Maurice. *A teoria da instituição e da fundação*: ensaio de vitalismo social. Tradução: José Ignácio Coelho Mendes. Porto Alegre: Sergio Antonio Fabris Ed., 2009. p. 19.

[18] HAURIOU, Maurice. *A teoria da instituição e da fundação*: ensaio de vitalismo social. Tradução: José Ignácio Coelho Mendes. Porto Alegre: Sergio Antonio Fabris Ed., 2009. p. 21.

Ainda que ocupe importante espaço em Direito Constitucional e Direito Administrativo, sua contribuição está concentrada na teoria institucional.

O campo da teoria institucional apresenta crescente demanda para o desenvolvimento de pesquisas, em especial em relação a análises sobre as capacidades institucionais e o contexto constitucional democrático. A teoria norte-americana é o referencial para os estudos sobre o papel das instituições e a legitimidade de sua atuação, com destaque para autores como Adrian Vermeule.

O estudo da teoria institucional pressupõe, assim, a análise de questões de fundamental importância a partir de um viés pragmático, como a efetividade dos direitos fundamentais, a visão clássica do princípio da separação de poderes e a atividade interpretativa tradicionalmente atribuída ao Judiciário. A primeira delas procura investigar as metodologias de investigação constitucional.

A teoria da segunda metade do século XX, de matriz alemã, tem como principal argumento a relação norma constitucional e democracia como elemento que deve ser equacionado pelo binômio direito e política. Ausente, no entanto, a análise da importância do comportamento das instituições democráticas que lidam com a eficácia constitucional.[19]

Outro ponto a merecer enfrentamento está no compromisso da atual teoria constitucional com o princípio da separação de poderes, a partir de uma repartição de competências e de mecanismos de *checks and balances*. Esse modelo mostra-se frágil, porque tem dificuldade em considerar que os poderes devem ser exercidos de modo cooperativo por toda a atividade institucional. Assim, uma nova concepção do princípio da separação de poderes deve ser sensível ao fenômeno dos efeitos sistêmicos.

A terceira questão envolve um problema de ordem metodológica, eis que os desenhos institucionais e a sua dinâmica dependem de um estudo sobre capacidades institucionais e efeitos sistêmicos, em uma vertente crítica de pensamento que se opõe às correntes perfeccionistas,[20] que atribuem aos juízes a prerrogativa interpretativa.

---

[19] BOLONHA, C.; ALMEIDA, M.; RANGEL, H. A legitimidade na teoria institucional. *Revista Brasileira de Direitos Fundamentais & Justiça*, v. 7, n. 22, p. 148-169, 30 mar. 2013, p. 154.

[20] Por corrente perfeccionista entenda-se a perspectiva que se identifica com a figura do Juiz Hércules, definida por Ronald Dworkin. Nesse sentido: BOLONHA, C.; ALMEIDA, M.; RANGEL, H. A legitimidade na teoria institucional. *Revista Brasileira de Direitos Fundamentais & Justiça*, v. 7, n. 22, p. 148-169, 30 mar. 2013, p. 156.

Nesse contexto, a atividade interpretativa não deve estar restrita ao plano do Judiciário, porque todas as instituições com atribuições normativas e funcionais de matriz constitucional possuem um papel democrático a ser desempenhado.[21] A teoria a que se filia Vermeule procura, portanto, considerar na atividade interpretativa e deliberativa dois aspectos importantes: as capacidades institucionais e os efeitos sistêmicos. Sustenta o autor que a análise institucional é indispensável para qualquer forma de interpretação legal.

Enfatiza a existência de um dilema institucional, em que não se pode escapar da tarefa de escolher um processo decisório interpretativo em condição de incerteza e racionalidade limitada. Assim, defende que a melhor estratégia de tomada de decisão para juízes na América é uma versão do formalismo,[22] em que os juízes devem renunciar ao uso da história legislativa e de outras fontes colaterais para chegar ao sentido, intenções ou objetivo da lei.

Destaca os riscos e os custos que envolvem eventual erro decorrente da decisão judicial, especialmente em razão da avaliação do tempo e da informação disponíveis. O equívoco de interpretação por parte do Judiciário pode dificultar o planejamento de políticas racionais e previsíveis.[23] Vermeule argumenta que a moralidade interna da lei empodera e constrange a autoridade administrativa, a partir de um conjunto de princípios que constituem o ideal da regra do direito, que procura promover o bem comum.[24]

Nesse sentido, para o aludido autor, juízes devem permanecer próximos ao nível superficial ou sentido literal[25] de textos claros e

---

[21] BOLONHA, C.; ALMEIDA, M.; RANGEL, H. *A legitimidade na teoria institucional*, ob. cit., p. 154-155.

[22] Entenda-se formalismo no seu uso mais frequente, que coincide com uma interpretação formal do Direito. Essa acepção caracteriza-se pela prevalência à interpretação lógico e sistemática sobre a interpretação histórica teleológica, bem como atribui ao juiz apenas uma função declarativa da lei vigente, sem o poder de criar Direito novo. Nesse sentido, Norberto Bobbio examina quatro significados de formalismo jurídico, conhecidos como: concepção legalista da justiça (legalismo), teoria normativa do Direito (ou normativismo), concepção da ciência jurídica como dogmática e a chamada jurisprudência dos conceitos (ou conceitualismo jurídico). BOBBIO, Norberto. *Jusnaturalismo e positivismo jurídico*. Tradução: Jaime A. Clasen. Revisão técnica: Marcelo Granato. 1ª edição. São Paulo: Editora Unesp; Instituto Norberto Bobbio, 2016. p. 118-121.

[23] SUNSTEIN, Cass R.; VERMEULE, Adrian. *Law & leviathan*. London : Harvard University Press, 2020. p. 100.

[24] SUNSTEIN, Cass R. ; VERMEULE, Adrian. *Law & leviathan*, ob. cit., p. 144.

[25] Carlos Maximiliano observa que, tradicionalmente, a interpretação pode ser classificada, quanto à sua origem, em autêntica e doutrinal, mas, conforme os elementos de que esses

específicos, sem perquirições sobre finalidades dos estatutos, intenção dos legisladores ou autores das constituições, sequer a compreensão de valores públicos ou equidade geral. Assim, para textos intrinsecamente ambíguos, juízes devem atribuir a autoridade para interpretá-los a outras instituições, agências administrativas, em relação aos estatutos e legisladores para a Constituição.²⁶ Vermeule (2006) denuncia uma espécie de cegueira ou insensibilidade da teoria interpretativa e dos seus teóricos para as dimensões institucionais de interpretação.

O tema certamente enseja investigação, porque considerações sobre o alcance da atividade do intérprete tendem a gerar larga discussão na doutrina. Ensina Maximiliano (1984) que interpretar é "revelar o sentido apropriado para a vida real".²⁷ Logo, conceitos, intenções, fatos, indícios, inclusive o silêncio, estão no objeto da interpretação.

No entanto, alerta Ávila (2019) que, embora os sentidos possam ser reconstruídos pelo intérprete, há um significado mínimo que está incorporado ao uso ordinário ou técnico da linguagem, concluindo que "o intérprete não só constrói, mas reconstrói sentido".²⁸

Por conseguinte, a compreensão da matéria supõe, ainda, a distinção entre texto e norma. Essa é a preocupação externada por Oliveira (2007) quando afirma que "a norma jurídica decisória não está antes formulada no seu texto, mas é posteriormente edificada em proveito do caso concreto através de um procedimento de concretização".²⁹

A questão, portanto, não é de simples solução, na medida em que tais considerações ganham relevo especialmente diante da discussão sobre os limites da legislação infraconstitucional como mecanismo de

---

processos se serviam, também era possível identificar a interpretação em gramatical e lógica. Destaca o autor que a diferença entre os dois últimos reside no fato que a interpretação gramatical, ou literal, somente se ocupa da letra do dispositivo. A seu turno, a interpretação lógica não dispensa a preocupação com o espírito da norma. Conclui não serem mais aceitas as denominações gramatical e lógica, porque "a interpretação é uma só e não se fraciona: exercita-se por vários processos, no parecer de uns; aproveita-se de elementos diversos, na opinião de outros (...)". Nesse sentido: MAXIMILIANO, Carlos. *Hermenêutica e aplicação do direito*. 9ª edição. 3ª tiragem. Forense: Rio de Janeiro, 1984. p. 108.

26 VERMEULE, Adrian. *Judging under uncertainty*: an institutional theory of legal interpretation. Cambridge: Harvard University Press, 2006. p. 3-4.

27 Nesse sentido: MAXIMILIANO, Carlos. *Hermenêutica e aplicação do direito*. 9ª edição. 3ª tiragem. Forense: Rio de Janeiro, 1984. p. 9-10.

28 ÁVILA, Humberto. *Teoria dos princípios*: da definição à aplicação dos princípios jurídicos. 19ª ed. rev. e atual. São Paulo: Malheiro, 2019. p. 52-53.

29 OLIVEIRA, Fabio de. *Por uma teoria dos princípios*: o princípio constitucional da razoabilidade. 2ª edição. Rio de Janeiro: Lumen Juris, 2007. p. 159.

mutação, bem como sobre a atuação do Poder Judiciário na guarda da Constituição.

O Direito Constitucional apresenta, segundo Oliveira (2007), peculiaridades que demandam maior comedimento na atividade do intérprete, "porque suas intervenções despertam uma sensibilidade muito maior do que nos demais âmbitos temáticos do Direito".[30] Tavares (2021) pondera sobre o papel e a importância da linguagem empregada no texto constitucional. Observa que a letra da lei é o ponto de referência obrigatório para a interpretação de qualquer norma. No entanto, admite que o significado linguístico próprio e específico de um vocábulo deve ser extraído em uma operação preliminar. No entanto, não está, com isso, a defender a denominada interpretação gramatical.[31]

A orientação exposta descortina, em verdade, discussão mais ampla, que envolve uma concepção mais plural ou, como propõe Häberle (2002), uma hermenêutica constitucional adequada à chamada sociedade aberta dos intérpretes. Nesse sentido, a atividade interpretativa dos juízes, ainda que relevante, não é a única, eis que "existe um círculo muito amplo de participantes do processo de interpretação pluralista, processo este que se mostra muitas vezes difuso".[32]

O autor citado enfatiza, ainda, que o processo de interpretação constitucional tem sido prejudicado por uma sociedade fechada, constituída de intérpretes jurídicos afetos a corporações e aos participantes formais do processo constitucional. Sua proposta abre para outra direção, porque admite que todos os órgãos estatais, todas "as potências públicas", cidadãos e grupos estão potencialmente vinculados ao processo de interpretação constitucional.[33]

---

[30] TAVARES, André Ramos. *Curso de direito constitucional*. 19ª edição. São Paulo: Saraiva Educação, 2021. p. 183.
[31] TAVARES, André Ramos. *Curso de direito constitucional*. 19ª edição. São Paulo: Saraiva Educação, 2021. p. 187.
[32] HÄBERLE, Peter. *Hermenêutica constitucional*: a sociedade aberta dos intérpretes da Constituição: contribuição para a interpretação pluralista "procedimental" da Constituição. Tradução: Gilmar Ferreira Mendes. Porto Alegre: Sergio Antonio Fabris Editor, 2002. p. 11.
[33] HÄBERLE, Peter. *Hermenêutica constitucional*: a sociedade aberta dos intérpretes da Constituição: contribuição para a interpretação pluralista "procedimental" da Constituição. Tradução: Gilmar Ferreira Mendes. Porto Alegre: Sergio Antonio Fabris Editor, 2002. p. 13.

Observa, também, que o destinatário da norma é participante ativo do processo hermenêutico e que os intérpretes jurídicos não detêm o monopólio da atividade interpretativa. O técnico ou *expert* assume, nesse contexto, papel de relevo no âmbito do processo legislativo ou judicial.[34] Admite uma teoria constitucional como ciência da experiência,[35] em que a interpretação jurídica "traduz apenas a pluralidade da esfera pública e da realidade".[36]

Nesse contexto, o objetivo principal do trabalho é investigar criticamente a possibilidade de incremento da deferência para as agências administrativas em situações de emergência. Como objetivo secundário e proposta de solução para o problema apresentado, identificar quais procedimentos decisórios devem as instituições utilizar para dar respostas adequadas a situações emergenciais, tendo como ponto de partida suas capacidades particulares de interpretação legal e os efeitos sistêmicos dessa aproximação interpretativa.

Traçado o objetivo, o plano de investigação é desenvolvido em três partes. As duas primeiras, analíticas, buscam apresentar o estado da arte do tema objeto de pesquisa. A primeira é dedicada a contextualizar a contribuição de Vermeule, a partir de sua filiação teórica e da posição hermenêutica que defende. Na sequência, uma reflexão teórica e crítica sobre as categorias que o autor utiliza, considerados os objetivos propostos.

A primeira parte é destinada à apresentação das posições teóricas principais, a partir de uma crítica da teoria americana interpretativa, para evidenciar uma condição crônica de cegueira institucional, que parte do estudo de princípios para oferecer conclusões operacionais, estéreis e estereotipadas, sem, no entanto, enfrentar o terreno institucional.[37]

---

[34] HÄBERLE, Peter. *Hermenêutica constitucional*: a sociedade aberta dos intérpretes da Constituição: contribuição para a interpretação pluralista "procedimental" da Constituição. Tradução: Gilmar Ferreira Mendes. Porto Alegre: Sergio Antonio Fabris Editor, 2002. p. 17.

[35] HÄBERLE, Peter. *Hermenêutica constitucional*: a sociedade aberta dos intérpretes da Constituição: contribuição para a interpretação pluralista "procedimental" da Constituição. Tradução: Gilmar Ferreira Mendes. Porto Alegre: Sergio Antonio Fabris Editor, 2002. p. 19.

[36] HÄBERLE, Peter. *Hermenêutica constitucional*: a sociedade aberta dos intérpretes da Constituição: contribuição para a interpretação pluralista "procedimental" da Constituição. Tradução: Gilmar Ferreira Mendes. Porto Alegre: Sergio Antonio Fabris Editor, 2002. p. 43.

[37] VERMEULE, Adrian. *Judging under uncertainty*: an institutional theory of legal interpretation. Cambridge: Harvard University Press, 2006. p. 9.

Após, realizada a crítica e revisitados os princípios da legalidade e da separação de poderes, segue-se um trabalho de reconstrução com a virada institucional, quando, então, a teoria interpretativa volta-se para o nível operacional, a partir de duas variáveis: capacidades institucionais e efeitos sistêmicos.

Em seguida, procura-se realizar uma aproximação com os processos de fortalecimento do Poder Executivo, em especial na América Latina, e um cenário de desconfiança da sociedade nas instituições, a partir da importante contribuição de Carlos Santiago Nino com a análise do chamado hiperpresidencialismo, bem como do estudo de Roberto Gargarella sobre o constitucionalismo latino-americano.

A segunda parte, dividida em dois capítulos, procura refletir como o Direito Administrativo responde em situações de emergências. O primeiro capítulo busca respostas no pensamento de Carl Schmitt, particularmente em função da relação entre legalidade e emergências, e, em sua aplicação, desenvolve um conceito para a finalidade que se deseja alcançar no presente estudo. No segundo capítulo, com o domínio desse resultado, pretende-se identificar, como proposta de solução para o problema apresentado, os procedimentos decisórios necessários para uma resposta institucional adequada em cenário de crise.

Finalmente, a terceira parte busca examinar o argumento de capacidades institucionais como resposta a cenários de crise pelo Judiciário brasileiro, a partir de reflexões de ordem prática, em especial da teoria do direito como integridade (Dworkin) e da teoria interpretativa de Vermeule, especialmente como as questões suscitadas ao longo do presente trabalho repercutem no *modus operandi* adotado no constitucionalismo brasileiro, e se seria possível justificar a aplicação da teoria institucional no modelo de constitucionalidade brasileiro. Para tanto, busca compreender a forma como o Poder Judiciário brasileiro procurou responder ao cenário de crise gerado pelo novo coronavírus. Serão consultados os dados constantes nas publicações do Conselho Nacional de Justiça (CNJ), a partir do marco teórico adotado e de uma análise interpretativa do modelo de controle de constitucionalidade brasileiro.

Dessa forma, o trabalho pretende contribuir inicialmente com uma análise comparativa de duas referências hermenêuticas importantes: a teoria do direito como integridade, de matriz dworkiniana, e a teoria interpretativista sustentada por Adrian Vermeule. Ao final, busca a compreensão do ambiente institucional modificado por uma situação emergencial, que coloca em debate a legalidade e a separação de poderes, bem como questiona a capacidade das instituições para o enfrentamento de excepcionalidades.

O trabalho busca uma abordagem crítica e sistemática para uma revisão dos mecanismos administrativos tradicionais. A investigação justifica-se em função da necessidade de buscar soluções para uma relação conturbada envolvendo a Administração Pública e a necessidade de conduzir os processos administrativos com eficiência.

3 Metodologia

O método aplicado é o crítico dialético, a partir de fontes doutrinárias e da jurisprudência, sendo as duas primeiras partes analíticas, e propositiva, a última.

Dentro desse contexto, a prestigiar o relevante papel da hermenêutica jurídica, como reveladora do sentido da norma contida nos textos, insta perquirir o alcance da contribuição de Vermeule e sua perspectiva crítica do modelo norte-americano de deferência judicial, cujo conteúdo será explorado na primeira parte da tese.

I

TEORIA INSTITUCIONAL

A teoria constitucional norte-americana, em especial em sua perspectiva de análise de comportamento institucional, contribui na atualidade para a busca de um modelo decisório que se fundamenta em critérios racionais de interpretação da Constituição e da legislação infraconstitucional.

A compreensão das contribuições lançadas pela doutrina contemporânea passa pela contextualização da teoria institucional como corrente de pensamento.

Bobbio (2010) observa que a teoria da instituição rompeu com a teoria estatista do direito. Para o autor, essa teoria é o produto histórico da formação dos grandes Estados modernos, que surgiram com a dissolução da sociedade medieval. Ressalta que a sociedade medieval era uma sociedade pluralista, porque formada por vários ordenamentos jurídicos, como a Igreja e o Império, os feudos, as corporações e as comunas.[38]

Ressalta o autor que o Estado moderno se formou pela absorção ou eliminação dos ordenamentos jurídicos, a partir de um processo de monopolização da produção jurídica e de centralização do poder normativo e coativo. A doutrina da instituição representa, assim, uma reação ao estatismo.[39]

Para Bobbio (2010), a teoria da instituição teve o grande mérito de ressaltar o direito como um conjunto coordenado de normas formadoras

---

[38] BOBBIO, Norberto. *Teoria geral do direito*. Tradução: Denise Agostinetti. Revisão da tradução: Silvana Cobucci Leite. 3ª ed. São Paulo: Martins Fontes, 2010. p. 23.
[39] BOBBIO, Norberto. *Teoria geral do direito*. Tradução: Denise Agostinetti. Revisão da tradução: Silvana Cobucci Leite. 3ª ed. São Paulo: Martins Fontes, 2010. p. 23.

de um ordenamento jurídico a propiciar a evolução da teoria geral do direito.[40] La Torre (2006), a seu turno, enxerga o institucionalismo como uma alternativa aos problemas criados por uma concepção estreita do direito, em que a ciência jurídica é vista como um exercício puramente lógico e sistemático. Lança o autor um discurso crítico ao positivismo jurídico, por não possibilitar considerações sobre o contexto social em que se vão aplicar as normas jurídicas.[41] Vislumbra como características comuns ao institucionalismo clássico[42] o fato de o direito ser visto como estreitamente conectado à sociedade, concebido como uma organização plural.[43]

Em relação às clássicas lições do institucionalismo,[44] interessante mais uma vez destacar o trabalho desenvolvido por Hauriou (2009), que enxergou a instituição como o fundamento jurídico da sociedade e do Estado.[45] Dedica-se ao estudo das instituições corporativas, que formam a categoria de instituições-pessoa, como o Estado, as associações e os sindicatos.[46]

Observou, nessa linha, que seu elemento mais importante é a ideia da obra a realizar num agrupamento social ou em proveito desse agrupamento. Acrescenta, entre as linhas centrais de sua teoria, o poder organizado posto a serviço dessa obra e as manifestações de comunhão que ocorrem dentro do grupo social, a respeito da ideia e de sua realização.[47]

Hauriou (2009) salienta que a ideia da obra a realizar deve ser entendida como a diretriz da empresa, que não se confunde com sua

---

[40] BOBBIO, Norberto. *Teoria geral do direito*. Tradução: Denise Agostinetti. Revisão da tradução: Silvana Cobucci Leite. 3ª ed. São Paulo: Martins Fontes, 2010. p. 28.

[41] LA TORRE, Massimo. Teorias institucionalistas del derecho (esbozo de uma voz de enciclopédia). *Derechos y libertades*, numero 14, época 11, enero 2006, p. 104.

[42] Por institucionalismo clássico, o autor considera como legítimas as teorias de Maurice Hauriou e Santi Romano.

[43] LA TORRE, Massimo. Teorias institucionalistas del derecho (esbozo de uma voz de enciclopédia). *Derechos y libertades*, numero 14, época 11, enero 2006, p. 106.

[44] Importante destacar mais uma vez que a abordagem do presente trabalho é fundada no institucionalismo contemporâneo. No entanto, não se pode deixar de apontar para a contribuição das visões clássicas do Institucionalismo, a exemplo daquela desenvolvida por Maurice Hauriou.

[45] HAURIOU, Maurice, *A teoria da instituição e da fundação*: ensaio de vitalismo social. Tradução: José Ignácio Coelho Mendes. Porto Alegre: Sergio Antonio Fabris Ed., 2009. p. 11.

[46] HAURIOU, Maurice. *A teoria da instituição e da fundação*: ensaio de vitalismo social. Tradução: José Ignácio Coelho Mendes. Porto Alegre: Sergio Antonio Fabris Ed., 2009. p. 19.

[47] HAURIOU, Maurice. *A teoria da instituição e da fundação*: ensaio de vitalismo social. Tradução: José Ignácio Coelho Mendes. Porto Alegre: Sergio Antonio Fabris Ed., 2009. p. 21.

meta ou função. Esclarece que a diretriz é interior à empresa, como um elemento de plano de ação e de organização, enquanto a meta é a ela exterior. Assim, também, não se confunde com a função, que é apenas a administração dos serviços. O campo da ideia diretriz é mais amplo, porque afeto ao governo político.[48]

Afirma o autor que não há instituição corporativa sem um grupo de interessados, que, no Estado, seriam os súditos e os cidadãos, de modo que cada nacional carrega dentro de si a ideia da instituição.[49]

Quanto à organização do poder de governo, resume-a Hauriou (2009) a dois princípios: separação de poderes e regime representativo. O primeiro assegura a divisão das competências, e o segundo, que o poder de governo de uma instituição corporativa aja em nome do corpo.[50]

Por fim, em relação ao último elemento, destaca o fenômeno da comunhão, perceptível nos grandes movimentos populares que acompanham a fundação de instituições políticas e sociais novas, bem como as assembleias, presentes durante o funcionamento das mesmas.[51] [52]

Hauriou (2009) reconduziu ao mundo jurídico o conceito de instituição de um modo amplo, não limitado à ideia de personalidade jurídica.[53] No entanto, propõe um conceito de instituição com as seguintes características fundamentais: existência objetiva; corpo social; especificidade; instituições complexas; e unidade.[54] Assim, a instituição, na visão do autor, deve ter uma existência objetiva e concreta, e sua individualidade deve ser exterior e visível. Pretende, assim, afastar

---

[48] HAURIOU, Maurice. *A teoria da instituição e da fundação*: ensaio de vitalismo social. Tradução: José Ignácio Coelho Mendes. Porto Alegre: Sergio Antonio Fabris Ed., 2009. p. 22.

[49] HAURIOU, Maurice. *A teoria da instituição e da fundação*: ensaio de vitalismo social. Tradução: José Ignácio Coelho Mendes. Porto Alegre: Sergio Antonio Fabris Ed., 2009. p. 25.

[50] HAURIOU, Maurice. *A teoria da instituição e da fundação*: ensaio de vitalismo social. Tradução: José Ignácio Coelho Mendes. Porto Alegre: Sergio Antonio Fabris Ed., 2009. p. 26-27.

[51] HAURIOU, Maurice. *A teoria da instituição e da fundação*: ensaio de vitalismo social. Tradução: José Ignácio Coelho Mendes. Porto Alegre: Sergio Antonio Fabris Ed., 2009. p. 29.

[52] A teoria institucional, ou da pluralidade dos ordenamentos jurídicos, teve eco na Itália, por mérito de Romano, em especial em função do seguinte debate: se o direito constitui norma ou instituição. Nesse sentido: BOBBIO, Norberto. *Jusnaturalismo e positivismo jurídico*. Tradução: Jaime A. Clasen. Revisão técnica: Marcelo Granato. 1ª edição. São Paulo: Editora Unesp; Instituto Norberto Bobbio, 2016. p. 41.

[53] ROMANO, Santi. *O Ordenamento Jurídico*. Tradução: Arno Dal Ri Júnior. Florianópolis: Fundação Boiteux, 2008. p. 82.

[54] ROMANO, Santi. *O Ordenamento Jurídico*. Tradução: Arno Dal Ri Júnior. Florianópolis: Fundação Boiteux, 2008. p. 83.

o sentido figurado de instituição, de uso frequente, como o uso na linguagem comum de instituição da empresa ou de instituto da doação e da compra e venda.[55]

Afirma Romano (2008) que a instituição é, portanto, um corpo social, no sentido de que não é uma manifestação puramente individual, na medida em que consiste "em um conjunto de meios, materiais ou imateriais, pessoais ou reais, destinados a servir permanentemente um determinado fim, a favor não de pessoas que pertençam às mesmas instituições, mas de pessoas estranhas, que são somente os destinatários e não os membros desta última".[56]

E, nesse contexto, a instituição tem especificidade enquanto individualidade própria; além disso, é complexa, porque pode estar inserida em uma instituição mais ampla, como, por exemplo, o Estado, que é compreendido pela comunidade internacional.[57]

Ressalta, ainda, que a instituição é uma unidade fechada e permanente. Assim, ainda que sofra alterações dos indivíduos ou pessoas que dela façam parte, ou do seu patrimônio, ou interesses ou destinatários, ela se renovará e conservará sua individualidade, porque é um corpo isolado.[58]

Define o autor a instituição como "um ordenamento jurídico, uma esfera em si mesma, mais ou menos completa, de direito objetivo".[59] Finalmente, assegura o autor que o direito somente pode se concretizar na instituição e que se afigura como seu princípio vital.[60]

Relevante, no entanto, destacar que a teoria institucional contemporânea possui perspectiva diversa, porque introduz análise sob novo enfoque metodológico, que considera relevantes os efeitos sistêmicos relacionados às capacidades institucionais e, nesse ponto, avança para um viés pragmático, com consideração de ordem comportamental e

---

[55] ROMANO, Santi. *O Ordenamento Jurídico*. Tradução: Arno Dal Ri Júnior. Florianópolis: Fundação Boiteux, 2008. p. 84.
[56] ROMANO, Santi. *O Ordenamento Jurídico*. Tradução: Arno Dal Ri Júnior. Florianópolis: Fundação Boiteux, 2008. p. 85.
[57] ROMANO, Santi. *O Ordenamento Jurídico*. Tradução: Arno Dal Ri Júnior. Florianópolis: Fundação Boiteux, 2008. p. 86.
[58] ROMANO, Santi. *O Ordenamento Jurídico*. Tradução: Arno Dal Ri Júnior. Florianópolis: Fundação Boiteux, 2008. p. 87.
[59] ROMANO, Santi. *O Ordenamento Jurídico*. Tradução: Arno Dal Ri Júnior. Florianópolis: Fundação Boiteux, 2008. p. 89.
[60] ROMANO, Santi. *O Ordenamento Jurídico*. Tradução: Arno Dal Ri Júnior. Florianópolis: Fundação Boiteux, 2008. p. 92.

funcional das instituições políticas[61] – nesse ponto, a contribuição de Vermeule.

A partir, então, das críticas formuladas às teorias existentes, pautadas na discussão dicotômica e idealizada entre a supremacia do Judiciário ou do Legislativo na interpretação constitucional, será possível desenvolver o raciocínio alternativo sobre a atividade institucional no debate atual como mecanismo do processo decisório.

1 Teorias interpretativas

A expressão teoria interpretativa é aqui utilizada no significado que lhe atribui Ely (2010), que observa existir na teoria constitucional uma disputa entre aqueles que se colocam ou não adeptos ao interpretacionismo. Essa corrente afirma que os juízes devem se limitar a fazer cumprir as normas explícitas ou claramente implícitas no texto da Constituição. Por outro lado, a teoria não interpretacionista, que se coloca em sentido oposto, adota a opinião de que os tribunais devem ir além, na medida em que podem fazer cumprir normas que não se encontram diretamente indicadas na Constituição escrita.[62]

A ressalva inicial mostra-se importante, na medida em que a dicotomia mencionada guarda semelhança com o debate clássico entre jusnaturalismo e positivismo e para a determinação do conceito de direito na modernidade.

Struchiner (2005) destaca que os jusnaturalistas compartilham três teses: a primeira corresponde à filosofia ética, que sustenta que existem princípios morais e de justiça universalmente válidos; a segunda consiste na definição do conceito de direito e, nesse sentido, uma norma será jurídica quando se apresenta em conformidade com tais princípios; finalmente, a terceira tese que sustenta que tanto juízes quanto os sujeitos jurídicos têm obrigação moral de obedecer ao direito.[63]

---

[61] SOUZA, Rafael Bezerra; BOLONHA, Carlos. Teorias jurídicas contemporâneas: uma análise crítica sob a perspectiva institucional. Direito, Estado e Sociedade, n. 43, p. 162-183, jul./dez 2013. p. 164. Disponível em: http://direitoestadosociedade.jur.puc-rio.br/media/43artigo7.pdf. Acesso em: 21 jun. 2021.

[62] ELY, John Hart. Democracia e Desconfiança: uma teoria do controle judicial de constitucionalidade. São Paulo: Editora WMF Martins Fontes, 2010. p. 3.

[63] STRUCHINER, Noel. Algumas proposições fulcrais acerca do direito: o debate jusnaturalismo vs. Juspositivismo. In: MAIA, Antonio Cavalcanti; MELO, Carolina de Campos; CITTADINO, Gisele; POGREBINSCHI, Thamy (org.). Perspectivas atuais da filosofia do direito. Rio de Janeiro: Lumen Juris, 2005. p. 400-401.

Essa nomenclatura, no entanto, pelo universo de significados que incorpora, pode ensejar certa confusão. Há diferenças relevantes entre os jusnaturalistas sobre a fonte dos princípios morais e de justiça que são considerados universalmente válidos ou, mesmo, sobre seu conteúdo.[64]

As críticas lançadas ao jusnaturalismo fundamentam-se no argumento de que a doutrina é arbitrária e subjetiva, por carecer de um critério de verdade.[65]

A seu turno, o positivismo jurídico é um fenômeno complexo, cuja compreensão depende de paradigmas filosóficos que lhe dão sustentação. Nesse sentido, Streck (2017) aponta que, no juspositivismo clássico, o material jurídico é estabelecido pela relação com sua autoridade criadora: na França, a lei; na Alemanha, os conceitos gerais e abstratos da doutrina; na Inglaterra, os precedentes. Em consequência, será possível identificar para cada uma dessas formas, respectivamente, o positivismo exegético, a jurisprudência dos conceitos e a jurisprudência analítica.[66]

Observa, ainda, o autor que o positivismo jurídico encontra sua origem no positivismo científico, que se funda nos fatos. Logo, as formas de positivismo jurídico apresentam como núcleo comum um caráter descritivo, porque vislumbram o direito como um "fato social posto pela razão humana".[67]

Struchiner (2005) procura distinguir as correntes do positivismo jurídico. Uma primeira proposição associa a doutrina à tese de ceticismo ético, que representa explícita rejeição ao jusnaturalismo, sob o fundamento de que princípios morais e de justiça universalmente válidos não existem ou, ainda que existam, não podem ser conhecidos pela razão humana. O autor não comunga dessa tese por considerá-la

---

[64] STRUCHINER, Noel. Algumas proposições fulcrais acerca do direito: o debate jusnaturalismo vs. Juspositivismo. *In*: MAIA, Antonio Cavalcanti; MELO, Carolina de Campos; CITTADINO, Gisele; POGREBINSCHI, Thamy (org.). *Perspectivas atuais da filosofia do direito*. Rio de Janeiro: Lumen Juris, 2005. p. 401.

[65] STRUCHINER, Noel. Algumas proposições fulcrais acerca do direito: o debate jusnaturalismo vs. Juspositivismo. *In*: MAIA, Antonio Cavalcanti; MELO, Carolina de Campos; CITTADINO, Gisele; POGREBINSCHI, Thamy (org.). *Perspectivas atuais da filosofia do direito*. Rio de Janeiro: Lumen Juris, 2005. p. 402.

[66] STRECK, Lenio Luiz. *Dicionário de Hermenêutica*: quarenta temas fundamentais da Teoria do Direito à luz da Crítica Hermenêutica do Direito. Belo Horizonte: Letramento Caso do Direito, 2017. p. 159.

[67] STRECK, Lenio Luiz. *Dicionário de Hermenêutica*: quarenta temas fundamentais da Teoria do Direito à luz da Crítica Hermenêutica do Direito. Belo Horizonte: Letramento Caso do Direito, 2017. p. 160.

insuficiente, especialmente porque não são todos os positivistas que aderem à posição cética, a exemplo de Jeremy Bentham e John Austin.[68] Prossegue o autor a analisar o positivismo jurídico como positivismo ideológico. Tal acepção sustenta-se na definição da doutrina como uma atitude valorativa em relação ao direito posto. Nesse sentido, juízes e sujeitos jurídicos devem obediência ao direito positivo por um dever moral, independentemente do seu conteúdo, que decorre da sua validade. Também essa corrente não está avessa à crítica, porque privilegia valores como segurança e previsibilidade em detrimento de outros. A tese em comento mostra-se de difícil adesão e "não passa de uma caricatura do positivismo jurídico" ou uma deturpação.[69]

Uma terceira definição procura identificar o positivismo como formalismo[70] jurídico. Parte essa corrente da premissa de que o direito é composto por sistema fechado de normas promulgadas por órgãos legislativos. Não admite lacunas, contradições e antinomias normativas, sequer ambiguidades, como a vagueza e a textura aberta da linguagem. Logo, afasta o recurso a normas consuetudinárias ou jurisprudenciais.[71]

Finalmente, a expressão mais autêntica do positivismo jurídico é aquela que se denomina conceitual, que pode ser compreendida a partir de uma visão do direito não a partir de critérios valorativos, mas por critérios fáticos, empíricos e objetivos. Nesse sentido, não determina que as normas válidas devam ser seguidas, mas apenas possibilita o reconhecimento da existência de uma norma legal. Trata-se de uma tese sobre a validade do direito, que não afasta indagações sobre justiça. E, nesse ponto, afasta-se do positivismo ideológico, porque não

---

[68] STRUCHINER, Noel. Algumas proposições fulcrais acerca do direito: o debate jusnaturalismo vs. Juspositivismo. In: MAIA, Antonio Cavalcanti; MELO, Carolina de Campos; CITTADINO, Gisele; POGREBINSCHI, Thamy (org.). Perspectivas atuais da filosofia do direito. Rio de Janeiro: Lumen Juris, 2005. p. 405.

[69] STRUCHINER, Noel. Algumas proposições fulcrais acerca do direito: o debate jusnaturalismo vs. Juspositivismo. In: MAIA, Antonio Cavalcanti; MELO, Carolina de Campos; CITTADINO, Gisele; POGREBINSCHI, Thamy (org.). Perspectivas atuais da filosofia do direito. Rio de Janeiro: Lumen Juris, 2005. p. 407.

[70] Norberto Bobbio examina quatro significados de formalismo jurídico, conhecidos como: concepção legalista da justiça (legalismo), teoria normativa do direito (ou normativismo), concepção da ciência jurídica como dogmática e a chamada jurisprudência dos conceitos (ou conceitualismo jurídico). BOBBIO, Norberto. Jusnaturalismo e positivismo jurídico. Tradução: Jaime A. Clasen. Revisão técnica: Marcelo Granato. 1ª edição. São Paulo: Editora Unesp; Instituto Norberto Bobbio, 2016. p. 118-121.

[71] STRUCHINER, Noel. Algumas proposições fulcrais acerca do direito: o debate jusnaturalismo vs. Juspositivismo. In: MAIA, Antonio Cavalcanti; MELO, Carolina de Campos; CITTADINO, Gisele; POGREBINSCHI, Thamy (org.). Perspectivas atuais da filosofia do direito. Rio de Janeiro: Lumen Juris, 2005. p. 408.

comunga do entendimento de que, pelo simples fato da norma jurídica ser válida, deve ser considerada justa.[72] Funda-se na inércia normativa, isto é, tese descritiva, que apenas identifica o que conta como direito válido. Essa a tese compartilhada por todos os positivistas jurídicos.

Logo, a questão central que se coloca entre o direito natural e o positivismo jurídico está na discussão sobre o momento em que se deve analisar a relação entre moral e direito.

Há, ainda, outra questão a ser delimitada. O debate, não raro, assume indesejadas questões ideológicas, com tentativa de aproximação de determinada corrente a um viés mais ou menos conservador.[73]

Bobbio (2016) alerta para o aspecto mais discutível, que seria a tentativa de aproximação do positivismo jurídico ao estatal. Nesse sentido, o Estado seria "o supremo portador dos valores do bem ou do mal".[74]

O eventual alinhamento do positivismo jurídico com qualquer regime de força não é recomendável, porque revela claro desvirtuamento do ponto central da discussão que se pretende desenvolver.

Acredita-se que o positivismo jurídico contribui para a busca de soluções que pressupõem necessariamente a defesa da Constituição e dos direitos fundamentais. O ponto ora levantado é de fundamental importância, porque servirá de norte para todos os argumentos que serão lançados no desenvolvimento do presente estudo.

Realizadas essas premissas, importante notar que Vermeule promove importante resgate das principais teorias desenvolvidas na academia anglo-americana, esforço que garante o arcabouço necessário para apresentar posteriormente sua crítica e sua contribuição. Segundo o autor, a doutrina sofre de uma condição crônica de cegueira institucional, porque parte de premissas conceituais, políticas ou morais para conclusões operacionais, estéreis e estereotipadas das cortes e do

---

[72] STRUCHINER, Noel. Algumas proposições fulcrais acerca do direito: o debate jusnaturalismo vs. Juspositivismo. *In*: MAIA, Antonio Cavalcanti; MELO, Carolina de Campos; CITTADINO, Gisele; POGREBINSCHI, Thamy (org.). *Perspectivas atuais da filosofia do direito*. Rio de Janeiro: Lumen Juris, 2005. p. 412.

[73] Por conservador entenda-se a noção apresentada por Norberto Bobbio: "Conservador e progressista são usados, nesse contexto, em seu uso descritivo, um para indicar a função de manter um *status quo*, o outro, a função de mudá-lo". Cf. BOBBIO, Norberto. *Jusnaturalismo e positivismo jurídico*. Tradução: Jaime A. Clasen. Revisão técnica: Marcelo Granato. 1ª edição. São Paulo: Editora Unesp; Instituto Norberto Bobbio, 2016. p. 120.

[74] BOBBIO, Norberto. *Jusnaturalismo e positivismo jurídico*. Tradução: Jaime A. Clasen. Revisão técnica: Marcelo Granato. 1ª edição. São Paulo: Editora Unesp; Instituto Norberto Bobbio, 2016. p. 153.

Legislativo, bem como de um institucionalismo assimétrico, com uma visão romantizada especialmente em relação ao Judiciário.[75] Argumenta que proeminentes teóricos, como William Eskridge e Richard Posner, superestimam a capacidade do Judiciário em ter sucesso na atualização dinâmica e flexível da interpretação, especialmente relativa à administração das agências.

A premissa da análise vermeuliana é que nenhuma teoria interpretativa pode sozinha determinar processos decisórios em nível operacional e que o formalismo[76] poderia produzir as melhores consequências para o sistema legal. Para simplificar, separa essas considerações em duas classes de variáveis institucionais: capacidades institucionais e efeitos sistêmicos.

Na ótica vermeuliana, juízes falíveis farão melhor ignorando a história legislativa do que a utilizando. Quando o texto do estatuto é claro e específico, juízes devem ficar próximos da sua superfície ou do sentido literal,[77] renunciando ao uso da história legislativa e de outras fontes colaterais para chegar ao sentido, intenções ou objetivos. Quando o texto do estatuto é ambíguo ou vago, juízes devem ter deferência à interpretação das agências ou agentes executivos. Volta-se, assim, para a revisão judicial dos estatutos para sua constitucionalidade e para o problema da interpretação constitucional.[78]

Nesse cenário, aponta para três tipos de cegueira institucional. Em um primeiro momento, volta-se para os teóricos que tendem a realizar uma forma de interpretação a partir de premissas não institucionais, filosóficas, particularmente por conceitos políticos de alto nível, como

---

[75] VERMEULE, Adrian. *Judging under uncertainty*: an institutional theory of legal interpretation. Cambridge: Harvard University Press, 2006. p. 9.

[76] Não se desconhece que existam outras acepções para formalismo. No entanto, para os fins pretendidos no presente trabalho, entenda-se formalismo no seu uso mais frequente, que coincide com uma interpretação formal do Direito. Essa acepção caracteriza-se pela prevalência à interpretação lógica e sistemática sobre a interpretação histórica teleológica, bem como atribui ao juiz apenas uma função declarativa da lei vigente, sem o poder de criar Direito novo. Nesse sentido, Norberto Bobbio examina quatro significados de formalismo jurídico, conhecidos como: concepção legalista da justiça (legalismo), teoria normativa do direito (ou normativismo), concepção da ciência jurídica como dogmática e a chamada jurisprudência dos conceitos (ou conceitualismo jurídico). BOBBIO, Norberto. *Jusnaturalismo e positivismo jurídico*. Tradução: Jaime A. Clasen. Revisão técnica: Marcelo Granato. 1ª edição. São Paulo: Editora Unesp; Instituto Norberto Bobbio, 2016. p. 118-121.

[77] Sobre o tema, remete-se para as observações realizadas no item 2 da introdução deste trabalho.

[78] VERMEULE, Adrian. *Judging under uncertainty*: an institutional theory of legal interpretation. Cambridge: Harvard University Press, 2006. p. 11.

democracia, autoridade ou integridade, ou abstrações sobre o caráter da linguagem legal. O paradigma, nessa hipótese, é de Dworkin (2010).[79]

Outra espécie está associada a um institucionalismo estilizado, quando o teórico discursa sobre competência institucional comparada, mas em uma maneira estilizada ou estereotipada, com base em visões abstratas de legislaturas, agências ou cortes, a exemplo Henry Hart.

Por fim, destaca o chamado institucionalismo assimétrico, que apresenta uma visão cínica ou pessimista de algumas instituições e uma visão favorável de outras, com risco de incorrer em uma falácia do nirvana – nesse sentido, a leitura de John Hart Ely. Assim, também, o faz Jeremy Waldron, que explicitamente superestima o Legislativo, como um exercício deliberado de depreciação da cultura generalizada da academia centrada no juiz.[80]

Vermeule (2006) pretende não incorrer no mesmo equívoco e vislumbra a oportunidade de reconstrução da teoria institucional. A alternativa proposta é um institucionalismo empírico, a partir de uma abordagem realística sobre as capacidades de todos os relevantes atores.

Do entendimento geral, há especial interesse no presente trabalho em destacar duas referências hermenêuticas importantes: a teoria do direito como integridade, de matriz dworkiniana, e a teoria sustentada por Adrian Vermeule. O destaque justifica-se para que se possibilite a comparação entre as duas vertentes para apontar para as diferenças e enfatizar a contribuição de Vermeule para a hermenêutica.

1.1 Interpretação não institucional: a teoria não interpretativista e o direito como integridade

Dworkin desenvolve sua teoria após um período de grande turbulência política, que ensejou crítica ao liberalismo. As décadas de 1960 e 1970 são marcadas na história americana por uma revolução comportamental, a partir do movimento do feminismo e dos movimentos civis em favor dos negros e homossexuais. Destacam-se os protestos contrários à Guerra Fria e à Guerra do Vietnã. Sob outra ótica, revela-se também um período de prosperidade, com a explosão do consumo, desenvolvimento da indústria automobilística, bem como a era espacial

---

[79] VERMEULE, Adrian. *Judging under uncertainty*: an institutional theory of legal interpretation. Cambridge: Harvard University Press, 2006. p. 16.
[80] VERMEULE, Adrian. *Judging under uncertainty*: an institutional theory of legal interpretation. Cambridge: Harvard University Press, 2006. p. 17.

e atômica. Tem início, ainda, o uso da informática para fins comerciais e o embrião do que hoje conhecemos como internet. É sob esse pano de fundo que Dworkin procura refletir sobre uma teoria do direito.

Elenca como preceitos-chave do positivismo a concepção do direito como um conjunto de regras especiais que determina qual comportamento será punido ou coagido pelo poder público. Tais regras passam por um chamado teste de *pedigree* para avaliar seu conteúdo, possibilitando a distinção entre regras jurídicas válidas ou espúrias, além de outros tipos de regras, como as morais. Na ausência de uma regra jurídica válida, a matéria controversa deve ser decidida pelo juiz a partir de seu discernimento pessoal.[81]

Observa que, para o positivismo jurídico, caso difícil será aquele que não pode ser solucionado por uma regra de direito clara, estabelecida previamente por uma instituição. Nesses casos, o juiz tem o poder discricionário para decidir o caso, "legislando" novos direitos.[82]

Afirma que, para os positivistas, quando o caso não pode ser solucionado por uma regra clara, o juiz deve exercer seu poder discricionário, assim entendido como uma margem de liberdade de que juízes e tribunais dispõem na escolha de normas que devem utilizar para chegar a uma decisão, que não deve ser arbitrária, porque buscam alcançar um resultado justo.[83]

Assim, de acordo com esse entendimento, a maioria das regras de direito é válida, porque alguma instituição competente as promulgou, seja pelo Poder Legislativo, na forma de leis, seja porque foram criadas por juízes, para decisão de casos específicos, como precedentes para o futuro.[84]

Sobre esse aspecto, propõe sua crítica e afirma ser equivocado sustentar que, em todo o sistema jurídico, existe algum teste fundamental para reconhecê-lo como válido. Sustenta que os juízes invocam não somente regras, mas também princípios jurídicos,[85] e que o juiz continua tendo o dever, mesmo nos casos difíceis, de descobrir quais são os direitos das partes, não sendo possível criar novos direitos com aplicação retroativa.[86]

---

[81] DWORKIN, Ronald. *Levando os direitos a sério*, ob. cit., p. 28.
[82] DWORKIN, Ronald. *Levando os direitos a sério*, ob. cit., p. 127.
[83] DWORKIN, Ronald. *Levando os direitos a sério*, ob. cit., p. 50.
[84] DWORKIN, Ronald. *Levando os direitos a sério*, ob. cit., p. 64,
[85] DWORKIN, Ronald. *Levando os direitos a sério*, ob. cit., p. 73.
[86] DWORKIN, Ronald. *Levando os direitos a sério*, ob. cit., p. 127.

Propõe, assim, uma teoria conceitual alternativa, a partir da tese de que as decisões judiciais fundamentadas em argumentos de princípios são compatíveis com os preceitos democráticos. A partir dessa construção, defende uma revisão judicial limitada a argumentos de princípio, inclusive e especialmente nos casos controversos, os chamados casos difíceis.[87]

O desacordo que assume relevância no debate proposto por Dworkin (2010) não diz respeito ao fato ou à doutrina, mas sobre o que são princípios e sua aplicação. Utiliza o termo "princípio" em sentido genérico para indicar todo o conjunto de padrões que não são regras. Política, a seu turno, é o padrão que estabelece um objetivo a ser alcançado, em geral, uma melhoria para a comunidade. Princípio não visa promover uma situação econômica, política ou social desejável, mas busca alcançar uma exigência de justiça, equidade ou alguma dimensão de moralidade.[88]

Prossegue o autor distinguindo princípios e regras jurídicas para observar que as regras são aplicáveis à maneira do tudo ou nada. Assim, ou a regra é válida e oferecerá a resposta que deve ser aceita, ou não é e em nada contribuirá para a decisão.[89]

A seu turno, os princípios possuem uma dimensão de peso ou importância que as regras não têm. Nesse sentido, quando os princípios se intercruzam, aquele que resolverá o conflito deve levar em consideração a força relativa do outro.[90]

Admite o autor que os princípios entrem em colisão e interajam uns com os outros, e a solução deve ser alcançada pela avaliação de todos, e não identificando apenas um como válido em detrimento dos outros.[91] Ressalta que os princípios jurídicos estão por toda parte, à nossa volta, para atuar de maneira mais forte nos casos difíceis[92] e que não prescrevem resultados, porque não são regras, mas inclinam a decisão para uma direção.

A esse respeito, válida a observação de Ávila (2019) ao observar que a doutrina e a jurisprudência têm flexibilizado princípios tradicionais em razão de outros supostamente mais importantes.

---

[87] DWORKIN, Ronald. *Levando os direitos a sério*, ob. cit, p. XVI.
[88] DWORKIN, Ronald. *Levando os direitos a sério*, ob. cit, p. 36.
[89] DWORKIN, Ronald. *Levando os direitos a sério*, ob. cit, p. 39.
[90] DWORKIN, Ronald. *Levando os direitos a sério*, ob. cit, p. 42.
[91] DWORKIN, Ronald. *Levando os direitos a sério*, ob. cit, p. 114.
[92] DWORKIN, Ronald. *Levando os direitos a sério*, ob. cit, p. 46.

Aponta exemplos em alguns ramos do direito para concluir que "a defectibilidade como afastabilidade por razões contrárias não é elemento definitório, mas apenas contingente dos princípios".[93]

Importante destacar da teoria dworkiniana que não é qualquer princípio que pode ser invocado para justificar uma mudança em uma regra de direito, na medida em que alguns princípios serão mais importantes que outros. No entanto, o peso de um princípio não pode depender das preferências pessoais do juiz, sob pena de nenhuma regra ser obrigatória. Logo, o abandono de uma doutrina estabelecida somente se justifica em considerações a certos padrões, que podem ser a supremacia do Poder Legislativo, os princípios e os precedentes.[94]

Dworkin (2010) sustenta que os juízes não são legisladores delegados e destaca, para melhor compreensão do tema, a fundamental distinção entre argumentos de princípio e argumentos de política.

Os argumentos de política servem para justificar o fomento ou proteção de algum objetivo coletivo da comunidade como um todo. A seu turno, o argumento de princípio presta-se a garantir um direito de um indivíduo ou de um grupo.[95]

Decisões judiciais, mesmo em casos difíceis, devem ser geradas por princípios, e não por políticas, porque juízes não são eleitos, não estão submetidos a lobistas, grupos de pressão ou cobranças do eleitorado. Ademais, seria errado sacrificar o direito de um homem, surpreendendo-o com algum novo dever criado depois do fato.[96]

Disso decorre que um precedente exercerá força gravitacional pelos argumentos de princípios que lhe dão sustentação. O direito não pode ser uma trama sem emendas, mas deve ser tratado como se fosse. Assim, deve ser construído a partir de um esquema de princípios que forneça uma justificação coerente com todos os precedentes, disposições constitucionais e legislativas.[97]

Nesse contexto, desenvolve uma concepção do direito sob sua melhor luz, a partir do conceito de integridade, como uma elaboração de um romance em cadeia. O direito não pode estar voltado para o

---

[93] ÁVILA, Humberto. *Teoria dos princípios*: da definição à aplicação dos princípios jurídicos. 19ª edição revista e atualizada. São Paulo: Malheiros, 2019. p. 153.
[94] DWORKIN, Ronald. *Levando os direitos a sério*, ob. cit, p. 60.
[95] DWORKIN, Ronald. *Levando os direitos a sério*, ob. cit, p. 129.
[96] DWORKIN, Ronald. *Levando os direitos a sério*, ob. cit, p. 132-133.
[97] DWORKIN, Ronald. *Levando os direitos a sério*, ob. cit, p. 180-182.

passado ou para programas instrumentais de pragmatismo jurídico voltado para o futuro. As afirmações jurídicas são opiniões interpretativas que combinam elementos, como uma política em processo de desenvolvimento. Por essa razão, rejeitam a ideia de um juiz que cria o direito.[98]

Dworkin (1999) apresenta a discricionariedade como o poder atribuído a alguém de tomar decisões de acordo com padrões estabelecidos por determinada autoridade. Sugere uma alusão ao espaço vazio no centro de uma rosca. O poder discricionário existe circundado por uma faixa de restrições, o que significa afirmar que será afetado pelo contexto e pelo pano de fundo de informações. Quando o contexto não é, por si só, esclarecedor, o poder discricionário será exercido em seu sentido fraco; assim, também, quando a decisão final ficar a cargo de alguma autoridade, sem que possa ser revista ou cancelada.[99]

A autoridade não está livre para decidir sem recorrer a padrões de bom senso e equidade e, nesse ponto, Dworkin (2010) aponta, também, crítica aos positivistas, porque empregam a expressão poder discricionário no sentido fraco, na medida em que argumentam que algumas regras de direitos são vagas ou, como adiante será demonstrado na leitura de Hart, têm uma textura aberta e que, nos casos em que não há regra clara disponível, deve-se usar o poder discricionário para julgar.[100]

Em seu sentido forte, os juízes somente exercem o poder discricionário quando nenhuma das partes tem direito a uma decisão. Logo, os juízes não costumam ter poder discricionário para decidir reivindicações nos casos convencionais, por mais polêmicos que possam se apresentar, porque o poder discricionário existe quando duas decisões forem igualmente corretas.

Com efeito, nos casos difíceis, parece não existir uma única resposta correta para a questão posta em disputa,[101] porque nenhuma proposição pode ser considerada como verdadeira, incidindo o chamado

---

[98] DWORKIN, Ronald. *O império do Direito*. Tradução: Jeferson Luiz Camargo. São Paulo: Martins Fontes, 1999. p. 271-272.
[99] DWORKIN, Ronald. *Levando os direitos a sério*. Tradução: Nelson Boein. 2ª edição. São Paulo: Editora WMF Martins Fontes, 2010. p. 50-51.
[100] DWORKIN, Ronald. *Levando os direitos a sério*, ob. cit., p. 54-55.
[101] DWORKIN, Ronald. *Levando os direitos a sério*, ob. cit., p. 502-503.

juízo de empate. Conclui, porém, o autor que "as ocasiões em que não há resposta correta são mais raras do que geralmente se supõe".[102]

Assim, em seu sentido mais forte, há vinculação, eis que o sujeito somente pode agir de uma maneira e apenas uma resolução é possível, a afastar qualquer liberdade de escolha, opção ou alternativas, mas apenas uma única atitude.[103]

Oliveira (2018) destaca que "essa noção de discricionariedade revela um ganho àquela segundo a qual o juízo discricionário seria ilimitado pelo Direito", na medida em que, em havendo um silêncio normativo, se o intérprete estabelece a decisão a partir das suas próprias convicções, está inteiramente fora da juridicidade e passa a ser criador da norma.[104]

Sustenta Dworkin (2019) que existem fatos morais e não concretos que podem tornar uma proposição de direito verdadeira mesmo que os juristas continuem a discordar depois de conhecidos os dados concretos. Assim, será a proposição verdadeira em função de um fato moral que não é conhecido, sequer estipulado.[105]

Nesse contexto, é razoável supor que possa existir uma resposta correta para uma questão controvertida, mesmo que a resposta não possa ser demonstrada. No entanto, admite também que, em certos casos muito especiais e excepcionais, não existe nenhuma resposta certa para uma controvérsia de direito.[106]

A questão dependerá, portanto, do sistema jurídico, mas também da justificativa que se possa oferecer para a proposição. Argumenta o autor, ainda, que existem duas dimensões para aferir se uma teoria fornece a melhor justificativa dos dados jurídicos disponíveis: as dimensões da adequação e da moralidade política.

A dimensão da adequação supõe que uma teoria política é uma justificativa melhor que a outra. Em um sistema jurídico imaturo, duas teorias diferentes podem fornecer justificativas igualmente boas, mas, em um sistema moderno, desenvolvido e complexo, a probabilidade

---

[102] DWORKIN, Ronald. *Uma questão de princípio*. Tradução: Luís Carlos Borges. São Paulo: Martins Fontes, 2019. p. 176.

[103] OLIVEIRA, Fabio Corrêa de Souza de. *Morte e vida da constituição dirigente*. Rio de Janeiro: Lumen Juris, 2010. p. 354.

[104] OLIVEIRA, Fabio Corrêa Souza de. Discricionariedade: juízo de empate. *Revista Sequência*, Florianópolis, n. 79, p. 45-62, ago. 2018, p. 50.

[105] DWORKIN, Ronald. *Uma questão de princípio*. Tradução: Luís Carlos Borges. São Paulo: Martins Fontes, 2019. p. 206.

[106] DWORKIN, Ronald. *Uma questão de princípio*, ob. cit., p. 211.

de empate é muito pequena. O empate será tão mais raro quanto mais moderno o sistema jurídico. A dimensão da moralidade política supõe que uma teoria oferece uma justificativa melhor que a outra se apreende melhor os direitos que as pessoas realmente têm.[107]

Assim, conclui ser improvável que, em um sistema jurídico complexo e abrangente como o da Grã-Bretanha e o dos Estados Unidos, duas teses divirjam a ponto de não existir uma resposta correta.

A reforçar esse entendimento, convém reproduzir a observação realizada por Oliveira (2007), que atenta para o fato de que, ao contrário do que comumente se afirma, a teoria dworkiniana não sustentou de forma indistinta que, para todos os casos, deva existir uma única resposta correta. Em verdade, o que ela defende é que a possibilidade de não haver uma só resposta certa é mínima em sistemas jurídicos avançados.[108]

Dworkin (2010) idealiza um jurista de capacidade sobre-humana, a quem chama de Hércules, dotado de sabedoria e que supõe que a Constituição estabelece um sistema político geral e justo, consolidado por razões de equidade. Desenvolve uma teoria da constituição como um conjunto complexo de princípios e políticas que justifiquem um sistema de governo.[109]

Ademais, Hércules não exerce suposições sobre a intenção das leis e limita a força gravitacional das decisões anteriores à extensão dos argumentos de princípios que a justificam. Suas convicções intelectuais ou filosóficas não têm força independente em suas decisões.[110]

Ao final, a técnica de decisão proposta a partir da alusão ao juiz Hércules propõe lembrar que os juízes podem errar nos juízos políticos que emitem e que devem, portanto, decidir os casos difíceis com humildade,[111] a partir de duas ideias importantes: dignidade humana e igualdade política.[112]

Dentre os teóricos analisados por Vermeule (2006) que, segundo ele, padecem de cegueira institucional, está Ronald Dworkin. Ambos os autores concordam que textos legais claros e específicos fornecem a

---

[107] DWORKIN, Ronald. *Uma questão de princípio, ob. cit.*, p. 213.
[108] OLIVEIRA, Fabio de. *Por uma teoria dos princípios*: o princípio constitucional da razoabilidade. 2ª edição, Rio de Janeiro: Lumen Juris, 2007. p. 196.
[109] DWORKIN, Ronald. *Levando os direitos a sério*. Tradução: Nelson Boein. 2ª edição. São Paulo: Editora WMF Martins Fontes, 2010. p. 165-167.
[110] DWORKIN, Ronald. *Levando os direitos a sério, ob. cit.*, p. 184.
[111] DWORKIN, Ronald. *Levando os direitos a sério, ob. cit.*, p. 203.
[112] DWORKIN, Ronald. *Levando os direitos a sério, ob. cit.*, p. 304-305.

melhor fonte de informação para a interpretação judicial. A divergência se apresenta, no entanto, em relação às hipóteses em que carece o texto da necessária clareza, quando, então, ocorrerá a revisão judicial.

Vermeule (2006) garante que a teoria dworkiniana sofre de déficit institucional, na medida em que a premissa de sua contribuição não alcança o nível operacional. Argumenta que autores como Dworkin não conseguem explicar por que as cortes devem ter o poder de revisar a constitucionalidade de leis. Supõe que a interpretação constitucional mostra-se incompleta sem uma referência às capacidades institucionais, especialmente porque o acervo informacional dos juízes é limitado e sua capacidade de processar a informação é pobre.[113]

Contrapõe, ainda, que a referida teoria funda-se na ideia de que, para os juízes, não deve existir uma separação entre o que é a lei e o que venha a ser a moralidade da lei, porque julgamentos sobre o conteúdo legal dependem de um julgamento moral, pelo menos nos casos difíceis.[114] Esse é um ponto de desacordo entre Vermeule (2006) e Dworkin (2010).

Vermeule (2006) mostra-se cético à ideia proposta por Dworkin de uma visão do direito como integridade, como uma elaboração de um romance em cadeia, porque não vislumbra possível um juízo moral nas mãos de juízes que em nada se assemelham ao juiz Hércules, idealizado por ele. Assim, qualquer interpretação constitucional que negligencia o papel decisivo das considerações institucionais seria falha.[115]

Denuncia Vermeule (2006) que Dworkin (2010) ignora completamente o Estado Administrativo. Atribui isso a um ponto cego como um produto da visão geral em que apenas se consideram as legislaturas e as cortes, mas alerta que as agências, ao interpretarem as leis, devem necessariamente ponderar princípios e avaliar as melhores escolhas. Essas autoridades administrativas, não menos que as cortes, são também fóruns de princípios.

Importante esclarecer, desde logo, que o conceito de agência adotado por Vermeule (2017) em seus escritos não está adstrito à ideia unicamente de agência reguladora, tal como adotado na legislação e doutrina brasileiras. Vislumbra-se, assim, como agências as que exercem

---

[113] VERMEULE, Adrian. *Judging under uncertainty*: an institutional theory of legal interpretation. Cambridge: Harvard University Press, 2006. p. 232-233.

[114] SUNSTEIN, Cass R. ; VERMEULE, Adrian. *Law & leviathan*. London: Harvard University Press, 2020. p. 39.

[115] VERMEULE, Adrian. *Judging under uncertainty*: an institutional theory of legal interpretation. Cambridge: Harvard University Press, 2006. p. 253.

a autoridade legal delegada para regulamentar. Nesse sentido, verifica-se que, não raro, menciona sob esse rótulo autoridades administrativas como *Office of Information and Regulatory Affairs* (Escritório de Informações e Assuntos Regulatórios), *Fish and Wildlife Service* (Serviço de Pesca e Vida Selvagem e da Lei de Espécies Ameaçadas), *Lawrence Livermore National Laboratory* (Laboratório Nacional Lawrence Livermore) e *Securities and Exchange Commission* (Comissão de Seguros e Câmbio).[116]

Como se verá adiante, Vermeule (2017) argumenta que o Estado Administrativo moderno tem muito a contribuir para temas como democracia, liberdade e bem-estar geral, porque sustenta que as agências são resultantes de um desejo democrático.[117]

Rememora a célebre frase de Dworkin (1999) que identifica as cortes como a capital do Império da lei e juízes como seus príncipes para observar que o Estado Administrativo ameaça o Império da lei e relega cortes e juízes a um *status* inferior, como autoridades que estarão encarregadas de controlar os limites da autoridade do Executivo, porém não mais como protagonistas, não como guardiões de princípios.

Sustenta Vermeule (2016) que a lei renunciou voluntariamente em favor do Estado Administrativo e que, em consequência, as cortes assumem um papel deferente e devem zelar para que as agências atuem dentro dos limites da delegação legal. Assim, o papel dos juízes será de revisão, mas não de decisão.[118] Procura demonstrar, portanto, que a lei se colocou sob a autoridade do Estado Administrativo – enfim, essa a ideia central da sua defesa de abnegação da lei em favor do império do Estado Administrativo.

Dentre os temas centrais apontados por Vermeule (2016) como crítica à obra de Dworkin, está a visão romântica das cortes e da *common law* desenvolvida na ideia de direito como integridade.

A teoria vermeuliana, como será mais detalhada no capítulo seguinte, é construída a partir da premissa de que as questões que desafiam o Estado Administrativo se tornaram amplas, menos individualizadas e mais intrincadas. Assim, em situações complexas, com

---

[116] VERMEULE, Adrian. Decisões racionalmente arbitrárias no direito administrativo. Tradução: Maíra Almeida. Revisão: Antonio Guimarães Sepulveda. *REI – Revista de Estudos Institucionais*, vol. 3, n. 1, p. 1-47/48-88, ago. 2017. ISSN 2447-5467. Disponível em: https://estudosinstitucionais.com/REI/article/view/152. Acesso em: 31 out. 2021. DOI: https://doi.org/10.21783/rei.v3i1.152.

[117] SUNSTEIN, Cass R.; VERMEULE, Adrian. *Law & leviathan*. London: Harvard University Press, 2020. p. 143.

[118] VERMEULE, Adrian. *Law's abnegation*: from law's empire to the administrative state. London: Harvard University Press, 2016. p. 7.

altos custos de informação e, em consequência, em cenário de incertezas, como em matérias relacionadas à assistência médica, mudança climática, terrorismo e biotecnologia, os formuladores de políticas nas agências podem reivindicar para si maior legitimidade democrática e maior competência técnica do que eventualmente legisladores poderiam arguir em seu favor.[119]

Para Moreira Neto (2009), a legitimidade, enquanto condicionante jurídica do agir estatal, deriva diretamente do princípio democrático, que se perfaz em uma "vontade difusa, captada e definida formalmente a partir de debates políticos, de processos eleitorais e de instrumentos de participação política dispostos pela ordem jurídica".[120]

A atuação consensual do Poder Público oferece amplo espectro. Relações negociadas podem ser obtidas por mecanismos formais de aferição, como o sufrágio eletivo de mandatários populares, mas também por vias substanciais de avaliação do interesse público, como audiências e consultas públicas.

Abrangem, assim, colaboração no planejamento, na tomada de decisão, na execução e no controle, bem como na solução de conflitos, em especial, nessa hipótese, pelo emprego da conciliação, da mediação e da arbitragem.[121]

Vermeule (2016) pondera, ainda, que a incerteza é uma razão suficiente para a abnegação da lei em favor das agências, permitindo que as mesmas possam decidir de forma racional. Note-se, porém, que a ideia de incerteza desenvolvida pelo autor não se confunde com o mero risco. Salienta que os casos de incerteza genuína são raros no campo da tomada de decisão da agência a justificar a deferência. São situações como as que tangenciam os efeitos da mudança do clima ou o futuro de uma espécie. Situações concretas em que a lei deve reconhecer a categoria de decisões racionalmente arbitrárias das agências.[122]

Esse tema merecerá maior enfrentamento na análise que se fará adiante sobre o institucionalismo empírico. Vermeule (2010) ressente-se

---

[119] VERMEULE, Adrian. *Law's abnegation*: from law's empire to the administrative state. London: Harvard University Press, 2016. p. 10.
[120] MOREIRA NETO, Diogo de Figueiredo. *Curso de direito administrativo*: parte introdutória, parte geral e parte especial. 15ª edição. Revista, refundida e atualizada. Rio de Janeiro: Ed. Forense, 2009. p. 89.
[121] MOREIRA NETO, Diogo de Figueiredo. *Curso de direito administrativo*: parte introdutória, parte geral e parte especial. 15ª edição. Revista, refundida e atualizada. Rio de Janeiro: Ed. Forense, 2009. p. 108.
[122] O tema será objeto de enfrentamento no Capítulo 2, Item 2.4, do presente trabalho.

de um silêncio de Dworkin sobre o Estado Administrativo e sobre o Direito Administrativo, ponto que pretende desenvolver e trazer sua contribuição. Importante destacar que o autor enfatiza que o direito aplicado pelos tribunais e o Estado Administrativo devem conviver, mas sustenta que a lei abriu caminho em favor do Estado Administrativo,[123] com protagonismo do Executivo, em função da capacidade de apresentar soluções mais eficientes em ambientes de incerteza.

Dentre os principais argumentos desse debate que se estabelece entre os dois autores, está a visão que cada um oferece sobre a real contribuição da análise econômica do direito. Dworkin (2019) apresenta contundente rejeição à teoria e tece suas críticas a partir da contribuição de Richard Posner para o tema.[124]

A análise econômica do direito possui uma abordagem consequencialista e alinhamento utilitarista, na medida em que procura analisar o fenômeno jurídico a partir da busca da eficiência econômica e da avaliação de custo-benefício.

Sen (2010) observa que o consequencialismo é um dos requisitos de avaliação do utilitarismo que admite que todas as escolhas devam ser julgadas a partir dos resultados que geram.[125]

Apenas para contextualização, cumpre esclarecer que o consequencialismo, para Mulgan (2014), parte da premissa de que a resposta apropriada a um valor é promovê-lo; assim, se, por exemplo, a felicidade é um valor que se considera bom, há, então, que se maximizá-lo. Baseia-se, portanto, no pensamento de que a moralidade consiste exclusivamente em promover um mundo a lugar melhor.[126]

Dworkin (2019) vislumbra dificuldades conceituais na ideia de maximização da riqueza individual e social. Sugere a Posner evitar palavras como "econômico" ou "eficiente", porque são termos utilizados sem rigor técnico.[127] Sustenta que a teoria de que a riqueza social é um componente do valor é equivocada, porque um ganho de riqueza pode ser compensado por perdas de utilidade ou de justiça.

---

[123] VERMEULE, Adrian. *Law's abnegation*: from law's empire to the administrative state. London: Harvard University Press, 2016. p. 219.

[124] DWORKIN, Ronald. *Uma questão de princípio*. Tradução Luís Carlos Borges. São Paulo: Martins Fontes, 2019. p. 351.

[125] SEN, Amartya. *Desenvolvimento como liberdade*. Tradução: Laura Teixeira Motta. Revisão técnica: Ricardo Doninelli Mendes. São Paulo: Cia. das Letras, 2010. p. 84.

[126] MULGAN, Tim. *Utilitarismo*. Tradução: Fábio Creder. 2ª ed. Petrópolis, RJ: Vozes, 2014. p. 184.

[127] DWORKIN, Ronald. *Uma questão de princípio*. Tradução: Luís Carlos Borges. São Paulo: Martins Fontes, 2019. p. 356.

A teoria vermeuliana, por sua vez, acerca dos efeitos sistêmicos relacionados às capacidades institucionais, é expressão de uma filosofia consequencialista, combatida por Dworkin (2019). Vermeule (2016) avança no estudo do tema a partir das críticas que formula a Jeremy Bentham, cuja teoria se situa na tradicional economia do bem-estar.

O diálogo é muito rico e, certamente, há pontos entre os autores que merecem incorporação à matriz de raciocínio do presente trabalho. Porém, é de se ter em conta que, como sustenta Vermeule (2016), a defesa da discricionariedade de juízes e tribunais pode revelar descrença na capacidade e na força dos instrumentos democráticos.

Importante não descuidar que a Constituição é provida de força normativa, que será ordenadora da vida do Estado, na medida em que pressupõe o agir estatal, com a abertura para desenvolvimentos futuros.

Não se pode descartar que há grave risco de que o Judiciário assuma postura de interferência em políticas públicas ao tomar como suas as competências constitucionalmente atribuídas ao legislador e ao Executivo, em indevida discricionariedade.

Nesse cenário, decisões judiciais pautadas em argumentos de política e de moral, a partir de convicções pessoais de cada magistrado, exigem olhar atento para a contribuição que Vermeule pretende trazer para a hermenêutica. Com efeito, a carência de acervo informacional de que padece a atividade jurisdicional recomenda uma postura mais deferente às escolhas técnicas ou democráticas.

O tema tem fundamental importância na base do institucionalismo empírico sustentado pelo autor em destaque, o que merecerá mais amplo enfrentamento no capítulo seguinte.

1.2 Institucionalismo estilizado. Herbert Hart e o conceito de direito

Herbert Lionel Adolphus Hart (H.L.A. Hart), advogado e filósofo britânico, foi um dos principais nomes do positivismo jurídico, e sua produção acadêmica ocorreu especialmente na década de 1960. Foi professor de Teoria do Direito (*Jurisprudence*) da Universidade de Oxford, de 1952 a 1968. *O conceito de direito*, publicado em 1961, é considerado uma das obras-primas da teoria do direito do século XX. Exerceu grande influência sobre uma geração de juristas, inclusive sobre Ronald Dworkin.[128]

---

[128] KOZICKI, Katya; PUGLIESE, William. O conceito de direito em Hart. *Enciclopédia jurídica da PUC-SP*. CAMPILONGO, Celso Fernandes; GONZAGA, Alvaro de Azevedo; FREIRE,

Dworkin (2010), como anteriormente descrito, destacou-se como um dos principais antagonistas do positivismo jurídico. Nesse sentido, enxerga Herbert Hart como um filósofo moral, que possui instinto para problemas de princípio.[129]

Observa que a teoria hartiana explica o direito a partir de uma análise preliminar sobre os juízos morais do homem comum para realizar uma avaliação crítica do direito e da moralidade popular e prossegue para argumentar que o direito não tem como finalidade condenar atos moralmente censuráveis.[130] Conclui que a abordagem de H.L.A. Hart sugere que os princípios morais agem como constrangimentos sobre o direito.[131]

A teoria do positivismo jurídico sustenta que a verdade das proposições jurídicas repousa em fatos sobre regras adotadas por instituições sociais. Pressupõe, portanto, que o direito é criado por práticas sociais ou decisões institucionais e rejeita a ideia de que a legislação possa ser fruto de uma vontade geral[132] e dos pressupostos éticos que a justificam.[133]

André Luiz (coord.). Tomo: Teoria Geral e Filosofia do Direito. CAMPILONGO, Celso Fernandes; GONZAGA, Alvaro de Azevedo; FREIRE, André Luiz (coord. de tomo). 1. ed. São Paulo: Pontifícia Universidade Católica de São Paulo, 2017. Disponível em: https://enciclopediajuridica.pucsp.br/verbete/137/edicao-1/o-conceito-de-direito-em-hart. Acesso em: 28 jun. 2021.

[129] DWORKIN, Ronald. *Levando os direitos a sério*. Tradução: Nelson Boein. 2ª edição. São Paulo: Editora WMF Martins Fontes, 2010. p. 12.

[130] DWORKIN, Ronald. *Levando os direitos a sério*, ob. cit., p. 15.

[131] DWORKIN, Ronald. *Levando os direitos a sério*, ob. cit., p. 20.

[132] Para Jean-Jacques Rousseau, "somente a vontade geral pode dirigir as forças do Estado de acordo com a finalidade da sua instituição, que é o bem comum; porque se a oposição entre os interesses particulares tornou necessário o estabelecimento das sociedades, foi a concordância desses mesmos interesses que o tornou possível". Salienta, ainda, a diferença entre vontade de todos e vontade geral, eis que esta somente diz respeito ao interesse comum, enquanto aquela é "interesse privado, não sendo mais que uma soma de vontades particulares". ROUSSEAU, Jean-Jacques. *Do contrato social*: ou princípios do direito público. Tradução: Eduardo Brandão. Introdução: Maurice Cranston. São Paulo: Penguin Companhia das Letras, 2011.

[133] Para a exata compreensão da expressão "vontade geral", é importante sinalizar sua diferença para a ideia de aceitação enquanto critério de reconhecimento e que permitirá um conhecimento formal do direito, sem uma abordagem crítico-valorativa, conforme nota 135. Hart está entre os jusfilósofos que compartilham a tese do positivismo conceitual, cujo traço marcante é identificar e descrever o direito sem se comprometer com o conteúdo valorativo das normas jurídicas. Assim, uma norma será identificada como jurídica se existente e válida. Nesse sentido: STRUCHINER, Noel. Algumas proposições fulcrais acerca do direito: o debate jusnaturalismo vs. Juspositivismo. *In*: MAIA, Antonio Cavalcanti; MELO, Carolina de Campos; CITTADINO, Gisele; POGREBINSCHI, Thamy (org.). *Perspectivas atuais da filosofia do direito*. Rio de Janeiro: Lumen Juris, 2005. p. 399-415.

Nesse contexto, importante analisar as teses sustentadas por H.L.A. Hart, cujas posições foram importantes para a compreensão das críticas introduzidas por Ronald Dworkin.

Contrapondo-se a Hans Kelsen, que desenvolveu uma teoria neutra e atemporal, fundada em uma separação entre fato e valor, Hart (2009) supõe que a validade do direito está no mundo concreto e social. É possível ainda identificar diferenças quanto ao fundamento de validade em suas teorias. Kelsen parte da ideia de uma norma fundamental como pressuposto lógico transcendental para dar validade a todo o sistema jurídico. A seu turno, Hart (2009) constrói a chamada regra de reconhecimento, que tem como fundamento um elemento convencional.

As diferentes versões do positivismo diferem em relação ao teste a que se submete uma regra para ser considerada como jurídica. Hart (2009) distingue dois tipos de regras: primárias, que concedem direitos ou impõem obrigações; e secundárias, que estipulam como e por quem tais regras podem ser estabelecidas. Ademais, sustenta que existem duas fontes possíveis de autoridade de uma regra: a sua aceitação pelo grupo ou ser promulgada de forma válida, isto é, de acordo com uma maneira estipulada por alguma regra secundária, que denomina de regra de reconhecimento.[134]

Hart (2009) formula crítica ao sistema jurídico que pressupõe a obediência da maioria dos membros de um grupo social a partir de ameaças de um soberano que não deve obediência a ninguém. Procura demonstrar a inadequação dessa teoria para um sistema jurídico moderno, cujo contexto social é mais complexo e no qual é possível identificar normas primárias e secundárias de reconhecimento. Assim, a norma de reconhecimento pode ser uma constituição escrita, a lei e precedentes judiciais.[135]

Salienta o autor que a norma de reconhecimento é válida em função de sua aceitação,[136] e não apenas porque provém do Legislativo.

---

[134] DWORKIN, Ronald. *Levando os direitos a sério*. Tradução: Nelson Boein. 2ª edição. São Paulo: Editora WMF Martins Fontes, 2010. p. 31-33.

[135] HART, H. L. A. *O conceito de direito*. Pós-escrito organizado por Penélope A. Bulloch e Joseph Raz. Tradução: Antônio de Oliveira Sette-Câmara. São Paulo: Editora WMF Martins Fontes, 2009. p. 129.

[136] "Dentro da leitura hermenêutica que realiza do Direito, Hart assenta sua fundamentação em uma teoria do reconhecimento, baseada na concordância interior dos sujeitos participantes (elemento psicológico de definição) e aliada à existência de uma regra de reconhecimento, fornecedora de critérios empíricos e/ou contextuais. Ao sustentar a obrigação jurídica na concordância do participante (o chamado ponto de vista interno,

Em geral, não é explicitamente declarada, mas sua existência fica demonstrada pela forma como tribunais, autoridades, indivíduos, advogados ou assessores a utilizam para identificar normas específicas.[137]

A norma de reconhecimento como norma última (*ultimate rule*) confere os critérios necessários para que se possa reconhecer determinada norma como válida, e sua própria validade é uma questão de fato, porque revela a aceitação das regras identificadas para o funcionamento geral do sistema.[138]

Hart (2009) procurou responder seus críticos em um pós-escrito ao *Conceito de direito*, publicado em 1994, quando, então, refuta a ideia de que sua teoria possa ser uma tese positivista de simples fatos, porque expressamente admite valores entre os critérios do direito. Afasta a premissa de que o direito possa ter como fim específico justificar a coerção, mas deve ser um guia para a conduta humana.[139]

Introduz, também, o conceito de textura aberta, possibilitando que argumentos morais venham a integrar o direito de forma contingencial, na medida em que reconhece vaguezas e ambiguidades, quer no precedente ou na legislação. Sustenta que os legisladores não podem ter o conhecimento de todas as circunstâncias futuras e que, inerente a essa imprevisibilidade, está uma relativa imprecisão dos objetivos.[140]

O filósofo critica o formalismo ou conceptualismo, porque, ao pretender buscar a intenção do legislador e o direito já existente, congela o sentido da norma, de tal forma que o seu alcance será o mesmo em todos os casos e para uma gama de situações futuras desconhecidas. Admite, ao revés, que a linguagem possui textura aberta, a permitir avaliar o caso à luz dos objetivos sociais.

---

a adoção da norma jurídica como padrão de comportamento), Hart identifica um livre querer do sujeito jurídico. Nesta ótica, apenas uma parte dos participantes (aqueles que adotam um ponto de vista externo frente ao sistema) seria constrangida à aceitação da regra por temor à sanção que adviria do seu descumprimento". KOZICKI, Katya; PUGLIESE, William. O conceito de direito em Hart. *Enciclopédia jurídica da PUC-SP*. CAMPILONGO, Celso Fernandes; GONZAGA, Alvaro de Azevedo; FREIRE, André Luiz (coord.). Tomo: Teoria Geral e Filosofia do Direito. CAMPILONGO, Celso Fernandes; GONZAGA, Alvaro de Azevedo; FREIRE, André Luiz (coord. de tomo). 1. ed. São Paulo: Pontifícia Universidade Católica de São Paulo, 2017. Disponível em: https://enciclopediajuridica. pucsp.br/verbete/137/edicao-1/o-conceito-de-direito-em-hart. Acesso em: 16 out. 2022.

[137] HART, H. L. A. *O conceito de direito*, ob. cit., p. 131.
[138] HART, H. L. A. *O conceito de direito*, ob. cit., p. 142.
[139] HART, H. L. A. *O conceito de direito*, ob. cit., p. 321.
[140] HART, H. L. A. *O conceito de direito*, ob. cit., p. 167.

Por essa via, Hart (2009) reconhece que existem áreas de comportamento que podem ser decididas por autoridades administrativas ou judiciais e que procurem equilibrar os interesses em conflito, cujo peso varia a depender do caso. Aceita, portanto, que tribunais possam desempenhar função normativa e criadora, semelhantemente ao exercício por parte de um órgão administrativo de poderes normativos delegados.[141]

Nesses moldes, o sistema jurídico permite que tribunais e outras autoridades possam usar sua discricionariedade para dirimir incertezas contidas na lei e tornar mais precisos padrões que se apresentam vagos.

Sobre o positivismo hartiano, Streck (2018) observa que a teoria acaba por transferir aos intérpretes oficiais – em geral, autoridades judiciais – o grande poder de solucionar o caso por meio de uma escolha, que, ao final, será sempre parcial.[142]

Hart (2009), a seu turno, afirma que a justiça é um segmento específico da moral e que as leis podem carecer ou não de diferentes tipos de virtude. Admite duas dificuldades em relação ao tema: a primeira, que a palavra moral tem sua área de imprecisão e de textura aberta; a segunda, que pode haver grandes divergências filosóficas quanto ao seu *status* em relação ao resto do conhecimento humano.[143]

Este o ponto central a destacar: Hart (2009) assume que os juízes não realizam uma escolha cega e arbitrária, tampouco realizam uma dedução mecânica a partir de normas de significado predeterminado. A interpretação não se destina a perpetrar a injustiça ou ofender princípios, mas envolve uma escolha entre valores morais. Logo, acredita não ser possível demonstrar que uma decisão é a única resposta correta, mas que seria aceitável como produto da ponderação entre interesses concorrentes.[144]

Vermeule (2006), outrossim, atribui a Hart um institucionalismo estilizado, que se fundamenta em uma visão estereotipada das cortes

---

[141] HART, H. L. A. *O conceito de direito*, ob. cit., p. 176.
[142] STRECK, Lenio Luiz; MOTTA, Francisco José Borges. Relendo o debate entre Hart e Dworkin: uma crítica aos positivismos interpretativos. *Revista Brasileira de Direito*, Passo Fundo, v. 14, n. 1, p. 54-87, abr. 2018. ISSN 2238-0604. p. 3. Disponível em: https://seer.imed.edu.br/index.php/revistadedireito/article/view/2451. Acesso em: 10 jul. 2020. DOI: https://doi.org/10.18256/2238-0604.2018.v14i1.2451.
[143] HART, H. L. A. *O conceito de direito*. Pós-escrito organizado por Penélope A. Bulloch e Joseph Raz. Tradução: Antônio de Oliveira Sette-Câmara. São Paulo: Editora WMF Martins Fontes, 2009. p. 217-218.
[144] HART, H. L. A. *O conceito de direito*, ob. cit., p. 264-265.

e do Parlamento, a partir de abstrações. Atribui ao filósofo britânico um relato importante sobre as falhas do formalismo, mas incapaz de considerar questões institucionais.[145]

Aponta, ainda, que Hart vislumbra que, em casos difíceis, os problemas de interpretação surgem a partir da inabilidade dos legisladores em antecipar. De fato, Hart reconhece que a imprevisibilidade implica em uma imprecisão de objetivos.

Sobre esse ponto, Vermeule (2006) concorda que a previsibilidade do Legislativo é necessariamente limitada, e esse é um ponto que pode gerar graves problemas de interpretação. Porém, oferece crítica quanto ao fato de que o autor utiliza a palavra "nós" quando se refere à autoridade para interpretar, quando, em verdade, a interpretação estará a cargo de outros, como juízes, agências e outras autoridades. Admite, portanto, que Hart negligenciou dois pontos: o primeiro envolve o risco de os intérpretes cometerem erros sob uma ou outra abordagem; o segundo abrange os efeitos dinâmicos de cada uma dessas abordagens interpretativas.[146]

Assim, Vermeule (2006) sugere que Hart padece da mesma cegueira institucional de Dworkin, porque ambos carecem de uma visão prospectiva, para as implicações do porvir, a ensejar um compromisso necessário com o diálogo institucional. Fundamental, portanto, que se possa avançar na investigação do modelo proposto por Vermeule (2006).

1.3 Institucionalismo assimétrico

John Hart Ely e Jeremy Waldron destacam-se entre os filósofos que superestimam a função exercida pelo Legislativo. Na teoria vermeuliana, figuram como paradigmas do chamado institucionalismo assimétrico, que se caracteriza por uma visão pessimista de algumas instituições em detrimento de outras, com especial desconfiança em relação ao protagonismo do Judiciário impulsionado pela academia.[147]

Em revisão de literatura, serão exploradas a seguir as linhas gerais da teoria do reforço de representação de Ely (2010) e da teoria

---

[145] VERMEULE, Adrian. *Judging under uncertainty*: an institutional theory of legal interpretation. Cambridge: Harvard University Press, 2006. p. 25.
[146] VERMEULE, Adrian. *Judging under uncertainty*: an institutional theory of legal interpretation. Cambridge: Harvard University Press, 2006. p. 26.
[147] VERMEULE, Adrian. *Judging under uncertainty*: an institutional theory of legal interpretation. Cambridge: Harvard University Press, 2006. p. 17.

da autoridade proposta por Waldron (2006). O estudo será dividido em duas partes.

1.3.1 A contribuição de John Hart Ely: a teoria do reforço de representação

John Hart Ely, professor de direito na Yale University no período compreendido entre 1968 a 1973, na Harvard University entre 1973 a 1982 e Stanford University de 1982 a 1996, figura entre os acadêmicos mais influentes no Direito Constitucional americano.[148] Sua obra mais conhecida, *Democracia e desconfiança*, publicada em 1980, é uma referência para a teoria do controle judicial de constitucionalidade e, em especial, para o debate que se deseja enfrentar no presente trabalho.

A contribuição de Ely (2010) está na elaboração de uma teoria do controle de constitucionalidade que prioriza a representação, com especial enfoque para as questões de participação, e não nos méritos substantivos das decisões políticas.

Em abordagem clara, esclarece o que vem a ser o cerne do interpretacionismo e aponta as razões pelas quais a referida teoria apresenta uma abordagem que se revela como uma tendência. Observa que a teoria constitucional tende a essa linha de argumentação ao afirmar que os juízes, na interpretação da Constituição, devem se limitar ao texto. Em sentido contrário, há os que defendem a tese de que os tribunais devem buscar o sentido do texto constitucional além das referências que se encontram expressamente indicadas na linguagem do documento.[149]

Duas as razões pelas quais a abordagem interpretacionista mostra-se atrativa. A primeira reside no fato de que essa concepção é a mais intuitiva. Com efeito, a interpretação deve se limitar aos propósitos e proibições expressos na linguagem da lei ou nela implícitos. Admitir que o juiz possa interpretar a partir dos valores que ele acredite serem fundamentais não se encaixa na forma como costumeiramente funciona o direito.[150] [151]

---

[148] SHAPIRO, Fred R. Os estudiosos jurídicos mais citados. *The Journal of Legal Studies*, vol. 29, n. S1, jan. 2000, p. 409-426.

[149] ELY, John Hart. *Democracia e Desconfiança*: uma teoria do controle judicial de constitucionalidade. São Paulo: Editora WMF Martins Fontes, 2010. p. 4.

[150] ELY, John Hart. *Democracia e Desconfiança*: uma teoria do controle judicial de constitucionalidade. São Paulo: Editora WMF Martins Fontes, 2010. p. 6.

[151] Note-se que Dworkin comunga do mesmo entendimento, na medida em que não defende a possibilidade de que os juízes possam julgar a partir de valores pessoais. Afirma o

Outra importante razão a justificar a teoria interpretacionista está no fato de que a decisão judicial que invalida um ato político com base na Constituição não estará sujeita à eventual correção pelo processo legislativo ordinário. E tal controle ocorrerá por um órgão não eleito e não sujeito à responsabilidade política, em mensagem aos representantes eleitos pelo povo de que eles não podem governar da forma como desejam, tese que se apresenta incompatível com a democracia.[152]

Por outro lado, aponta que a forma convencional de interpretacionismo também é problemática, na medida em que a Constituição contém dispositivos indefinidos e abertos que demandam uma leitura além do seu sentido literal, que não se depreende sequer nos debates que antecederam sua redação.[153]

Interessante observar que ELY (2010) considera dispensável buscar a história legislativa, porque entende que o "dado mais importante relacionado às intenções dos constituintes é a própria linguagem constitucional".[154]

Avesso à invocação do direito natural como fonte de valores constitucionais, o autor pondera que as teorias jusnaturalistas, pela imprecisão e falta de clareza que lhes são peculiares, foram utilizadas pelas mais diferentes e antagônicas posições – dentre elas, algumas dignas, porém outras, abomináveis. Cita como exemplo a escravidão, na medida em que o direito natural era invocado por alguns para justificar a inferioridade dos negros e o direito de possuir escravos. Para

---

autor que, "mesmo quando nenhuma regra regula o caso, uma das partes pode, ainda assim, ter o direito de ganhar a causa. O juiz continua tendo o dever, mesmo nos casos difíceis, de descobrir quais são os direitos das partes, e não de inventar novos direitos retroativamente". Cf. DWORKIN, Ronald. *Levando os direitos a sério*. Tradução: Nelson Boein. 2ª edição. São Paulo: Editora WMF Martins Fontes, 2010. p. 127. E prossegue ao observar que "o árbitro não é livre para pôr em prática suas convicções de fundo para decidir este caso difícil" (*ob. cit.*, p. 160). Mais adiante, Dworkin esclarece que "a teoria da decisão judicial de Hércules não configura, em momento algum, nenhuma escolha entre suas próprias convicções políticas e aquelas que ele considera como as convicções políticas do conjunto da comunidade. Ao contrário, sua teoria identifica uma concepção particular de moralidade comunitária como um fator decisivo para os problemas jurídicos; essa concepção sustenta que a moralidade comunitária é a moralidade política que as leis e as instituições da comunidade pressupõem" (*ob. cit.*, p. 197).

[152] ELY, John Hart. *Democracia e Desconfiança*: uma teoria do controle judicial de constitucionalidade. São Paulo: Editora WMF Martins Fontes, 2010. p. 8.

[153] ELY, John Hart. *Democracia e Desconfiança*: uma teoria do controle judicial de constitucionalidade. São Paulo: Editora WMF Martins Fontes, 2010. p. 17.

[154] ELY, John Hart. *Democracia e Desconfiança*: uma teoria do controle judicial de constitucionalidade. São Paulo: Editora WMF Martins Fontes, 2010. p. 23.

outros, porém, o mesmo fundamento seria utilizado para defesa da sua abolição.[155]

Salienta que certas discussões aparentemente sobre ética frequentemente são discordâncias sobre quais são os fatos. Destaca, outrossim, que certas questões versam sobre fatos legislativos, assim entendidos como as discussões éticas e as controvérsias sobre políticas públicas em cenário de incerteza empírica. São situações que envolvem fatos intrinsecamente controversos, insuscetíveis de uma solução que agrade a todos e sobre as quais não se pode afirmar que os tribunais tenham mais direito ou capacidade de resolver.[156]

Prossegue o autor a apresentar crítica ao uso de princípios como fonte de decisão constitucional, porque as exigências de generalidade e neutralidade não fornecem uma fonte de conteúdo substantivo, na medida em que há princípios neutros para todos os gostos.[157]

A proposta de fusão entre o Direito Constitucional e a teoria moral realizada por Dworkin é refutada por Ely (2010), porque haveria uma distorção sistemática na escolha de valores pelos juízes de primeiro escalão tendente a privilegiar o *status quo* de forma elitista e antidemocrática, sobrepondo-se às decisões populares.[158]

De igual maneira, a tradição e o consenso não podem ser compreendidos como fontes de valores constitucionais em função da sua natureza não democrática.[159] Tudo converge, portanto, para a ideia de que os valores sociais tendem a ser contemplados por um juízo arbitrário da elite, quando, em verdade, o desafio é encontrar maneiras de proteger as minorias da tirania da maioria.

Para tanto, Ely (2010) apresenta como proposta a busca por metas participativas que assegurem, por meio de uma estratégia pluralista, que o processo político possa estar aberto a diferentes pontos de vista. Denuncia o fato de que mesmo aqueles que são tecnicamente representados podem se encontrar funcionalmente sem nenhum poder, a

---

[155] ELY, John Hart. *Democracia e Desconfiança*: uma teoria do controle judicial de constitucionalidade. São Paulo: Editora WMF Martins Fontes, 2010. p. 68.
[156] ELY, John Hart. *Democracia e Desconfiança*: uma teoria do controle judicial de constitucionalidade. São Paulo: Editora WMF Martins Fontes, 2010. p. 70-71.
[157] ELY, John Hart. *Democracia e Desconfiança*: uma teoria do controle judicial de constitucionalidade. São Paulo: Editora WMF Martins Fontes, 2010. p. 73-74.
[158] ELY, John Hart. *Democracia e Desconfiança*: uma teoria do controle judicial de constitucionalidade. São Paulo: Editora WMF Martins Fontes, 2010. p. 78-79.
[159] ELY, John Hart. *Democracia e Desconfiança*: uma teoria do controle judicial de constitucionalidade. São Paulo: Editora WMF Martins Fontes, 2010. p. 83.

depender do que denomina de "representação virtual", ou seja, de necessitar do apoio dos que se apresentam mais poderosos.[160]

Pretende, portanto, contribuir no sentido de oferecer uma abordagem de controle judicial de constitucionalidade que promova a representação. A seu turno, a escolha e a ponderação de valores devem estar a cargo do processo político.[161] Sustenta sua teoria no fato de que o texto original da Constituição trata quase exclusivamente da estrutura estatal, com primordial preocupação para o processo político.

Aponta a extensão do direito de voto como tema constitucional dominante para concluir que assegurar o acesso efetivo ao processo político é a melhor forma de garantir os interesses individuais. Dessa forma, restará garantido um processo de governo, e não uma ideologia dominante.[162]

O controle judicial de constitucionalidade procedimental deve, segundo Ely (2010), apresentar uma orientação reguladora, no sentido de se abster de ditar resultados substantivos, para intervir apenas quando o "mercado político" funcionar sistemicamente mal.[163] Assim, entende que o controle judicial de constitucionalidade deve se centrar na eliminação das obstruções ao processo democrático, em especial na garantia do voto.[164]

Por fim, convém registrar posicionamento defendido pelo autor, que, adianta-se, será relevante para o debate sobre diálogo institucional ao denunciar certa preferência dos legisladores de, para os casos difíceis, redigir leis de forma ambígua, delegando para a burocracia do Executivo a função de disciplinar o tema.

Dessa forma, ao isentar-se o legislador de suas responsabilidades, Ely (2010) aponta para atuação antidemocrática. Logo, aos tribunais caberia o encargo de assegurar não apenas que os administradores atuem conforme a política legislativa, mas também que efetivamente cumpram seu mister. Posiciona-se, portanto, contra uma tendência do legislador de não tomar decisões politicamente controversas e deixá-las

---

[160] ELY, John Hart. *Democracia e Desconfiança*: uma teoria do controle judicial de constitucionalidade. São Paulo: Editora WMF Martins Fontes, 2010. p. 111.

[161] ELY, John Hart. *Democracia e Desconfiança*: uma teoria do controle judicial de constitucionalidade. São Paulo: Editora WMF Martins Fontes, 2010. p. 115.

[162] ELY, John Hart. *Democracia e Desconfiança*: uma teoria do controle judicial de constitucionalidade. São Paulo: Editora WMF Martins Fontes, 2010. p. 133-134.

[163] ELY, John Hart. *Democracia e Desconfiança*: uma teoria do controle judicial de constitucionalidade. São Paulo: Editora WMF Martins Fontes, 2010. p. 136.

[164] ELY, John Hart. *Democracia e Desconfiança*: uma teoria do controle judicial de constitucionalidade. São Paulo: Editora WMF Martins Fontes, 2010. p. 156.

a cargo daqueles que não foram eleitos e que não são controlados de modo eficaz pelos que assim o foram.[165]

Conhecidas as linhas essenciais da teoria da representação de Ely (2010), ganham relevância as importantes considerações de Vermeule (2006), que avalia a obra *Democracia e desconfiança* como de grande influência não apenas entre os teóricos políticos, mas também entre juristas. Observa, nessa esteira, que a ideia central é desbloquear os canais de mudança política a partir da revisão judicial para controlar o processo político contra as maiorias legislativas e contra leis discriminatórias.[166]

No entanto, a concepção de um controle judicial de constitucionalidade procedimental é em larga medida criticada por Vermeule (2006). Suas ponderações direcionam-se especialmente, como restou afirmado em oportunidade anterior, para uma visão estilizada e assimétrica do institucionalismo.

Segundo Vermeule (2006), Ely (2010) falha ao assumir que o desempenho do Legislativo seria a única variante relevante. Assim, as cortes deveriam intervir apenas nas hipóteses em que o Legislativo estivesse sujeito a falhas procedimentais, quando, em verdade, o Judiciário também está sujeito às mesmas deficiências. Isolamento e graves déficits informacionais são armadilhas que acometem os juízes. Logo, a teoria desenvolvida por Ely (2010) seria incompleta, porque não se debruça sobre as capacidades institucionais.

A abordagem vermeuliana é a de que as cortes são instituições que poderiam ser mais lentas do que o Legislativo para promover mudanças nas crenças, valores e preferências da maioria. Salienta que juízes são indicados por instituições majoritárias e, em longo prazo, tendem a reproduzir o pensamento dominante.[167]

Essas visões, em certa medida, mostram-se complementares. Ambos admitem que a ponderação de valores não deve ser tarefa afeta ao Judiciário, mas inerente ao processo político. Nesse ponto, os autores voltam-se contra a teoria construtiva, dirigida por princípios, no sentido defendido por Dworkin.

---

[165] ELY, John Hart. *Democracia e Desconfiança*: uma teoria do controle judicial de constitucionalidade. São Paulo: Editora WMF Martins Fontes, 2010. p. 177-179.
[166] VERMEULE, Adrian. *Judging under uncertainty*: an institutional theory of legal interpretation. Cambridge: Harvard University Press, 2006. p. 240.
[167] VERMEULE, Adrian. *Judging under uncertainty*: an institutional theory of legal interpretation. Cambridge: Harvard University Press, 2006. p. 241.

No entanto, distanciam-se os autores quanto ao papel que a burocracia administrativa pode desempenhar nesse mister. As críticas levantadas por Vermeule justificam a necessidade de uma nova abordagem, que procure priorizar o diálogo entre as instituições.

Dos aportes semeados, conclui-se que pouca atenção restou dada por Ely (2010) à capacidade do Executivo de oferecer respostas eficientes às constantes tensões do ordenamento, especialmente em cenários de incertezas.

1.3.2 A contribuição de Jeremy Waldron: a teoria da autoridade

Jeremy Waldron, nascido na Nova Zelândia, professor na Escola de Direito da Universidade de Nova York, lecionou na All Souls College, Oxford University e também é professor adjunto na Victoria University of Wellington. Sua contribuição para o estudo da teoria da separação de poderes impacta significativamente para a ideia que se pretende desenvolver.

Sua obra *A dignidade da legislação*, publicada em 2003, é uma referência para o positivismo jurídico contemporâneo, em especial para o debate sobre direito e moral. Suas críticas ao domínio do Executivo nas atividades do Parlamento e ao isolamento dos tribunais provocam importantes avaliações sobre as questões pertinentes às atividades de Estado.

Nesse contexto, observa Cosani (2016) que Waldron pressupõe que as sociedades atuais estão em desacordo sobre os conceitos de justiça, moralidade e política, razão pela qual insiste na dignidade da legislação como forma de prestigiar o debate público a partir de argumentos baseados em razões.[168]

Sustenta Waldron (2006) que a revisão judicial da legislação não é adequada como um meio de tomada de decisão final em uma sociedade livre e democrática. Argumenta, assim, que decisões judiciais que se sobreponham às deliberações legislativas sobre direitos fundamentais incorrem em equívoco, porque carecem de legitimidade política. Procura fundamentar seus argumentos a partir de quatro premissas fundamentais.

---

[168] CONSANI, Cristina Foroni. Separação dos poderes e Estado de Direito: considerações a partir da teoria de Jeremy Waldron. *Pensar*, Fortaleza, v. 21, n. 1, p. 123-149, jan./abr. 2016, p. 147.

Em primeiro lugar, parte o autor do pressuposto de que a sociedade a ser considerada será aquela com instituições democráticas que funcionem de forma razoável, não exatamente uma ordem perfeita, mas com uma representação legislativa eleita com base no sufrágio universal, de forma justa e regular. Um corpo legislativo bicameral apto a lidar de forma responsável com temas difíceis, incluídos os de justiça e políticas sociais.[169]

Prossegue a considerar que essa sociedade possa se valer de um Judiciário bem estabelecido e politicamente independente e, em sua maioria, não eleito. Para Waldron (2006), o argumento de que as cortes podem deliberar melhor, porque não estão sujeitas à pressão popular, não procede. Vislumbra que as cortes não devem decidir pautadas em suas próprias motivações, mas provocadas pelos interesses dos litigantes, respeitado o contraditório.[170]

A terceira premissa de que parte o autor é a ideia de forte compromisso por parte da grande maioria dos membros da sociedade em respeito aos direitos individuais das minorias. Nesse contexto, pressupõe a consciência coletiva de consenso com os direitos humanos.[171]

Finalmente, admite como condição crucial o dissenso sobre as principais questões políticas. Nesse sentido, o compromisso com os direitos fundamentais pode existir ainda que remanesça controverso. Com efeito, o fato de existirem discordâncias entre as pessoas não significa que os direitos não sejam levados a sério.[172]

Nesse ponto, admite discordar da premissa adotada por Dworkin (2010),[173] que não admite que duas teses discrepam a ponto de não existir

---

[169] WALDRON, Jeremy. The core of the case against judicial review. *The Yale Law Journal*, n. 115, 2006, p. 1.346-1.406, p. 1.361. Disponível em: https://digitalcommons.law.yale.edu/cgi/viewcontent.cgi?article=5011&context=ylj. Acesso em: 01 nov. 2021.

[170] WALDRON, Jeremy. The core of the case against judicial review. *The Yale Law Journal*, n. 115, 2006, p. 1.346-1.406, p. 1.363. Disponível em: https://digitalcommons.law.yale.edu/cgi/viewcontent.cgi?article=5011&context=ylj. Acesso em: 01 nov. 2021.

[171] WALDRON, Jeremy. The core of the case against judicial review. *The Yale Law Journal*, n. 115, 2006, p. 1.346-1.406, p. 1.365. Disponível em: https://digitalcommons.law.yale.edu/cgi/viewcontent.cgi?article=5011&context=ylj. Acesso em: 01 nov. 2021.

[172] WALDRON, Jeremy. The core of the case against judicial review. *The Yale Law Journal*, n. 115, 2006, p. 1.346-1.406, p. 1.368. Disponível em: https://digitalcommons.law.yale.edu/cgi/viewcontent.cgi?article=5011&context=ylj. Acesso em: 01 nov. 2021.

[173] Sobre se os direitos podem ser controversos, Ronald Dworkin responde que seus "argumentos pressupõem que frequentemente há uma única resposta certa para questões complexas de direito e moralidade política". Cf. DWORKIN, Ronald. *Levando os direitos a sério*. Tradução: Nelson Boein. 2ª edição. São Paulo: Editora WMF Martins Fontes, 2010. p. 429.

uma resposta correta, porque vislumbra o direito como integridade, como uma elaboração de um romance em cadeia.[174]

Sobre esse ponto, Dworkin (2019) utiliza a interpretação literária como um modelo para o método da análise jurídica. Assim, a interpretação não está subordinada à intenção, porque não há um único autor cujos desígnios possam ser considerados decisivos.[175]

Nesse sentido, para Dworkin (2019), decidir casos controversos no direito assemelha-se a um exercício literário. Nenhuma lei ocupa posição central, e o argumento gira em torno das regras ou princípios implícitos em decisões de outros juízes no passado sobre a mesma matéria. Cada juiz assemelha-se a um romancista na cadeia, porque deve ler tudo que restou produzido no passado para chegar a uma opinião sobre essa produção coletiva. Esse o sentido do direito como um romance em cadeia: uma obra com características de identidade, coerência e integridade.[176]

A proposta de Waldron (2003) é enxergar o processo legislativo na sua melhor luz, a partir do pensamento de três filósofos, Kant, Locke e Aristóteles, para que eventual revisão judicial da legislação não seja empreendida sem uma clara percepção da importância da lei e da dignidade de sua autoridade, como um modo de governança digno.[177]

Manifesta desconforto com o fato de a lei estar sujeita a ser modificada todos os dias pelos tribunais e suscita questionamento sobre o "direito feito pelos juízes, não o direito feito pela legislatura", quando, em sua concepção, o Parlamento estaria mais naturalmente apto a evocar valores como direito, justiça e legalidade.[178]

Nesse sentido, Waldron (2003) chama a atenção para a visão cética de Hart (2009) quanto a qualquer ligação necessária entre direito e moralidade. Critica o positivismo jurídico, que, não obstante tradicionalmente reconheça a legislação como base do direito,

---

[174] DWORKIN, Ronald. *O império do Direito*. Tradução: Jeferson Luiz Camargo. São Paulo: Martins Fontes, 1999. p. 271-272.
[175] DWORKIN, Ronald. *Uma questão de princípio*. Tradução: Luís Carlos Borges. São Paulo: Martins Fontes, 2019. p. 229.
[176] DWORKIN, Ronald. *Uma questão de princípio*. Tradução: Luís Carlos Borges. São Paulo: Martins Fontes, 2019. p. 239.
[177] WALDRON, Jeremy. *A dignidade da legislação*. Tradução: Luis Carlos Borges. São Paulo: Martins Fontes, 2003. p.5-6.
[178] WALDRON, Jeremy. *A dignidade da legislação*. Tradução: Luis Carlos Borges. São Paulo: Martins Fontes, 2003. p. 13.

se interessa mais no processo pelo qual o direito é desenvolvido nos tribunais do que tendo o estudo da legislação como base de aferição.[179] A perspectiva de Waldron (2003) é marcada pela percepção de que a legislação esteja no centro do debate. Atribui grande parte da autoridade e legitimidade de um sistema jurídico ao fato de que estamos sujeitos ao governo ditado por leis, e não por homens.

Interessante notar a posição do autor sobre a questão controvertida de verificar a intenção legislativa. Relembra que, durante séculos, os tribunais se consideraram impedidos de realizar tal investigação. Posiciona-se no sentido de que as atas legislativas não podem revelar a intenção do Parlamento, porque a legislatura não se reduz a um único indivíduo.[180]

Logo, o autor não concorda com a ideia de que as atas legislativas possam revelar a intenção do legislador, especialmente porque não cabe atribuir ao Legislativo quaisquer pensamentos, intenções, crenças ou propósitos,[181] tendo em vista que a instituição é composta de centenas de pessoas com interesses divergentes e não raro conflitantes, mas que se defrontam como iguais.

Aposta Waldron (2003) que o que verdadeiramente importa é "a intencionalidade do 'sim' ou 'não' a uma dada moção e não alguma esperança, aspiração ou compreensão que possa ter acompanhado o voto".[182]

Enfatiza, ainda, a compreensão da legislação como um produto de uma assembleia, que representa muitos, ao mesmo tempo em que denuncia certo preconceito de que, quanto maior o corpo legislativo, mais baixo o nível de conhecimento de seus membros.[183] A seu turno, juízes estão em "solitário esplendor", isolados das condições de vida comum, a "cultivar relações de espírito acadêmico, erudição e virtude exclusiva".

---

[179] WALDRON, Jeremy. *A dignidade da legislação*. Tradução: Luis Carlos Borges. São Paulo: Martins Fontes, 2003. p. 17.
[180] WALDRON, Jeremy. *A dignidade da legislação*. Tradução: Luis Carlos Borges. São Paulo: Martins Fontes, 2003. p. 31.
[181] WALDRON, Jeremy. *A dignidade da legislação*. Tradução: Luis Carlos Borges. São Paulo: Martins Fontes, 2003. p. 32.
[182] WALDRON, Jeremy. *A dignidade da legislação*. Tradução: Luis Carlos Borges. São Paulo: Martins Fontes, 2003. p. 33.
[183] WALDRON, Jeremy. *A dignidade da legislação*. Tradução: Luis Carlos Borges. São Paulo: Martins Fontes, 2003. p. 37.

A posição da comunidade, segundo Waldron (2003), revela a necessidade de uma posição única, compatível com a ideia de integridade e do caráter unívoco da justiça, quaisquer que sejam as opiniões individuais.[184]

Admite que sua visão é compartilhada pela jurisprudência positivista desde Thomas Hobbes. Nesse contexto, o autor invoca a doutrina de Immanuel Kant sobre a importância do direito positivo e sua posição em relação à absoluta exigência moral de obediência à lei, no sentido de que, ainda que os cidadãos possam reclamar da injustiça de uma lei, suas reclamações não devem estar associadas a qualquer pensamento de desobediência.[185]

No entanto, ressente-se Waldron (2003) do fato de que Kant não tinha uma imagem da política como participativa, no sentido de que necessariamente deva considerar todos os pontos de vista.[186]

Prossegue o autor no estudo do pensamento de John Locke e na relação entre o direito natural e a legislação positiva. Para o autor, um dos lugares onde o indivíduo lockeano pode desenvolver o raciocínio jusnaturalista é a assembleia legislativa.[187]

Enfatiza que Locke reconhece a discordância como inerente à pluralidade humana e que, portanto, nenhuma instituição será capaz de sobreviver se entender a unanimidade como imprescindível. Outro ponto importante destacado por Waldron (2003) na leitura de Locke é o argumento de que os legisladores devem se sujeitar às regras que decretam da mesma maneira a que estão comprometidos os sujeitos comuns.[188]

Admite, também, que controvérsias sobre direito natural devam ser dirimidas pela assembleia representativa. A partir da filosofia aristotélica, desenvolve a chamada "doutrina da sabedoria da multidão", cujo sentido central está na proposição de que o povo atuando como um corpo será capaz de tomar decisões melhores.[189] Trata-se de

---

[184] WALDRON, Jeremy. *A dignidade da legislação*. Tradução: Luis Carlos Borges. São Paulo: Martins Fontes, 2003. p. 46.
[185] WALDRON, Jeremy. *A dignidade da legislação*. Tradução: Luis Carlos Borges. São Paulo: Martins Fontes, 2003. p. 49.
[186] WALDRON, Jeremy. *A dignidade da legislação*. Tradução: Luis Carlos Borges. São Paulo: Martins Fontes, 2003. p. 68.
[187] WALDRON, Jeremy. *A dignidade da legislação*. Tradução: Luis Carlos Borges. São Paulo: Martins Fontes, 2003. p. 85.
[188] WALDRON, Jeremy. *A dignidade da legislação*. Tradução: Luis Carlos Borges. São Paulo: Martins Fontes, 2003. p. 95-97.
[189] WALDRON, Jeremy. *A dignidade da legislação*. Tradução: Luis Carlos Borges. São Paulo: Martins Fontes, 2003. p. 115.

um paradigma que valoriza o discurso como sinal da diversidade e da pluralidade.[190]

O autor sinaliza, ainda, para uma visão aristotélica de política associada ao utilitarismo,[191] a partir da democracia proposta por Stuart Mill e por Jeremy Bentham. Essa concepção vislumbra como o bem-estar de cada pessoa pode ser afetado pelo juízo de utilidade social geral.[192] Nesse cenário, destaca que, na linha do que denomina de física do consentimento, a decisão majoritária não é apenas um processo decisório eficaz, mas respeitoso, porque considera a diversidade de opiniões quanto à justiça e ao bem comum, bem como não silencia ou menospreza posicionamentos diversos a pretexto de alcançar o consenso.[193]

Sobre a defesa da democracia majoritária apresentada por Waldron (2003), Dworkin (2014) admite ser uma proposição muito geral, porque expõe um princípio de equidade procedimental, mas que não garante a igualdade de fato, na medida em que a maioria não tem nenhum peso moral.[194]

Vermeule (2006) identifica Waldron entre os teóricos que se valem do argumento de deferência do Judiciário às legislaturas em matéria constitucional. Atribui a ele um interesse primariamente jurisprudencial e cuja contribuição reside no exame de como as instituições legislativas auxiliaram a solucionar divergências políticas intratáveis. No entanto, Vermeule (2006) ocupa-se de forma mais intensa com os efeitos sistêmicos da revisão judicial sobre responsabilidade legislativa e com o questionamento sobre a competência institucional.[195]

---

[190] WALDRON, Jeremy. *A dignidade da legislação*. Tradução: Luis Carlos Borges. São Paulo: Martins Fontes, 2003. p. 144.
[191] O utilitarismo vincula a moralidade à maximização da felicidade humana. Os utilitaristas clássicos foram, de diferentes maneiras, hedonistas, isto é, para eles a felicidade consiste no prazer. A maioria dos hedonistas modernos aponta para pontos de vista alternativos, como bem-estar e bem-estar social. Utilitarismos economistas, a seu turno, tendem a usar termo utilidade, inspirados em Jeremy Bentham. Cf. MULGAN, Tim. *Utilitarismo*. Tradução: Fabio Creder. 2ª ed. Petrópolis, RJ: Vozes, 2014 p. 88.
[192] WALDRON, Jeremy. *A dignidade da legislação*. Tradução: Luis Carlos Borges. São Paulo: Martins Fontes, 2003. p. 126.
[193] WALDRON, Jeremy. *A dignidade da legislação*. Tradução: Luis Carlos Borges. São Paulo: Martins Fontes, 2003. p. 192.
[194] DWORKIN, Ronald. *A raposa e o porco-espinho*: justiça e valor. Tradução: Marcelo Brandão Cipolla. São Paulo: Editora WMF Martins Fontes, 2014. p. 590-591.
[195] VERMEULE, Adrian. *Judging under uncertainty*: an institutional theory of legal interpretation. Cambridge: Harvard University Press, 2006. p. 255.

O princípio da separação de poderes, na visão proposta por Waldron (2003), tem uma integridade que se contamina quando considerações do Executivo ou do Judiciário afetam a forma como o Legislativo funciona. A teoria vermeuliana parte da premissa de que Waldron (2003) falhou em sua análise conceitual da separação de poderes, porque idealizada, não consequencialista e alheia a outras considerações necessárias ao direito.[196]

Para Vermeule (2016), a delegação de poder para as agências tem origem em decisão deliberada do legislador para implementar políticas públicas de larga escala.[197] Procura, assim, explorar o debate sobre a supremacia do Legislativo, a partir da perspectiva sugerida por Waldron (2003), para apresentar sua proposta alternativa de institucionalismo empírico, de matriz dialógica.

Com efeito, ambos, Vermeule e Waldron, se aproximam quanto às críticas em relação a uma tendência da academia centrada na visão de um Judiciário iluminista, porém divergem quanto à concepção de um Legislativo superestimado. De fato, as concepções veiculadas até o momento não parecem completas.

O diálogo permanente entre as instituições tende a ser a melhor forma de preservação da prática democrática. Essa abordagem procura incorporar uma dimensão dialógica na defesa dos direitos fundamentais, que corroboramos.

O aporte teórico obtido pelas ideias apresentadas até o momento remete-nos à necessidade de explorar a concepção de institucionalismo empírico, que será objeto da parte seguinte.

2 A virada institucional: institucionalismo empírico de Adrian Vermeule

A tarefa reservada a esta parte é levantar os argumentos mais importantes do institucionalismo de reconstrução empírica exposto por Vermeule (2016), a partir de um resgate dos princípios clássicos da legalidade e da separação de poderes.

A análise passa, na sequência, pela revisão dos principais *standards* de deferência judicial, com o estudo dos casos julgados pela

---

[196] VERMEULE, Adrian. *Law's abnegation*: from law's empire to the administrative state. London: Harvard University Press, 2016. p. 69.

[197] VERMEULE, Adrian. *Law's abnegation*: from law's empire to the administrative state. London: Harvard University Press, 2016. p. 72.

Suprema Corte: *Skidmore* (1944), *Chevron* (1984), *Auer* (1997) e *Mead* (2001).

Busca-se, em seguida, explorar o tema a partir da perspectiva sugerida por Vermeule (2016) para examinar a construção de variáveis que são fundamentais na análise institucional: capacidades institucionais e efeitos sistêmicos.

Destaca-se, ainda, a parte propositiva de sua teoria para alcançar soluções para o dilema institucional, que surge quando o Judiciário labora em cenários de incerteza e condições limitadas de racionalidade.

Reserva-se a seção final para uma avaliação da trajetória do Direito Administrativo, com especial enfoque para o Estado Administrativo como apto à promoção do bem comum, a partir de uma maior centralização do poder no Executivo, à medida que o Congresso delega cada vez mais matérias para a regulação técnica e o Judiciário tende a ser cada vez mais respeitoso a essa avaliação.

Pretende-se ao longo da exposição apresentar importantes diálogos entre Adrian Vermeule e outros autores, a exemplo de Ronald Dworkin, Cass Sunstein, Richard Posner, Philip Hamburger e David Dyzenhaus.

2.1 Legalidade e separação de poderes

A reflexão acerca da nem sempre harmoniosa relação interinstitucional entre os três poderes aponta para um acentuado protagonismo do Poder Judiciário no contexto político atual e dos mecanismos de controle, que devem assegurar a observância do compromisso constitucional, razão pela qual impende revisitar o tema do controle jurisdicional.[198]

A virada institucional vermeuliana propõe-se a enfrentar a separação de poderes e o Estado de Direito como forma de ampliar o olhar investigativo sobre o controle da Administração Pública, a partir de uma presunção de legitimidade do ato por variáveis de capacidades institucionais e efeitos dinâmicos.[199]

---

[198] AMARAL, Alexandra da Silva. Apontamentos para uma reflexão sobre ativismo judicial. *In*: BRAGA, Nivea Corcino Locatelli; DORNELAS, Henrique Lopes (org.). *Hermenêutica jurídica à luz da teoria streckiana*. 1. ed. v. 1. Londrina: Thoth, 2020. p. 125.

[199] OLIVEIRA, Daniel Mitidieri Fernandes de. Algumas reflexões sobre o controle judicial da administração pública contemporânea: um dossiê sobre Estado Administrativo. *Revista Estudos Institucionais*, vol. 3, n. 1, 2017, p. 227-228.

Vermeule (2008) inicia sua abordagem sobre a legalidade a partir de um viés crítico a que denomina de legalismo epistêmico, a saber: a preferência por uma interpretação legislativa originária do Judiciário à proveniente de outras instituições, como o Legislativo, o Executivo ou as agências. Aponta o autor para alguns problemas desse enfoque: um número relativamente reduzido de juízes nas cortes relevantes, seu limitado acervo informacional, homogeneidade profissional e habilidades mais generalistas do que especializadas. Conclui que a razão judicial é limitada.[200]

Procura defender um papel mais amplo para a formulação de leis e de atos normativos. Seu principal argumento é que Legislativo e Executivo de fato apresentam capacidade superior, porque gozam de diversidade e ferramentas para obter e processar informação.[201]

O autor realiza sua abordagem a partir da análise do precedente *Crowell v. Benson*, julgado em 1932. O caso citado é considerado um marco na jurisprudência da Suprema Corte Americana sobre a autoridade das agências administrativas, razão pela qual merece melhor compreensão.

2.1.1 Caso *Crowell v. Benson*

O caso tem origem em 4 de julho de 1927, quando Joe Knudsen, operário norueguês, foi ferido enquanto trabalhava em uma embarcação no Alabama. Pouco antes do acidente, Charles Benson, proprietário da embarcação, despediu Knudsen. No entanto, o operário teria retornado ao trabalho na tentativa de reverter a situação, quando, então, um equipamento caiu sobre ele, ferindo-o gravemente.[202]

Knudsen ingressou com pedido de indenização perante a agência administrativa invocando a Lei de Compensação dos Trabalhadores do Porto e dos Estivadores, sob o argumento de que havia se ferido enquanto trabalhava para Charles Benson. Letus Crowell, um vice-comissário da Comissão de Compensação de Funcionários dos EUA.[203]

---

[200] VERMEULE, Adrian. *Law and the limits of reason*. New York: Oxford University Press, 2008. p. 2-3.
[201] VERMEULE, Adrian. *Law and the limits of reason*. New York: Oxford University Press, 2008. p. 4.
[202] *Crowell v. Benson*, 285 U.S. 22 (1932).
[203] U.S. Employees' Compensation Commission, agência administrativa independente, criada por ato do Congresso Americano em 7 de setembro de 1916, com o objetivo de aplicar a lei que fornece benefícios de compensação trabalhista para funcionários civis dos

entendeu que Benson era empregado no momento do ferimento e concluiu pelo pagamento de indenização em seu favor.

Benson, insatisfeito com a decisão administrativa, recorreu ao Judiciário e alegou que Knudsen não estava trabalhando para ele quando foi ferido. Em consequência, o tribunal concordou que não havia vínculo empregatício e emitiu uma ordem restringindo a decisão anterior, após revisar a lei e os fatos *de novo*.[204]

A questão foi submetida à Suprema Corte, oportunidade em que Benson alegou que a Lei de Compensação havia infringido seus direitos constitucionais de devido processo legal e a um julgamento com júri ao dar autoridade judicial a Crowell como vice-comissário. Argumentou, ainda, que a Lei de Compensação violou o artigo III. A seu turno, Crowell sustentou que o tribunal não deveria ter revisto a sentença a favor Knudsen, sequer revisto os fatos da reclamação.

Conhecidos os fatos e analisado o caso, resta compreender qual a questão que restou formulada. Os tribunais judiciários federais podem rever fatos? E, se entender positivamente, a revisão judicial deve ocorrer ainda que o Congresso tenha dado a um tribunal administrativo o poder de fazer conclusões factuais? A resposta, sim.

Com efeito, o tribunal distrital concluiu que o réu não era responsável pelas lesões provocadas no operário nos termos da Lei de Compensação de Trabalhadores de Longshoremen e Portuários,[205] porque o demandante não seria um empregado para os fins da aludida lei.

Em voto condutor do presidente do tribunal, Charles Evans Hughes, a Suprema Corte confirmou a decisão contra Knudsen, com cinco votos contra três.[206]

O caso assume contornos ainda mais interessantes quando se tem em conta que, antes de sua nomeação como chefe de Justiça, Hughes defendeu o poder de adjudicação de agência no interesse da eficiência.

Estados Unidos que sofreram lesões corporais durante o desempenho de funções oficiais. A Comissão foi criada, e seu *status* como agência independente exercendo funções quase-judiciais foi reconhecido e continuado, com a finalidade de aplicar as leis federais relativas a benefícios de acidentes de trabalho. Disponível em: https://www.ibiblio.org/hyperwar/ATO/USGM/USECC.html. Acesso em: 22 fev. 2023.

[204] Disponível em: https://supreme.justia.com/cases/federal/us/285/22/. Acesso em: 08 jul. 2021.

[205] 33 U.S.C.S. §§901-950.

[206] ALMEIDA, Maíra. *Estado administrativo norte-americano contemporâneo*: transformação permanente, diálogos de poderes e perspectivas simbióticas entre teorias e casos. Tese de Doutorado apresentada ao Programa de Pós-Graduação em Direito da Universidade Federal do Rio de Janeiro, Rio de Janeiro, 2019, p. 28-29.

Concluiu, no caso concreto, que, ainda que fosse apropriado que os tribunais se submetessem às decisões da agência, tinham o dever de revisar de perto as determinações de questões "fundamentais" ou "jurisdicionais".[207]

Vermeule (2008) observa que, para parcela da doutrina, o caso representa um compromisso com a legalidade e com a separação de poderes do texto original da Constituição, que teria sido afastado por necessidades políticas e pela expansão do Estado. No entanto, o autor tem visão diversa, na medida em que, em sua ótica, a abnegação da lei ocorre não por questões políticas, mas por razões internas e legais.

Admite que o caso *Crowell v. Benson* poderia ser um marco na grande articulação entre o legalismo clássico e o direito administrativo moderno, a estabelecer um compromisso equilibrado entre as demandas por lei e os imperativos do governo burocrático. No entanto, o precedente, embora tenha falhado na tentativa de mediar o conflito institucional, trouxe uma instabilidade que resultou em um movimento em direção a um incremento na deferência judicial em favor da discricionariedade administrativa.[208]

Os delineamentos do caso formaram as bases para a estrutura do *Administrative Procedure Act* (APA),[209] de 1946, em especial quanto ao parâmetro de que as cortes revisionais podem decidir todas as questões relevantes de direito. Por essa razão, é considerado um marco na jurisprudência da Suprema Corte Americana sobre a autoridade das agências administrativas.

2.1.2 *Administrative Procedure Act* (APA), de 1946

Não obstante o cenário de incertezas e as controvérsias que antecederam sua edição, APA é um documento longevo, que permanece há 75 anos. Durante o século XX, verifica-se uma expansão do poder das agências administrativas.

A história das agências reguladoras tem início com a criação do *Interstate Commerce Commission* (ICC) pelo Congresso Americano.

---

[207] *Cases that Shaped the Federal Courts: Crowell v. Benson 1932*. Disponível em: https://www.fjc.gov/sites/default/files/cases-that-shaped-the-federal-courts/pdf/Crowell.pdf. Acesso em: 08 jul. 2021.

[208] VERMEULE, Adrian. *Law's abnegation*: from law's empire to the administrative state. London: Harvard University Press, 2016. p. 23-24.

[209] 60 Stat. 237 (Pub. Law 79-404). Disponível em: https://www.justice.gov/sites/default/files/jmd/legacy/2014/05/01/act-pl79-404.pdf. Acesso em: 11 jul. 2021.

Porém, admitida a necessidade de intervenção do Estado para debelar o processo inflacionário e estimular o crescimento da economia, no governo de Franklin Delano Roosevelt foi criado um grande número de agências reguladoras, tais como: *Food and Drug Administration* (FDA), em 1932, para regular o setor de alimentos e medicamentos; *Agricultural Adjustment Administration* (AAA), em 1933, para regular o setor agrícola; *Securities and Exchange Commission* (SEC), em 1933, para regular o mercado financeiro; *Federal Deposit Insurance Corporation* (FDIC), em 1933, para regular o setor de seguros; *Federal Communications Commission* (FCC), em 1934, para regular o setor das telecomunicações; *National Labor Relations Board* (NLRB), em 1935, para regular o setor do trabalho; *Federal Maritime Commission* (FMC), em 1936, para regular o transporte marítimo; *Civil Aeronautics Board* (CAB), em 1938, para regular o setor aeronáutico.[210]

A primeira versão do APA foi publicada em 1946 e incorporou princípios básicos com o propósito de uniformizar a legislação de Direito Administrativo nos cinquenta estados americanos. Até 1960, apenas doze estados tinham adotado o ato de 1946. Foi revisado em 1961, 1981 e 2010.[211]

Importante compreender o contexto que antecedeu a publicação do APA, que teve início na era progressista, com uma nova concepção de Estado, e prosseguiu de forma acelerada durante o *New Deal* e após a Segunda Grande Guerra Mundial.

Sua origem aponta para a iniciativa do advogado-geral Frank Murphy, que, em dezembro de 1938, escreveu ao presidente Roosevelt para propor um estudo sobre uma reforma procedimental no Direito Administrativo. A resposta presidencial veio em fevereiro de 1939, quando, então, o presidente enfatizou a necessidade de aceitação judicial das decisões das agências administrativas.[212] Esses eventos

---

[210] AMARAL, Alexandra da Silva. *Princípios Estruturantes das Agências Reguladoras e seus mecanismos de controle*. Rio de Janeiro: Lumen Juris, 2005. p. 34.

[211] VÉRTESY, László. The Model State Administrative Procedure Act in the USA (August 18, 2013). *De iurisprudentia et iure publico* HU. ISSN 1789-0446 (2013), p. 1. Disponível em SSRN: https://ssrn.com/abstract=3198085. Acesso em: 11 jul. 2021.

[212] *APA, §551. Definitions. For the purpose of this subchapter - (1) "agency" means each authority of the Government of the United States, whether or not it is within or subject to review by another agency, but does not include - (A) the Congress; (B) the courts of the United States; (C) the governments of the territories or possessions of the United States; (D) the government of the District of Columbia; or except as to the requirements of section 552 of this title - (E) agencies composed of representatives of the parties or of representatives of organizations of the parties to the disputes determined by them; (F) courts martial and military commissions; (G) military authority exercised in the field in time of war or in occupied territory; or (H) functions conferred by sections*

ocorreram entre denúncias de abuso administrativo e bombardeios sobre Londres todas as noites pelo exército alemão.[213]

Foram recrutados para o projeto membros que gozavam de confiabilidade política ou que realizaram serviço jurídico de alto nível para o *New Deal*, como Dean Acheson, que exerceu o cargo de secretário de Estado dos Estados Unidos da América, nomeado presidente do comitê que ganhou sem nome.

Nesse cenário, formavam o Comitê Acheson onze membros permanentes, composto por juízes e jovens professores de direito, que se mostraram divididos em questões importantes, na medida em que o comitê foi formado para oferecer respostas aos protestos contra as práticas das agências reguladoras.[214] O comitê apresentou seu relatório final em 22 de janeiro de 1941. O final do mesmo ano foi marcado pelo ataque japonês a Pearl Harbour, período em que a guerra alcançou com maior força os Estados Unidos e o projeto ficou, então, na prateleira.

O relatório final ocupou-se primordialmente do desafio de responder ao questionamento dos críticos sobre a possibilidade de as agências se revelarem como uma antítese ao Estado de Direito, na medida em que o mesmo órgão enuncia suas regras e as aplica, servindo a um só tempo como "promotor, juiz, júri e carrasco".[215]

Após a guerra, o Congresso aprovou o APA, encerrando disputas partidárias, não obstante algumas propostas, rejeitadas em 1946, permanecerem no fluxo de debate. Seu texto foi alvo de larga interpretação judicial ao longo do tempo; porém, mostra-se longevo.[216]

---

[213] RABKIN, Jeremy. The Origins of the APA: Misremembered and Forgotten Views. *Volume 28:3 of the George Mason Law Review*, 2021, p. 3.

[214] RABKIN, Jeremy. The Origins of the APA: Misremembered and Forgotten Views. *Volume 28:3 of the George Mason Law Review*, 2021, p. 5.

[215] RABKIN, Jeremy. The Origins of the APA: Misremembered and Forgotten Views. *Volume 28:3 of the George Mason Law Review*, 2021, p. 7.

[216] 5 USC §551 et seq. (1946): "The Administrative Procedure Act (APA) governs the process by which federal agencies develop and issue regulations. It includes requirements for publishing notices of proposed and final rulemaking in the Federal Register, and provides opportunities for the public to comment on notices of proposed rulemaking. The APA requires most rules to have a 30-day delayed effective date. In addition to setting forth rulemaking procedures, the APA addresses other agency actions such as issuance of policy statements, licenses, and permits. It also provides standards for judicial review if a person has been adversely affected or aggrieved by an agency action. Disponível em: https://www.archives.gov/federal-register/laws/administrative-procedure/551.html. Acesso em: 22 fev. 2023.

Nota: O texto acima contém uma referência ao número "1738, 1739, 1743, and 1744 of title 12; chapter 2 of title 41; or sections 1622, 1884, 1891-1902, and former section 1641 (b)(2), of title 50, apêndix. Disponível em: https://www.archives.gov/federal-register/laws/administrative-procedure/551.html. Acesso em: 22 fev. 2023."

2.1.3 Do império da lei ao Estado Administrativo

Vermeule (2016) sustenta que o Estado Administrativo é uma criação do processo legislativo pelo que se convencionou denominar delegação. São agências criadas inteiramente pelo estatuto, cujos poderes e limites foram conferidos pela legislação e pelo APA. Não se trata de abdicação dos poderes do Congresso, mas um exercício deliberado, sustentável e diferenciado dessas funções.[217]

O autor argumenta que o Estado Administrativo foi criado e limitado por uma ação do Legislativo e do Executivo ao longo do tempo. Ademais, está sujeito à supervisão do presidente na sua execução e chancelado por um consenso duradouro com a Suprema Corte.

Acredita, portanto, que o Estado Administrativo goza de legitimidade política, porque foi constituído por um Congresso democraticamente eleito e aprovado pelo Judiciário. Dessa forma, eventual crítica não deve ser direcionada ao Estado Administrativo, mas a toda a ordem constitucional, que estaria completamente mal orientada.[218]

Não pretende o autor que as instituições abdiquem de suas posições por fraqueza ou irresponsabilidade, mas, por exercerem suas capacidades institucionais, concluam que o diálogo poderá auxiliá-las a melhor desempenharem suas atribuições constitucionais. As razões são conhecidas: especialização, acervo informacional e a dinâmica do ambiente político.

Com efeito, a percepção de Estado Administrativo contemporâneo deve manter estreita relação com a complexidade das funções assumidas nos mais diferentes setores socioeconômicos. A noção clássica de Administração Pública, constrangida pela legalidade estrita e limitada a um agir estatal estritamente público, não encontra suporte na atualidade.

O Direito Administrativo de inspiração francesa foi construído sob os pilares da supremacia da Administração Pública nas relações com os cidadãos, da prevalência do interesse público sobre o interesse privado, da hierarquia na burocracia estatal e da submissão absoluta ao princípio da legalidade. Diante dessas premissas, entrou em crise pela incapacidade de apresentar respostas que atingissem os interesses

---

[217] VERMEULE, Adrian. *Law's abnegation*: from law's empire to the administrative state. London: Harvard University Press, 2016. p. 43-44.
[218] VERMEULE, Adrian. *Law's abnegation*: from law's empire to the administrative state. London: Harvard University Press, 2016. p. 46.

ambivalentes da sociedade, com garantia de justiça e igualdade real entre os cidadãos.[219]

Interessante a contribuição de Carlos Ari Sundfeld, que analisa o que titula de Direito Administrativo do *"clips"* como a Administração "de papelaria", porque age por autos e atos, e que desconfia do privado, desprezando a relação com o tempo e o custo de não assumir prioridades. A essa visão, o autor opõe o Direito Administrativo dos negócios, que foca nos resultados e que gerencia a escassez de recursos, a partir de procedimentos mais informais para a busca de soluções céleres e consensuais. A advertência dirige-se para o caráter bipolar do Direito Administrativo, que toma um só partido como dogma, lançando o outro polo às feras.[220]

As definições clássicas confirmam a ideia de que a sujeição ao princípio da legalidade revela mais uma preocupação com a contenção do poder público do que para sua eficiência. A necessidade de inovar e obter resultados não se compraz a uma ideia de Administração submetida a obstáculos burocráticos.

Não por acaso, o Estado passou por mutações e mudanças de nomenclaturas, que revelam, em verdade, adaptações necessárias para a concretização de direitos fundamentais.

Nessa ótica, registra-se o Estado de Bem-Estar nos sistemas capitalistas ocidentais como repercussão da Primeira e Segunda Guerras Mundiais na Europa (pós-1919); da Grande Depressão, nos EUA (pós-1929); e da Constituição de 1934, no Brasil. Esse modelo advém da necessidade de um agir estatal direcionado para implementar condições mínimas de dignidade à pessoa e inibir o abuso do poder econômico. Um viés de Estado-Administração que pretende a transposição de suas barreiras endógenas a fim de desenvolver benefícios coletivos.[221]

Prossegue o Estado a agir voltado para a ordem econômica, assumindo nova alcunha: Estado-Empresário. A hipertrofia de suas

---

[219] GUERRA, Sergio. *Discricionariedade e reflexividade*: uma nova teoria sobre as escolhas administrativas. Belo Horizonte: Fórum, 2008. p. 124-125.

[220] SUNDFELD, Carlos Ari. O direito administrativo entre os clips e os negócios. *Fórum Administrativo Direito Público – FA*, Belo Horizonte, ano 9, n. 100, jun. 2009, p. 1-6. Disponível em: https://www.conjur.com.br/2006-dez-21/direito_administrativo_oscila_entre_papeis_negocios?pagina=2. Acesso em: 1º dez. 2019.

[221] MOREIRA, Egon Bockmann. Notas sobre o estado administrativo: de omissivo a hiperativo. *REI - Revista Estudos Institucionais*, [S.l.], v. 3, n. 1, p. 153-179, ago. 2017. ISSN 2447-5467. Disponível em: https://www.estudosinstitucionais.com/REI/article/view/154. Acesso em: 13 jul. 2021. DOI: https://doi.org/10.21783/rei.v3i1.15.

atividades leva a excessos, com aumento da burocracia, do déficit público e da ineficiência na gestão, a sugerir nova revisão do modelo.

Volta-se, então, o Estado para um perfil regulador, com retração de suas atividades em alguns setores e expansão em outros. Compreende um instrumento da atividade executiva que prestigia o conhecimento técnico. O Estado Administrativo, enquanto modelo de afirmação do poder regulador das agências, diferentemente do que por vezes aparenta, desperta controvérsias.

As mudanças políticas do Estado, impulsionadas por interesse de mercado, perpassam por modificações ocorridas na sociedade, a partir de suas permanentes demandas e das consequentes mutações dos paradigmas do Direito Público. Nada é permanente e há um ativo processo de superação em relação aos grandes pilares do Estado: representação política, tripartição de poderes, democracia formal e partidos políticos.[222]

O Estado Administrativo sofre, a partir dos anos 1990, severa crítica por parte de alguns autores, a exemplo de Hamburger (2015), que sustenta que o Direito Administrativo é uma espécie de poder absoluto, extra e supralegal.

Para o mencionado autor, a exemplo dos monarcas ingleses, que se valiam de prerrogativas para prevalecer seus interesses sem passar seus atos pelo Parlamento ou pelo julgamento das cortes, atualmente, quando o Executivo normatiza, exerce um poder irregular, extraordinário ou absoluto.[223]

Prossegue o autor a alertar que o poder absoluto pode parecer improvável em circunstâncias relativamente civilizadas da vida contemporânea, mas que, em uma sociedade democrática, a ameaça advém de um absolutismo leve. Parafraseando Tocqueville, adverte para a tirania da maioria e que o perigo para os americanos pode surgir de um paternalismo protetivo e escravizante.[224]

Hamburger (2015) observa que os ingleses lutaram para proteger sua liberdade da extra e supralegalidade, a partir da Magna Carta de

---

[222] MOREIRA NETO, Diogo de Figueiredo. Evolução dos controles de juridicidade no Estado Democrático de Direito: a busca do equilíbrio entre o político e o jurídico: revisitando a missão da Advocacia de Estado. *Debates em Direito Público*, Brasília, ano 12, n. 12, p. 9-17, jan./dez. 2013.

[223] HAMBURGER, Philip. *Is administrative law unlawful?* Chicago and London: the University of Chicago Press, 2015. p. 411.

[224] HAMBURGER, Philip. *Is administrative law unlawful?* Chicago and London: the University of Chicago Press, 2015. p. 413.

1215 até a Declaração de Direitos de 1689. Sobre esses fundamentos, os americanos repudiaram o poder absoluto de forma ainda mais decisiva em suas constituições estaduais e federal. No entanto, assevera que o perigo não está confinado nas monarquias, sequer no passado, eis que retornou após os americanos aprenderem com seus primos alemães a desdenhar de formalidades constitucionais.[225]

Parece a ele claro que os acadêmicos alemães, inspirados em Hegel, e seus seguidores americanos idealizam um Estado com uma relação orgânica e evolucionária com a sociedade, com funções amplas. Essa doutrina expandiu sua compreensão sobre o objetivo do Estado da proteção dos indivíduos e de seus interesses para um cuidado geral com os interesses da comunidade. Nesse sentido, o Estado, para essa doutrina, deve existir para combater e neutralizar as forças egoísticas que laboram na sociedade. Salienta, porém, que tais ideias não se preocupam com as implicações para a liberdade.[226]

Acresce que o desenvolvimento do Direito Administrativo na América não foi uma criação do *New Deal*. O passo inicial ocorreu com o *Interstate Commerce Act*, aprovado pelo Congresso em 1887, que conferiu poderes à Agência para instituir impostos sobre as ferrovias, além de confiar às comissões poderes judiciais.[227]

As agências exercem, em sua visão, uma combinação de poderes e funções, em descompasso com um sistema de poderes separados e funções especializadas. Sustenta que os juízes criaram toda uma jurisprudência de deferência, que representa um abandono da função judicial.[228]

Hamburger (2015) sustenta que o Estado Administrativo é ilegal e nega que o mesmo se justifique pela necessidade da vida moderna ou pela complexidade do governo. Conclui que o perigo surge não apenas da sua inconstitucionalidade, mas porque regenera o absolutismo.[229]

---

[225] HAMBURGER, Philip. *Is administrative law unlawful?* Chicago and London: the University of Chicago Press, 2015. p. 495.
[226] HAMBURGER, Philip. *Is administrative law unlawful?* Chicago and London: the University of Chicago Press, 2015. p. 451-452.
[227] HAMBURGER, Philip. *Is administrative law unlawful?* Chicago and London: the University of Chicago Press, 2015. p. 458.
[228] HAMBURGER, Philip. *Is administrative law unlawful?* Chicago and London: the University of Chicago Press, 2015. p. 316.
[229] HAMBURGER, Philip. *Is administrative law unlawful?* Chicago and London: the University of Chicago Press, 2015. p. 493.

Vermeule (2015) questiona o que exatamente Hamburger quis dizer quando utilizou a expressão *unlawful*. Considerando seus interesses históricos, a possibilidade mais óbvia, segundo Vermeule, é a ideia de que o Estado Administrativo seria inconsistente com a compreensão original da Constituição de 1789.[230]

Comunga da mesma percepção Lawson (2014). Observa o autor que a maior falha de Hamburger (2015) é não ter definido de forma precisa o que significa o termo ilegal. Seria uma violação à Constituição escrita? Ou a normas constitucionais não escritas? A ambiguidade, portanto, paira sobre toda a obra.[231]

Para Vermeule (2015), apesar da falta de clareza e obscuridade, a chave para compreender Hamburger (2015) é que ele não é um positivista constitucional comum. Seu principal ponto é que o autor oferece uma visão constitucional altamente estilizada, em que o Legislativo detém o poder exclusivo para legislar, enquanto os juízes exercem todo o poder judicial de forma independente, sem deferência, enquanto ao Executivo é dado o único poder de executar as leis e de instaurar processos para provocar que os juízes façam cumprir os estatutos.[232]

Não se pode negar que o livro procura contribuir com uma visão sobre as origens do Direito Administrativo americano. Hamburger é um renomado historiador e censura o Estado Administrativo, em especial porque a doutrina parte de uma falsa premissa de que esse modelo nasce como resposta à necessidade de regulação para as indústrias de larga escala, como as rodovias.

Porém, seus argumentos são imprecisos e sua argumentação ignora as peculiaridades e o dinamismo do Direito Administrativo moderno, em especial a partir da interpretação do *Administrative Procedure Act*.

Em síntese, pode-se afirmar que Hamburger (2015) acredita que o Direito Administrativo incorpora os males que a Constituição procurou prevenir. Sobre tal afirmação, é importante ponderar que o Congresso

---

[230] VERMEULE, Adrian. No' Review of Philip Hamburger, 'Is Administrative Law Unlawful?. Forthcoming, *Texas Law Review*, 93 Tex. L. Rev. 1547, 2015, p. 5. Disponível em: https://dash.harvard.edu/handle/1/16162449. Acesso em: 1º ago. 2021.

[231] LAWSON, Gary. The return of the king: the unsavory origins of administrative law. *Texas Law Review, Forthcoming, Boston Univ. School of Law, Public Law Research Paper No. 14-46*. Aug, 2014, p. 8. Disponível em: https://papers.ssrn.com/sol3/papers.cfm?abstract_id=2475853. Acesso em: 1º ago. 2021.

[232] VERMEULE, Adrian. No' Review of Philip Hamburger, 'Is Administrative Law Unlawful?. Forthcoming, *Texas Law Review*, 93 Tex. L. Rev. 1547, 2015, p. 7. Disponível em: https://dash.harvard.edu/handle/1/16162449. Acesso em: 1º ago. 2021.

que delegou competências às agências, da mesma forma, sempre detém o poder de retroceder. Além disso, a experiência americana tornou possível verificar que o Ato de Procedimento Administrativo americano representa importante proteção estatutária contra o abuso da agência, inclusive com a previsão de revisão judicial, a demonstrar adequado funcionamento das instituições.

Acresça-se que, ainda que a análise histórica de Hamburger (2015) seja atraente, o fortalecimento e a confiança no Direito Administrativo mostram-se arraigados. Os argumentos por ele lançados não são suficientes para que concordemos que o Estado Administrativo é despótico e, por essa razão, deveria ser desmantelado.

A divisão tripartite de poderes, tal como proposta por Montesquieu no século XVIII, com Legislativo, Executivo e Judiciário separados e distintos entre si, mostra-se um produto de uma época, em descompasso com as necessidades de governabilidade e a complexidade do Estado contemporâneo. Certo é que nenhuma visão pode dispensar a aversão à tirania e a governos despóticos, bem como que deve haver equilíbrio de forças que assegure o atendimento ao interesse público e a consecução de eficiência no agir estatal.

Ao sustentar que em democracias o Estado Administrativo seria uma versão benevolente do absolutismo, Hamburger é provocativo. Todos que se ocupem do estudo do tema não devem dispensar o cuidado que suas observações instigam.

Nesse cenário, importante analisar o papel desempenhado pela deferência judicial para a governança administrativa. Há muito a ser desvendado sobre o tema. É sobre a tênue linha divisória entre interpretar e legislar que a atenção deste estudo se volta agora.

2.2 *Standards* de deferência: *Skidmore* (1944), *Chevron* (1984), *Auer* (1997) e *Mead* (2001)

O debate sobre deferência enfatiza prioritariamente responder ao questionamento sobre quem deve decidir.[233] A pergunta envolve tema central ao diálogo entre os poderes no Estado Administrativo contemporâneo e busca identificar, entre os Poder Executivo e Judiciário, qual deve interpretar os estatutos regulatórios.

---

[233] LEAL, Fernando. Consequenciachismo, principialismo e deferência: limpando o terreno. Dilema é, de fato, meramente aparente. *Jota Info*, São Paulo, 2018. Disponível em: https://www.jota.info/stf/supra/consequenciachismo-principialismo-e-deferencia-limpando-o-terreno-01102018. Acesso em: 25 jun. 2020.

Segundo Almeida, a deferência "ocorre quando as autoridades judiciárias não decidem diretamente a questão jurídica na etapa de controle judicial de uma decisão administrativa, mas meramente questões de razoabilidade, coerência e logicidade ou a interpretação utilizada pela autoridade administrativa".[234]

A doutrina consagrada em *Chevron*,[235] um dos casos mais célebres julgados no âmbito do Direito Administrativo, compõe um conjunto de precedentes da Suprema Corte americana sobre deferência judicial nos casos de controle de interpretações promovidas pelas autoridades administrativas.

Os casos julgados pela Suprema Corte americana, a seguir apresentados, revelam, portanto, a construção da doutrina aplicável às interpretações das agências reguladoras.

2.2.1 Caso *Skidmore v. Swift & Co.*[236]

O caso foi decidido pela Suprema Corte americana, em 1944, tendo como postulante Jim Skidmore, funcionário da empresa Swift & Company, em Fort Worth, Texas.

Skidmore e alguns outros funcionários ocupavam-se das tarefas gerais do corpo de bombeiros e da manutenção do equipamento de combate a incêndios da unidade de embalagem do empregador.

Outros funcionários operavam elevadores ou atuavam como auxiliares de combate a incêndios. Os funcionários também concordaram em permanecer nas instalações do empregador ou a uma distância de sinalização de três a quatro noites por semana. Os funcionários não eram obrigados a realizar nenhuma tarefa específica durante a noite, exceto responder a alarmes de incêndio.

A questão central a ser decidida era se o tempo que os trabalhadores despenderam no *fire hall* constituía trabalho regido pela *Fair Labor Standart Act*.

Na ação que os empregados ajuizaram para recuperar horas extras pelos períodos de permanência, o tribunal decidiu que o tempo

---

[234] ALMEIDA, Maíra. *Estado administrativo norte-americano contemporâneo*: transformação permanente, diálogos de poderes e perspectivas simbióticas entre teorias e casos. Tese de Doutorado apresentada ao Programa de Pós-Graduação em Direito da Universidade Federal do Rio de Janeiro, Rio de Janeiro, 2019, p. 184.
[235] *Chevron v. NRDC*, 467 US 837 (1984).
[236] *Skidmore v. Swift & Co.*, 323 U.S. 134 (1944).

que os empregados ficaram esperando para responder aos alarmes não constituíram horas trabalhadas, o que foi confirmado em sede recursal.

O precedente, conhecido como "deferência *Skidmore*", contribui no sentido de que os tribunais devem recorrer às autoridades administrativas que detenham experiência no assunto debatido em juízo. Ademais, acrescenta que o peso a ser dado à opinião dessas autoridades em um caso particular dependerá do rigor evidenciado em sua análise, da validade do seu raciocínio, da sua coerência com pronunciamentos anteriores e posteriores e todos os fatores que conferem poder de persuasão.[237]

Com efeito, o precedente confirma a jurisprudência da Suprema Corte no sentido de que o Judiciário, ao interpretar um estatuto, deve conferir peso substancial para a visão da agência que tem autoridade sobre a matéria.

Skidmore é comumente conhecido como *weak deference* quando comparado ao caso *Chevron*, que o sucedeu. O modelo de interpretação instaurado em *Skidmore* aplica-se a muitas outras declarações de agências que os tribunais são provocados a analisar, aumentando o escrutínio do Judiciário das interpretações jurídicas prestadas em atos interpretativos e de política da agência.[238]

Em *Skidmore*, a Suprema Corte abordou o nível de deferência aplicável ao *Interpretative Bulletin nº 13*, expedido pela *Wage and Hour Division*, unidade integrante do *Department of Labor* – agência investida de atribuição para o trato de relações laborais.[239] Na oportunidade, considerou que regras, interpretações e opiniões do administrador constituem um conjunto de experiência que as cortes e os litigantes devem utilizar como orientação.[240]

---

[237] JORDÃO, Eduardo. Entre o prêt-à-porter e a alta costura: procedimentos de determinação da intensidade do controle judicial no direito comparado. *Revista Brasileira de Direito Público – RBDP*, Belo Horizonte, ano 14, n. 52, p. 9-43, jan./mar. 2016. Disponível em: https://hdl.handle.net/10438/19180. Acesso em: 1º ago. 2021.

[238] ROSSI, Jim. Respecting Deference: Conceptualizing Skidmore within the Architecture of Chevron, 42 *Wm. & Mary L. Rev.* 1105, 2001, p. 1110. Disponível em: https://scholarship.law.wm.edu/wmlr/vol42/iss4/2. Acesso em: 1º ago. 2021.

[239] VALLE, Vanice Regina Lirio do. Deferência judicial às escolhas regulatórias: o que podemos aprender com standards aplicados pela Suprema Corte estadunidense. *Rev. Direito Adm.*, Rio de Janeiro, v. 280, n. 2, p. 137-164, maio/ago. 2021. Disponível em: https://bibliotecadigital.fgv.br/ojs/index.php/rda/article/download/84499/80107/185027. Acesso em: 26 out. 2021.

[240] ROSSI, Jim. Respecting Deference: Conceptualizing Skidmore within the Architecture of Chevron, 42 *Wm. & Mary L. Rev.* 1105, 2001, p. 1117. Disponível em: https://scholarship.law.wm.edu/wmlr/vol42/iss4/2. Acesso em: 1º ago. 2021.

Vermeule (2016) observa que *Skidmore* enfatiza que as questões legais estão afetas às cortes, mas também que às agências deve ser garantido um tipo de deferência epistêmica, que ocorre quando seus pronunciamentos são altamente especializados, baseados em experiência acumulada ou especialmente propensos a rastrear as intenções legislativas.[241]

Salienta o autor que *Skidmore*, na verdade, apenas descreve a atitude minimamente sensível do julgador, que é de dar oitiva a qualquer argumento relevante das partes mais bem informadas quando precisar decidir o que fazer.[242] Assim, em *Skidmore*, a decisão administrativa seria qualificável para reivindicar a deferência de acordo com sua persuasão.[243]

Realizadas essas colocações, é possível afirmar que *Skidmore* avança para duas características essenciais: prudência judicial e *expertise* das agências. Ainda que relevantes os apontamentos, não se pode desprezar eventuais preocupações com a excessiva discricionariedade e subjetividade do julgador na avaliação dos atos das agências.

O caso ganhou destaque na doutrina porque representa um reconhecimento que a política adotada pela agência se pauta em seu conhecimento mais especializado e investigação mais aprofundada dos fatos. A corte entendeu que a decisão judicial *a quo* não apurou na origem a questão de fato e, portanto, não poderia decidir sobre a aplicabilidade do *Interpretative Bulletin nº 13* à hipótese. Com efeito, o precedente revela prestígio ao corpo funcional da agência e a seu acervo informacional.[244]

Passadas quatro décadas, o caso *Chevron* aponta para novos contornos e contribuiu de forma significativa para o debate. Interessa perquirir, portanto, a razão pela qual esse precedente é associado a um grau de deferência mais forte do que *Skidmore*.

---

[241] VERMEULE, Adrian. *Law's abnegation*: from law's empire to the administrative state. London: Harvard University Press, 2016. p. 200.

[242] VERMEULE, Adrian. *Law's abnegation*: from law's empire to the administrative state. London: Harvard University Press, 2016. p. 96.

[243] ALMEIDA, Maíra. *Estado administrativo norte-americano contemporâneo*: transformação permanente, diálogos de poderes e perspectivas simbióticas entre teorias e casos. Tese de Doutorado apresentada ao Programa de Pós-Graduação em Direito da Universidade Federal do Rio de Janeiro, Rio de Janeiro, 2019, p. 203.

[244] VALLE, Vanice Regina Lirio do. Deferência judicial às escolhas regulatórias: o que podemos aprender com standards aplicados pela Suprema Corte estadunidense. *Rev. Direito Adm.*, Rio de Janeiro, v. 280, n. 2, p. 137-164, maio/ago. 2021. Disponível em: https://bibliotecadigital.fgv.br/ojs/index.php/rda/article/download/84499/80107/185267. Acesso em: 26 out. 2021.

2.2.2 Caso *Chevron*

O caso *Chevron*[245] tem chamado a atenção do Direito Administrativo desde que foi decidido em 1984. *Chevron* está no centro de várias decisões importantes dos tribunais e tornou-se o paradigma judicial predominante para revisão das interpretações das agências de estatutos e regulamentos.

A adequada análise desse precedente será importante para a compreensão do princípio de separação de poderes e do sistema de freios e contrapesos, bem como da legitimidade do Estado Administrativo.

O caso tem origem em discussão que envolve o *Clean Air Act*, lei que exige uma licença sempre que uma empresa constrói uma nova fonte poluidora ou modifica uma existente. A licença não era exigida se a poluição incremental fosse considerada dentro dos limites legais.

A questão específica no caso era saber se uma fonte de poluição do ar deveria ser um único prédio ou chaminé, tese em geral defendida por grupos ambientais, ou se poderia ser uma fábrica inteira, como entendiam as autoridades governamentais.

Com efeito, uma definição de fonte compreendendo toda a fábrica confere às empresas maior flexibilidade, na medida em que cria uma espécie de "bolha" sobre a planta, o que permite que as empresas construam novos dispositivos emissores de poluição ou modifiquem os antigos, desde que não excedam o limite estatutário total.

A Corte de Apelação dos Estados Unidos do *District of Columbia Circuit* (DCC) concordou com esses argumentos, contrariamente à interpretação conferida pela agência, oferecendo, então, a seguinte estrutura.

Em um primeiro momento, deve-se investigar se o Congresso disciplinou a matéria de forma precisa. Se a intenção legislativa mostra-se clara, está encerrado o debate, eis que, tanto para o Judiciário como para a agência, deve prevalecer o texto da lei. Essa etapa é conhecida como *Chevron Step One*, quando, então, caberá a investigação quanto à ambiguidade das instruções do Congresso. A seu turno, se o texto é ambíguo, as cortes devem prosseguir para uma segunda etapa, isto é, *Chevron Step Two*. Nesse caso, restando silente ou impreciso o estatuto sobre determinada matéria, as cortes devem perquirir se a interpretação conferida pela agência é razoável, assim entendida no sentido de não ser arbitrária.[246]

---

[245] *Chevron v. NRDC*, 467 US 837 (1984).
[246] SUNSTEIN, Cass R., Chevron As Law. *Georgetown Law Journal*, Forthcoming, January 1, 2019, p. 9. Disponível em: https://ssrn.com/abstract=3225880 *or* http://dx.doi.org/10.2139/ssrn.3225880. Acesso em: 03 ago. 2021.

Importante observar que, na primeira etapa, não se estará diante de deferência ao entendimento da agência, eis que a corte decidirá se o estatuto é impreciso ou não. As agências, nesse sentido, não têm qualquer ingerência nessa questão, o que representa importante limite para sua atuação. No entanto, ganham espaço para interpretar disposições ambíguas, desde que assim o façam de uma forma razoável.

Assim, no caso *Chevron*, a corte manteve a interpretação conferida pela agência sobre o que se poderia entender por fontes estacionárias na lei ambiental.

Nesse sentido, entendeu que o conceito de fonte para os fins do *Clean Air Act* demanda conhecimento técnico. Ademais, quanto aos efeitos de tal definição em relação ao meio ambiente ou aos custos envolvidos, o conhecimento estritamente jurídico não se mostrou suficiente, eis que o conceito apropriado pode demandar considerações políticas e equilíbrio de diversos valores que levam a crer que a estrutura do caso *Chevron* observa o diálogo democrático, porque oferece um espaço para que as autoridades possam apresentar suas razões.[247]

Vermeule (2016) observa que deferência não significa total renúncia, eis que as cortes mantêm um poder residual de estabelecer limites externos. Acrescenta o autor que jamais deve significar que as agências devem sempre ganhar, mas que sempre haverá deferência onde a lei for silente ou ambígua.[248]

Importante registrar que a precondição para aplicação do precedente *Chevron* é uma análise anterior, conhecida como *step zero*, que questiona se o Congresso delegou a autoridade para interpretar a lei para as agências em detrimento das cortes.

Almeida (2019) comenta que o *step zero* representa uma discrição da agência como parte da determinação inicial do Congresso a configurar uma qualidade normativa derivada.[249]

Ainda que os limites da decisão em *Chevron* possam ser controvertidos, o precedente mostra-se inovador, porque extrapola do conceito clássico que todo estatuto, mesmo nos casos difíceis, deve

---

[247] SUNSTEIN, Cass R., Chevron As Law. *Georgetown Law Journal*, Forthcoming, January 1, 2019, p. 11. Disponível em: https://ssrn.com/abstract=3225880 *or* http://dx.doi.org/10.2139/ssrn.3225880. Acesso em: 03 ago. 2021.

[248] VERMEULE, Adrian. *Law's abnegation*: from law's empire to the administrative state. London: Harvard University Press, 2016. p. 30.

[249] ALMEIDA, Maíra. *Estado administrativo norte-americano contemporâneo*: transformação permanente, diálogos de poderes e perspectivas simbióticas entre teorias e casos. Tese de Doutorado apresentada ao Programa de Pós-Graduação em Direito da Universidade Federal do Rio de Janeiro, Rio de Janeiro, 2019, p. 171.

prover a melhor interpretação. Com efeito, *Chevron* descortina para uma análise de alcance mais amplo, em que economistas, cientistas e outros especialistas podem contribuir na formulação de políticas públicas.

O caso *Mead*, objeto de análise a seguir, modificou a estrutura de *Chevron* em pontos importantes, a partir de orientações sobre as hipóteses em que a deferência *Chevron* deve ser aplicada.

2.2.3 Caso *Auer v. Robbins*[250]

Como visto nos itens anteriores, a interpretação conferida pela Suprema Corte Americana aos casos *Chevron* e *Mead* introduziu parâmetros de deferência à interpretação de agências em relação à ambiguidade presente na lei.

No entanto, como proceder quando a ambiguidade decorre não da lei, mas dos regulamentos das agências? Três respostas poderiam ser analisadas. Por um lado, a interpretação conferida pela agência é a que deve prevalecer. Outra possível solução seria atribuir aos juízes o ônus de apresentar uma resposta, sem deferência à visão da agência. Uma terceira via seria, uma vez admitida a ambiguidade, permitir que o setor regulado pudesse agir da forma como entendesse correto.[251]

O precedente que ora será objeto de análise parte de premissa diversa, na medida em que afirma que os tribunais devem ser deferentes às interpretações de uma agência em relação aos seus próprios regulamentos ambíguos.[252]

Em *Auer v. Robbins*, julgado em 1997, a Suprema Corte dos Estados Unidos consolidou o entendimento sobre o padrão que o tribunal deve aplicar ao revisar a interpretação conferida pela agência em relação a seus próprios regulamentos editados a partir da legislação federal. Trata-se de analisar o cabimento da deferência judicial à interpretação da agência em relação à sua própria regulação.

A questão específica que foi levada a julgamento era perquirir se sargentos e tenentes do Departamento de Polícia de St. Louis deveriam

---

[250] *Auer v. Robbins*, 519 U.S. 452 (1997).
[251] SUNSTEIN, Cass R.; VERMEULE, Adrian, The Unbearable Rightness of Auer (May 15, 2016). Forthcoming, *University of Chicago Law Review*, Harvard Public Law Working Paper No. 16-02. Disponível em: https://ssrn.com/abstract=2716737 *or* http://dx.doi.org/10.2139/ssrn.2716737. Acesso em: 04 set. 2021.
[252] SEPULVEDA, Antônio; BOLONHA, Carlos; LAZARI, Igor de. Deferência judicial às decisões das agências reguladoras no Brasil e nos Estados Unidos. *Interfases*, 9 ago. 2019. Disponível em: https://interfases.legal/2019/08/09/deferencia-judicial-decisoes-agencias-brasil-estados-unidos/. Acesso em: 04 set. 2021.

ser pagos por trabalhar horas extras. O *Fair Labor Standards Act* de 1938 estabeleceu a exigência de pagamento de horas extras. A seu turno, o *United States Department of Labor*[253] emitiu regulamentos para determinar se um funcionário estava coberto pela exigência de horas extras. Diante da ambiguidade entre os regulamentos, o tribunal decidiu que deveria submeter-se à interpretação dos regulamentos conferida pelo secretário do Trabalho, ressalvada a hipótese de erro evidente.

O precedente é importante, porque revigora o debate ao afirmar que a deferência judicial deve ocorrer também para as hipóteses em que a agência interpreta seus próprios regulamentos, hipótese em que a corte reforçou a autoridade da agência.

A tese defendida encontra apoio entre os que entendem que a interpretação necessariamente deve incluir considerações sobre consequências políticas e papéis institucionais. Nessa esteira, para a teoria do Estado Administrativo, a separação de poderes deve operar em nível superior para o exercício de funções estatais, inexistindo qualquer óbice se as instituições de poder decidirem criar agências que atuem a partir de uma concessão do próprio Legislativo, com autoridade para definir e interpretar regras.[254]

Não se duvida que o entendimento proposto sobre deferência é importante e apresenta grande utilidade para as questões que se pretende enfrentar, inclusive enquanto influência para o desenho de parâmetros pela jurisprudência brasileira.

2.2.4 Caso *United States v. Mead*[255]

O caso *Mead* restringiu o escopo da deferência às interpretações estatutárias das agências. Revela-se uma jurisprudência refinada de

---

[253] O *United States Department of Labor* é um dos departamentos executivos do governo federal dos Estados Unidos responsável pela administração das leis federais que regem a segurança e saúde ocupacional, padrões salariais e horários, benefícios de desemprego, serviços de reemprego e, ocasionalmente, estatísticas econômicas. É chefiado pelo secretário do Trabalho, que se reporta diretamente ao presidente dos Estados Unidos e é membro do gabinete do presidente. Disponível em: https://en.wikipedia.org/wiki/United_States_Department_of_Labor. Acesso em: 22 fev. 2023.

[254] SUNSTEIN, Cass R.; VERMEULE, Adrian, The Unbearable Rightness of Auer (May 15, 2016). Forthcoming, University of Chicago Law Review, *Harvard Public Law Working Paper No.* 16-02. Disponível em SSRN: https://ssrn.com/abstract=2716737 or http://dx.doi.org/10.2139/ssrn.2716737. Acesso em 04/09/2021.

[255] United States v. Mead, 533 U.S. 218 (2001).

deferência, sensível às diferenças entre os vários instrumentos de formulação de políticas utilizadas pelas agências.²⁵⁶

Mead Corporation contestou uma decisão do Serviço de Alfândega dos Estados Unidos que classificou seus planejadores diários como "diários, cadernos e livros de endereços, encadernados", que estavam sujeitos a uma tarifa.

A questão central reside no fato de que, até então, estava claro que a doutrina *Chevron* se aplicava a interpretações adotadas em regras legislativas e certos julgamentos formais. Ocorre, porém, que os tribunais inferiores divergiam sobre se a doutrina também se aplicava a regras interpretativas, declarações de política, julgamentos informais, cartas consultivas e *amicus briefs*.

No caso *Mead*, o juiz Souter escreveu:

> A implementação administrativa de uma disposição legal específica se qualifica para a deferência da *Chevron* quando parece que o Congresso delegou autoridade à agência em geral para fazer regras com força de lei, e que a interpretação da agência que reivindica deferência foi promulgada no exercício dessa autoridade.²⁵⁷

Reconhecendo que milhares de decisões tarifárias são emitidas a cada ano pelo Serviço de Alfândega dos EUA, o tribunal determinou que a doutrina *Chevron* não deveria ser aplicada. O debate ganhou novos contornos em função da diversidade de instrumentos de materialização da decisão da agência.

Com efeito, as agências podem emitir diversas espécies de decisões, identificadas como *rule, rule-making* e *order (adjudication)*.²⁵⁸ A

---

²⁵⁶ VERMEULE, Adrian. Mead in the Trenches. *Public Law & Legal Theory Working Paper*. No. 37. Chicago : University of Chicago, 2003. Disponível em https://chicagounbound.uchicago.edu/cgi/viewcontent.cgi?article=1188&context=public_law_and_legal_theory. Acesso em 14/08/2021.

²⁵⁷ *United States v. Mead Corp.*, 533 U.S. 218, 226-27 (2001).

²⁵⁸ *Administrative Procedure Act, §551. Definitions: (4) "rule" means the whole or a part of an agency statement of general or particular applicability and future effect designed to implement, interpret, or prescribe law or policy or describing the organization, procedure, or practice requirements of an agency and includes the approval or prescription for the future of rates, wages, corporate or financial structures or reorganizations thereof, prices, facilities, appliances, services or allowances therefore or of valuations, costs, or accounting, or practices bearing on any of the foregoing; (5) "rule making" means agency process for formulating, amending, or repealing a rule; (6) "order" means the whole or a part of a final disposition, whether affirmative, negative, injunctive, or declaratory in form, of an agency in a matter other than rule making but including licensing; (7) "adjudication" means agency process for the formulation of an order (...).* Disponível em: https://www.archives.gov/federal-register/laws/administrative-procedure/551.html. Acesso em: 22 fev. 2023.

questão em debate era perquirir se *Chevron* poderia ser aplicado a qualquer uma delas.

O tribunal reenviou o caso para o Tribunal de Apelações do Circuito Federal para determinar se a decisão de classificação da alfândega tinha direito à deferência de acordo com seu "poder de persuadir" sob *Skidmore v. Swift*, 323 US 134 (1944).

O juiz Scalia, único dissidente no caso, acreditava que a deferência da *Chevron* deveria ser aplicada a todas as decisões da agência que são "autorizadas" e, portanto, questionou a reafirmação de *Skidmore* pelo tribunal, que chamou de "anacronismo".[259]

Assim, a questão em debate no caso *Mead* está em perquirir se o teste de dois passos articulado em *Chevron* seria aplicável também para uma carta do serviço alfandegário. Em caso negativo, se seria aplicável o *standard* de deferência do caso *Skidmore*.[260]

Vermeule (2003) observa que, em *Mead*, a jurisprudência inverteu a lógica até então adotada no caso *Chevron*, que parte de uma presunção de que as ambiguidades deveriam ser interpretadas como delegações implícitas de autoridade para as agências. Em *Mead*, restou estabelecido que a regra deve ser contrária à delegação. Assim, salvo nas hipóteses em que a corte revisora expressamente admite que o Congresso manifestou a intenção de delegar autoridade a uma agência em particular, a doutrina *Chevron* não se aplica, e os dois passos não devem ser invocados. No entanto, ainda assim, pode ser necessária a deferência nos moldes desenhados no caso *Skidmore*, no sentido de respeitar a *expertise* da agência e a persuasão de sua posição. Dessa forma, *Mead* estabeleceu uma estrutura muito refinada de deferência, sendo possível aplicar *Chevron*, *Skidmore* ou a não deferência.[261]

Mead introduz o que a doutrina americana intitulou de "passo zero" (*step zero*), isto é, a aplicabilidade do teste binário sugerido no caso *Chevron* dependeria de uma fase preliminar que deve examinar a intenção do Congresso em admitir a interpretação da agência com

---

[259] *Mead Corp.*, 533 U.S. at 239, 250.
[260] VERMEULE, Adrian. Mead in the Trenches. *Public Law & Legal Theory Working Paper*. No. 37. Chicago: University of Chicago, 2003. Disponível em: https://chicagounbound. uchicago.edu/cgi/viewcontent.cgi?article=1188&context=public_law_and_legal_theory. Acesso em: 14 ago. 2021.
[261] VERMEULE, Adrian. Mead in the Trenches. *Public Law & Legal Theory Working Paper*. No. 37. Chicago: University of Chicago, 2003. Disponível em: https://chicagounbound. uchicago.edu/cgi/viewcontent.cgi?article=1188&context=public_law_and_legal_theory. Acesso em: 14 ago. 2021.

força de lei. Ocorre que não restou claro como identificar tal intenção. A Suprema Corte remeteu à discricionariedade dos tribunais tal função e entendeu que a deferência se aplicaria apenas a interpretações adotadas em procedimentos formais.[262]

Com efeito, o precedente introduz um grau de complexidade maior, na medida em que a deferência passa a se manifestar em graus diferentes, sendo a doutrina estabelecida *Chevron* um grau máximo, aplicável aos casos em que restar clara a intenção legislativa de que a autoridade administrativa possa se manifestar com força de lei.

Valle aponta para dois níveis de análise quanto à delegação legislativa: o primeiro relativo ao tipo de ação regulatória transferido à agência pelo Congresso, isto é, se houve a transferência de autoridade regularidade em abstrato; o segundo, sobre o espaço deliberativo a ela reservado, o que implica em saber se, uma vez transferida a competência, se houve alguma limitação expressa do legislador quanto ao alcance da matéria a ser delegada.[263]

Observa a autora que a decisão no caso *Mead* revela um temperamento da aplicação da deferência judicial no controle das decisões das agências, na medida em que passa a combinar análise mais detalhada no *step zero* com aferição formal nos *steps one* e *two* do padrão *Chevron*.

2.3 Capacidades institucionais e efeitos sistêmicos

A virada institucional proposta por Adrian Vermeule parte de duas premissas: capacidades institucionais e efeitos sistêmicos. A matriz de sua teoria guarda referência em artigo intitulado *Interpretation and institutions*, escrito pelo autor em coautoria com Cass Sunstein (2002).

Questão fundamental é buscar o real significado dessas expressões, no sentido de obter a exata compreensão da contribuição oferecida pela teoria vermeuliana para que não se incorra no uso meramente retórico dessas expressões, uso que pouco ou nada contribui para a compreensão do tema.

---

[262] JORDÃO, Eduardo. Entre o *prêt-à-porter* e a alta costura: procedimentos de determinação da intensidade do controle judicial no direito comparado. *Revista Brasileira de Direito Público – RBDP*, Belo Horizonte, ano 14, n. 52, p. 9-43, jan./mar. 2016, p. 26.

[263] VALLE, Vanice Regina Lirio do. Deferência judicial às escolhas regulatórias: o que podemos aprender com standards aplicados pela Suprema Corte estadunidense. *Rev. Direito Adm.*, Rio de Janeiro, v. 280, n. 2, p. 137-164, maio/ago. 2021. Disponível em: https://bibliotecadigital.fgv.br/ojs/index.php/rda/article/download/84499/80107/185027. Acesso em: 26 out. 2021.

Assim, a proposta deste capítulo é buscar os elementos que caracterizam essas variáveis para alcançar o significado essencial de capacidades institucionais e efeitos sistêmicos.

Sunstein e Vermeule (2002) sustentam que a interpretação legal não pode ser conduzida sem atenção às capacidades institucionais, bem como que a questão central do debate não está em como um texto deve ser interpretado, mas em como certas instituições devem, a partir de suas habilidades e limitações, interpretar esses escritos.[264]

Pressupõem os autores que questões relevantes são negligenciadas e admitem adotar uma abordagem que não seja a primeira opção, mas aquela que se poderia admitir como de segunda ordem. Utilizam, assim, por analogia, a teoria macroeconômica, em especial a que procura examinar as alternativas para determinar uma segunda melhor opção quando alguns processos impossibilitam alcançar o ótimo de Pareto.[265]

Sen (2010) esclarece que a "otimalidade de Pareto" é um conceito inserido no modelo clássico de equilíbrio geral para obtenção da eficiência econômica e que consiste em "uma situação na qual a utilidade (ou bem-estar) de qualquer pessoa não pode ser aumentada sem reduzir a utilidade (ou bem-estar) de alguma outra". O denominado "ótimo de Pareto" é definido, portanto, a partir de interesses individuais.[266]

Para Sunstein e Vermeule (2002), não é possível interpretar a partir de princípios ótimos, assim entendidos aqueles de primeira ordem, sem atentar para questões de segunda melhor opção sobre capacidades institucionais.

Na economia, a ideia do segundo melhor demonstra que, se a perfeição não pode ser obtida, não será pela eficiência necessariamente maximizada pela busca de uma solução ideal, mas pela implementação de alternativas para aquele cenário.

No mesmo sentido, juízes imperfeitos sabem que serão falhos e não parece razoável que devam tentar se aproximar do padrão ideal. Assim, a título de exemplo, os autores sinalizam para a seguinte situação: admita-se que o sentido de uma legislação deva ser definido

---

[264] SUNSTEIN, Cass R.; VERMEULE, Adrian. Interpretation and Institutions. *John M. Olin Program in Law and Economics Working Paper*, n. 156, 2002.

[265] Eficiência ou óptimo de Pareto é um conceito desenvolvido pelo italiano Vilfredo Pareto. Disponível em: https://pt.wikipedia.org/wiki/Efici%C3%AAncia_de_Pareto#cite_note-1. Acesso em: 05 mar. 2022. Para uma exposição sobre o tema, ver PARETO, Vilfredo. *Manual of political economy*. Nova York: Kelley, 1927.

[266] SEN, Amartya. *Desenvolvimento como liberdade*. Tradução: Laura Teixeira Motta. Revisão técnica: Ricardo Doninelli Mendes. São Paulo: Cia. das Letras, 2010. p. 84.

a partir das intenções subjetivas daqueles que o editaram. Resta claro, no entanto, que juízes falíveis não têm condições de coletar e examinar todas as evidências de intenções que eles possam localizar. Logo, se o texto fornecer uma evidência confiável de intenção, restringir a interpretação a essa fonte aumentará a probabilidade de alcançar com melhor precisão a intenção do legislador.

Com efeito, o que se pretende argumentar é que a opção de primeira ordem, isto é, a "otimalidade", tomada de forma isolada, é necessariamente incompleta, porque a análise institucional sempre interfere na decisão de quais regras interpretativas os juízes do mundo real devem adotar.

E assim deve ser porque pessoas com visões diferentes no plano teórico podem concordar sobre questões práticas. Seus desacordos podem ser irrelevantes na solução de certos casos concretos. O que a teoria interpretativa moderna não deve negligenciar é que a análise institucional é uma necessária condição para a escolha de regras interpretativas.

De acordo com Arguelhes e Leal (2016), três elementos são importantes para o conceito de capacidades institucionais, nos termos ofertados por Vermeule: empiria, comparação e foco no resultado.[267]

Um argumento de capacidades institucionais pressupõe empiria para definir e comparar diferentes instituições, com dados suficientes sobre o funcionamento de todas as envolvidas. Ausente a base empírica, o argumento confunde-se com os conceitos de competência ou de separação de poderes.

Importante, desde logo, destacar a necessidade de observância do princípio da separação de poderes. O compromisso entre as instituições não dispensa a especialização de funções constitucionalmente estabelecidas.

Assim, observada essa premissa, as comparações entre as instituições exigem juízos empíricos que avaliem situações reais em contextos específicos. O debate não deve se estreitar em uma análise exclusiva de méritos e deméritos de um poder sobre outro.[268]

---

[267] ARGUELHES, Diego Werneck; LEAL, Fernando Angelo Ribeiro. Dois problemas de operacionalização do argumento de "capacidades institucionais". *Revista de Estudos Institucionais*, vol. 2, 1, 2016.

[268] ARGUELHES, Diego Werneck; LEAL, Fernando Angelo Ribeiro. O argumento das "capacidades institucionais" entre a banalidade, a redundância e o absurdo. *Direito, Estado e Sociedade*, n. 38, p. 6-50, jan./jun. 2011.

Juízos meramente intuitivos sobre a capacidade de certas instituições para tomadas de decisão afastam-se da desejada empiria, porque não descem ao nível dos fatos, mas se limitam à superficialidade do senso comum.

É possível vislumbrar abordagens desiguais sobre certos temas se comparados o Judiciário e o Legislativo. Seria razoável supor que, em temas sobre os quais o Congresso se mostra omisso, o Judiciário apresenta-se mais sensível? Responder a essa questão é exploração fundamentalmente empírica.

Não menos importante será questionar se uma decisão judicial não formalista aumentará os custos da decisão, na medida em que inúmeras questões envolvem planejamento. Abordagens não formalistas tendem a dificultar ou impossibilitar o planejamento.

Prosseguem os autores aludindo a considerações acerca da possibilidade de um Judiciário mais ou menos formalista, em um ou outro domínio, produzir equívocos ou injustiças. Não seria difícil imaginar hipóteses em que as cortes, a pretexto de dar sentido à lei, em verdade impõem juízos pessoais sobre questões políticas. Uma análise com empiria demandará comparações sobre diferenças espaciais e temporais, bem como sobre a abordagem adotada.

A proposta não será de fácil execução, porém Sunstein e Vermeule (2002) procuram destacar que a adoção de uma primeira melhor opção será incompleta sem o conhecimento da relevância das questões ora suscitadas.

Assim, presumir que as agências reguladoras, por possuírem corpo técnico, são mais aptas a decidir sobre questões técnicas desqualifica o argumento de capacidades institucionais.

Inúmeros os problemas enfrentados pelas agências reguladoras que podem fragilizar seu poder decisório, como os apontados em relatório de acompanhamento sobre a Agência Nacional de Mineração (ANM), no Processo nº TC 036.914/2018-5, de 2018, relator Aroldo Cedraz, instaurado a partir de representação formulada pela Secretaria de Fiscalização de Infraestrutura Hídrica, de Comunicações e de Mineração (SeinfraCOM) do Tribunal de Contas da União a respeito de possíveis irregularidades ocorridas nos processos de indicação e homologação pelo Senado Federal de diretores a serem nomeados para a Agência Nacional de Mineração.

Com efeito, o aludido relatório aponta que "os nomes de cinco indicados foram encaminhados ao Senado Federal, por meio de Mensagem Presidencial da Casa Civil da Presidência da República, no dia 30/4/2018, e até o dia 16/10/2018, nenhum nome havia sido sabatinado".

Assim, considerando ser fundamental que o colegiado da agência reguladora seja composto por membros com conhecimento técnico sobre a matéria regulada, eventual falha na escolha de dirigentes pode suscitar dúvidas quanto à capacidade técnica do regulador para o alcance de suas finalidades institucionais.

Em outra oportunidade, ainda sobre o acompanhamento do TCU em relação à estruturação da ANM de acordo com os parâmetros definidos pela Lei nº 13.575/2017 e boas práticas levantadas em outras agências reguladoras, o Tribunal de Contas da União, em Acórdão nº 2914/2020 do Plenário, Processo nº TC 022.781/2018-8, verificou que:

> "A estrutura quantitativa de pessoal herdada pela ANM, que já era deficiente, não recebeu incrementos após o advento das novas competências e atribuições estabelecidas mediante a lei que criou a Agência", para, ao final, recomendar a apresentação de estudo sobre "a necessidade de redimensionamento e de alterações em seu quadro de pessoal, com vistas a solucionar as deficiências de pessoal, reiteradamente constatadas por este Tribunal desde 2011".

Não menos importante tem sido a preocupação externada pelo Tribunal de Contas da União em relação à autonomia financeira das agências reguladoras, como restou demonstrado no Acórdão nº 040/2015-TCU-Plenário, em que diagnostica que:

> a) as agências se submetem aos ditames gerais do processo orçamentário; o contingenciamento orçamentário é a praxe; b) não existem mecanismos especiais que as diferenciem de outras unidades orçamentárias; c) em geral, não existe a autossuficiência, que é a capacidade de suas próprias receitas bancarem suas despesas, e, quando há, os recursos são retidos pelo Executivo para alavancagem do superávit primário; e d) não existem mecanismos formais que garantam estabilidade dos recursos destinados a elas.

Os aportes trazidos procuram apenas exemplificar os descompassos entre as lições acadêmicas, as previsões legais e normativas e a realidade das agências reguladoras no Brasil, a recomendar que o uso da expressão capacidade institucional se faça tendo em conta recursos, habilidades e limitações concretas.

Não se quer com isso generalizar o discurso para levar à falsa conclusão de que todas as agências reguladoras padecem das mesmas mazelas, mas os argumentos trazidos pelo diagnóstico do Tribunal de

Contas da União procuram trazer um viés concreto para a análise sobre capacidade institucional. Tudo, ao final, para introduzir a preocupação com a contextualização ao debate.

Arguelhes e Leal (2016) apontam, ainda, para um segundo problema relacionado às análises institucionais: a comparação. A principal preocupação repousa no risco de uma idealização em relação a uma das instituições em detrimento da outra.[269] A isso, Sunstein e Vermeule (2002) apontam para um institucionalismo assimétrico.[270]

A idealização pode se concretizar quando se busca na atividade judicial um papel iluminista como necessário para a promoção de determinados avanços sociais e como uma imposição do processo civilizatório, a exemplo do que defende Luis Roberto Barroso (2018), ministro do Supremo Tribunal Federal, para quem, "à medida que as sociedades vão se tornando mais complexas, a Constituição e as leis vão perdendo sua capacidade de regular previamente as múltiplas situações da vida, aumentando, assim, a discricionariedade de juízes e tribunais".

Assim também se está diante de idealização quando se ignora o risco de captura na atuação da agência reguladora, que ocorre quando a instituição se distancia do seu dever de realização do interesse coletivo para proteger e beneficiar de forma egoística o setor regulado, em flagrante desvio de poder.[271]

A distorção pode ocorrer, ainda, em uma visão assimétrica em relação ao Legislativo, presumivelmente mais talhado para a escuta dos interesses da maioria ou mais suscetível à influência do poder econômico. Ausentes nessas afirmações comparações realistas sobre as capacidades das instituições envolvidas.

Finalmente, de acordo com Arguelhes e Leal (2016), será relevante para o uso da ideia de capacidades institucionais o foco no resultado agregado, que impõe ao intérprete uma análise orientada para os efeitos dinâmicos dos diferentes modelos decisórios.[272]

---

[269] ARGUELHES, Diego Werneck; LEAL, Fernando Angelo Ribeiro. Dois problemas de operacionalização do argumento de "capacidades institucionais". Revista de Estudos Institucionais, vol. 2, 1, 2016.

[270] SUNSTEIN, Cass R.; VERMEULE, Adrian. Interpretation and Institutions. John M. Olin Program in Law and Economics Working Paper, n. 156, 2002.

[271] Sobre a teoria da captura, desenvolvemos o tema em Princípios estruturantes das agências reguladoras e seus mecanismos de controle. Rio de Janeiro: Lumen Juris, 2008.

[272] ARGUELHES, Diego Werneck; LEAL, Fernando Angelo Ribeiro. Dois problemas de operacionalização do argumento de "capacidades institucionais". Revista de Estudos Institucionais, vol. 2, 1, 2016.

Com efeito, as análises institucionais comparativas podem ser muito exigentes, porque pressupõem a obtenção e o processamento de informações nem sempre disponíveis, o que agrega um elemento de incerteza, com consequências que podem gerar maior custo. A questão revela-se ainda mais tormentosa em situações que demandam decisões imediatas.

Acresça-se que o argumento das capacidades institucionais deve ser operacionalizado com o foco para o global, isto é, a tomada de decisão deve ser avaliada para o que se apresenta melhor no todo, e não apenas para o caso concreto. O tema apresenta, nesse ponto, sua face consequencialista.

Com efeito, para que tudo faça sentido, a estratégia decisória mais conveniente para a análise de capacidade institucional é aquela que tende a reduzir custos de erro de decisão. Para tanto, a análise deve ser realizada a partir de considerações sobre seus efeitos sistêmicos, isto é, não de forma pontual, mas em dado espaço de tempo, para um conjunto de casos, e não para certa hipótese concreta.

Mendonça (2018) salienta existir um preconceito por parte dos operadores do direito e da sociedade de que cabe ao juiz aplicar a lei, e não operar com resultados. Assim, argumentos consequencialistas, ainda que presentes, aparecem de forma mascarada. Por isso, propõe ser necessário estudá-lo por um dever de transparência e de autocontenção.[273]

Referência no tema, Oliver Wendell Holmes Jr., médico, poeta, polímata e juiz da Suprema Corte norte-americana de 1902 a 1932, não dispensou soluções pragmáticas, em caminho diverso do pensamento jurídico europeu, marcadamente afeiçoado aos problemas conceituais e metafísicos.[274]

---

[273] MENDONÇA, José Vicente Santos de. *Direito constitucional econômico*: a intervenção do Estado na economia à luz da razão pública e do pragmatismo. 2ª edição. Belo Horizonte: Fórum, 2018.

[274] A metafísica pode ser explicada, sinteticamente, em que pesem suas várias acepções, como a "ciência primeira, ou seja, a ciência que tem como objeto aquele comum a todas as demais ciências e também se ocupa de um princípio que igualmente seria princípio condicionador da validade de todas as demais ciências". A metafísica pressupõe uma situação na qual o saber se organizou em ramos organizados e diferenciados, e ela, o que busca, em última análise, é o fundamento comum de todas, algo como o objeto e princípio comum a todos esses saberes hoje organizados e diferenciados. Cf. BUENO, Roberto. Em torno à filosofia jurídica de Norberto Bobbio: desafios modernos. *Revista NEJ – Eletrônica*, vol. 17, n. 3, p. 489-500, set./dez. 2012. Disponível em: https://www6.univali.br/seer/index.php/nej/article/viewFile/4214/2425. Acesso em: 20 mar. 2022.

Não à toa, acalentou críticos e adoradores. Em suas obras *The common law* e *The path of the law*, encontram-se os pontos principais do realismo jurídico[275] ou movimento de pragmatismo jurídico, em franca oposição ao formalismo jurídico. Sua percepção de direito influencia as escolas norte-americanas e o pensamento jurídico (GODOY, 2006).[276]

Ao pretender apresentar uma visão geral da *common law*, Holmes (1881) admite que, para alcançar esse objetivo, outras ferramentas são necessárias além da lógica. *"The life of the law has not been logic: it has been experience"*, afirma.[277]

Sobre a previsão de consequências, Holmes (1881) sustenta ser uma imagem de um estado futuro de coisas a partir do conhecimento do presente, como uma relação de causa e efeito, a fim de buscar reduzir os custos para patamares mais baixos.[278]

Segundo Holmes (1881), um ato implica uma escolha. Logo, seria injusto imputar responsabilidade por danos a alguém que não pudesse ter realizado de outra forma. A escolha, portanto, deve ser feita com a possibilidade de contemplar a consequência, sob pena de não ser apta a gerar responsabilidade.[279]

---

[275] Norberto Bobbio afirma que realismo jurídico, entre os vários aspectos que se apresenta, enfatiza a eficácia, mais do que a justiça ou validade, em oposição ao jusnaturalismo, com concepção mais ideal do direito e contra o positivismo em sentido estrito, que tem concepção formal do direito. Observa que as correntes chamadas realistas não veem o direito como deve ser, mas como efetivamente é aplicado, considerando-o na sua concretude. Cf. BOBBIO, Norberto. *Teoria Geral do Direito*. Tradução: Denise Agostinetti. Revisão da tradução: Silvana Cobucci Leite. 3ª ed. São Paulo: Martins Fontes, 2010. p. 54-55.

[276] GODOY, Arnaldo Sampaio de Moraes. O realismo Jurídico em Oliver Wendell Holmes Jr. *Revista de Informação Legislativa*, Brasília, a. 43, n. 171, jul./set. 2006. Disponível em: https://www2.senado.leg.br/bdsf/bitstream/handle/id/92825/Godoy%20Arnaldo.pdf?sequence=1. Acesso em: 19 mar. 2022.

[277] HOLMES JR., Oliver Wendell. *The common law*. 1881. Disponível em: http://www.dominiopublico.gov.br/download/texto/gu002449.pdf. Acesso em: 19 mar. 2022.

[278] *"But again, what is foresight of consequences? It is a picture of a future state of things called up by knowledge of the present state of things, the future being viewed as standing to the present in the relation of effect to cause. Again, we must seek a reduction to lower terms. If the known present state of things is such that the act done will very certainly cause death, and the probability is a matter of common knowledge, one who does the act, [54] knowing the present state of things, is guilty of murder, and the law will not inquire whether he did actually foresee the consequences or not. The test of foresight is not what this very criminal foresaw, but what a man of reasonable prudence would have foreseen."*

[279] *"The reason for requiring an act is, that an act implies a choice, and that it is felt to be impolitic and unjust to make a man answerable for harm, unless he might have chosen otherwise. But the choice must be made with a chance of contemplating the consequence complained of, or else it has no bearing on responsibility for that consequence."*

O caso *Patton v. United States* (1930),[280] decidido pela Suprema Corte Americana é considerado um exemplo do pragmatismo jurídico. No mencionado precedente, restou confirmada a constitucionalidade de um júri com menos de doze pessoas ou um processo criminal julgado somente pelo juiz. O relator, juiz Sutherland, ressaltou, porém, a necessidade de um consentimento válido do réu. Assim, o tribunal decidiu ser possível à corte distrital aceitar a renúncia e, em consequência, proceder ao julgamento do caso em número reduzido ou mesmo sem júri. Holmes, nesse processo, apresentou voto em concordância com o relator (SOUTO, 2021).

Binenbojm observa que Holmes foi precursor do pragmatismo como escola de pensamento e um dos criadores do chamado "Clube Metafísico", fundado em Cambridge, nos Estados Unidos, no início da década de 1870, com o objetivo de combater a metafísica tradicional. Dentre os fundadores, destacam-se, também, Charles Sanders Peirce e William James, bem como John Dewey (2016).

Binenbojm (2016) identifica uma guinada pragmática no Direito Administrativo como um processo em curso para adequar a prática aos desafios de um mundo em permanente transformação e cada vez mais complexo. Reconhece uma matriz pragmatista traduzida no antifundacionalismo, no contextualismo e no consequencialismo.[281]

O antifundacionalismo procura afastar o caráter apriorístico da verdade, afastando-se da ideia de um ponto de partida estático e atemporal. Nesse cenário, o pragmatismo é fundamentalmente crítico e experimental (BINENBOJM, 2016).

Rejeita, assim, a existência de categorias aprioristicas. Em detrimento de dogmas estáticos, prioriza-se a crítica enquanto método de pensamento, os fatos e a inexistência de certezas absolutas.[282]

A seu turno, o contextualismo valoriza a experiência na investigação filosófica e as circunstâncias inerentes ao contexto, na medida em que suas proposições devem comprovar a diferença que representa na prática (BINENBOJM, 2016).

---

[280] *Patton v. United States*, 281 U.S. 276 (1930).
[281] BINENBOJM, Gustavo. *Poder de polícia, ordenação, regulação*: transformações político-jurídicas, econômicas e institucionais do direito administrativo ordenador. Prefácio: Luiz Roberto Barroso. Apresentação: Carlos Ari Sundfeld. Belo Horizonte: Fórum, 2016.
[282] RIBEIRO, Leonardo Coelho. *O direito administrativo como "caixa de ferramentas"*: uma nova abordagem da ação pública. São Paulo: Malheiros, 2016.

Busca esse contexto a partir da cultura da sociedade e das práticas que representam sua experiência para conformação de sentido e valor (RIBEIRO, 2016).

Finalmente, o consequencialismo conduz a uma antecipação prognóstica, a partir de uma investigação para o futuro, a fim de avaliar o impacto que produzirá sobre a realidade, em um viés empiricista e experimentalista.[283]

Trata-se, nas palavras de Mendonça (2018), de "característica do pragmatismo filosófico que prioriza as consequências do ato, teoria ou conceito".[284]

Em importante preocupação didática, observa Binenbojm (2016) que, apesar da grande proximidade, o pragmatismo jurídico não se confunde com o utilitarismo e a análise econômica do direito.

O utilitarismo, enquanto filosofia moral, propõe que a decisão moralmente correta é a que se revela apta a maximizar a utilidade geral, enquanto a soma das utilidades individuais, critério que não se encontra presente no pragmatismo.[285]

O preceito fundamental está na ideia de fazer do mundo o melhor local possível para que cada indivíduo possa ter o mais alto nível de bem-estar. Ainda que a assertiva possa remeter ao mero senso comum, revela-se, em verdade, uma oposição à moralidade tradicional.[286]

O utilitarismo na tradição do pensamento filosófico e social consiste na ideia de que a moralidade e a política estão ocupadas com a promoção da felicidade. Dentre os pioneiros dessa escola filosófica está Jeremy Bentham,[287] filho e neto de advogados, nascido em 1748, cujo trabalho foi divulgado por J. S. Mill[288] nos anos de 1830. Sua filosofia

---

[283] BINENBOJM, Gustavo. *Poder de polícia, ordenação, regulação*: transformações político-jurídicas, econômicas e institucionais do direito administrativo ordenador. Prefácio: Luiz Roberto Barroso. Apresentação: Carlos Ari Sundfeld. Belo Horizonte: Fórum, 2016.

[284] MENDONÇA, José Vicente Santos de. *Direito constitucional econômico*: a intervenção do Estado na economia à luz da razão pública e do pragmatismo. 2ª edição. Belo Horizonte: Fórum, 2018.

[285] BINENBOJM, Gustavo. *Poder de polícia, ordenação, regulação*: transformações político-jurídicas, econômicas e institucionais do direito administrativo ordenador. Prefácio: Luiz Roberto Barroso. Apresentação: Carlos Ari Sundfeld. Belo Horizonte: Fórum, 2016.

[286] LAZARI-RADEK, Katarzyna de; SINGER, Peter. *Utilitarianism: a very short introduction*. Oxford: Oxford University Press, 2017.

[287] Lazari-Radek e Singer observam que Bentham, fundador do utilitarismo, foi uma criança prodígio. Aos 12 anos, foi estudar direito em Oxford. Considerava-se um eremita, mas realizou uma longa viagem pela Europa e Rússia. Em 1776, pela primeira vez, Bentham refere-se à grande felicidade para o maior número como princípio do utilitarismo. Em 1780, Bentham finaliza sua obra *Introduction to the principles of morals and legislation* (2017).

[288] John Stuart Mill (1806-1873) nasceu em Londres. Seu pai, James Mill, era um filósofo e amigo de Jeremy Bentham. Envolvido em causas radicais, como o direito das mulheres,

situa-se na tradição empirista, e seu principal interesse estava voltado para fornecer uma base moral possível para a legislação. Seu objetivo traduz-se no princípio utilitarista da máxima felicidade ou "a maior felicidade do maior número". Endossa o hedonismo,[289] no sentido de que o prazer e a dor são a base da moralidade (MULGAN, 2014).

Henry Sidgwick,[290] último dos grandes clássicos utilitaristas, foi o primeiro filósofo moral moderno e, ao contrário de Bentham e Mill, foi um acadêmico profissional e revela especial preocupação com o declínio da religião. Sua perspectiva sofre grande influência de Immanuel Kant, razão pela qual atribui maior proeminência à ideia de razão e no argumento moral em favor da crença em Deus e na imortalidade. Possui uma visão elitista, porque sustenta que as massas devem obediência às regras morais e instituições públicas projetadas pela elite a partir do princípio utilitarista (MULGAN, 2014)

Utilitarismo, segundo Lazari-Radek e Singer (2017), é uma forma de consequencialismo, como teoria que acredita que o ato correto é aquele que apresenta as melhores consequências. A questão central está em saber o que se deve entender como melhores consequências. Bentham, Mill e Sidgwick são hedonistas; logo, o único valor positivo é o prazer ou a felicidade. A seu turno, o valor intrinsecamente negativo é a dor e o sofrimento.[291]

---

foi conhecido pelo sistema de lógica (1843) e pelos princípios de economia política. Utilitarista, Mill professa uma filosofia com uma forma forte de empirismo, em que todo conhecimento é baseado na indução a partir de experiências. Sua explicação leva a mudanças significativas em relação ao utilitarismo de Bentham, na medida em que buscou uma prova do princípio utilitarista. Como Bentham é hedonista, porque tudo que importa é felicidade, que consiste no prazer e na ausência de dor, ver MULGAN, Tim. *Utilitarismo*. Tradução: Fábio Creder. 2ª ed. Petrópolis, RJ: Vozes, 2014.

[289] Os utilitaristas clássicos foram todos hedonistas, ainda que de diferentes maneiras. Os filósofos utilitaristas modernos procuram termos mais neutros: bem-estar e bem-estar social. Os utilitaristas economistas tendem a usar o termo técnico de Bentham: utilidade. A tradição utilitarista oferece quatro opções: a mais simples é o utilitarismo de ato, que entende que o ato correto é o que maximiza o bem-estar; a segunda opção é o utilitarismo indireto, que procura adotar o princípio de não prejudicar ou trair seus amigos, a partir de uma moralidade de senso comum; a terceira consiste no utilitarismo de regras, que procura substituir procedimentos decisórios individuais por um conjunto de regras de observância geral; finalmente, o utilitarismo institucional tem a visão de que as melhores instituições políticas, legislativas ou sociais são aquelas que produzem o maior bem-estar geral. Ver MULGAN, Tim. *Utilitarismo*. Tradução: Fábio Creder. 2ª ed. Petrópolis, RJ: Vozes, 2014.

[290] Henry Sidgwick nasceu em 1838 e faleceu em 1900. Ingressou como estudante na Trinity College, em Cambridge em 1855, onde permaneceu até sua morte. Em 1874, publicou sua primeira e mais importante obra, *The method of ethics*. Sidgwick descreve-se como fortemente influenciado pelas ideias de Immanuel Kant e por John Stuart Mill (LAZARI-RADEK; SINGER, 2017).

[291] Lazari-Radek e Singer observam que o prazer não foi uma invenção dos utilitaristas, mas tem origem em Epicurus, que influenciou os tempos romanos. A partir do domínio do

Por sua vez, a análise econômica do direito envolve aspectos descritivos quando pretende revelar as consequências econômicas advindas de certa decisão, quer seja uma lei, um ato administrativo ou uma sentença judicial, quer no plano individual, quer no coletivo ou sistêmico. Porém, assume também uma linha prescritiva para aconselhar ou não uma decisão, a partir de algum critério justificador de ordenação. Trata-se, portanto, de um instrumental para comprovar resultados futuros indesejáveis (BINENBOJM, 2016).

Sua grande referência é Richard Posner, jurista norte-americano nascido em 1939. Posner (2010) acredita que nossa inteligência é essencialmente instrumental, e não meramente contemplativa. Dele a seguinte afirmação: "Terras altas teóricas, onde os ideais democráticos e judiciais são debatidos, tendem a ser áridas e exauridas; as terras baixas empíricas são férteis, mas raramente cultivadas".[292]

As premissas gerais de cada uma dessas abordagens mostram-se suficientes para os fins almejados no presente estudo, qual seja, buscar os elementos que caracterizam as capacidades institucionais e os efeitos sistêmicos para que se possa avançar.

Realizadas todas essas considerações, é possível vislumbrar as principais características na variável descrita como capacidade institucional. Parte, portanto, de três premissas: a primeira delas considera necessária a existência de especialização funcional, em observância ao princípio da separação de poderes; a segunda pondera que toda e qualquer iniciativa, por qualquer instituição, para alcançar seus fins, é falível, porque sujeita a erros e incertezas; finalmente, qualquer análise não deve dispensar suas possíveis consequências para a promoção de um valor ou de um objetivo (ARGUELHES; LEAL, 2011).

Acresça-se que, a partir dessas premissas, não será possível buscar solução ideal, mas perquirir aquela que com ela mais se aproxima, a partir da comparação dos custos associados a diferentes alternativas em dado contexto, em prol de uma segunda melhor opção.

A seu turno, a atenção aos efeitos sistêmicos ou dinâmicos impõe necessário ônus argumentativo quanto à estimativa dos custos inerentes à tomada de decisão, bem como à chance de erro na sua aplicação, para valorar as consequências no tempo e no espaço para os diferentes atores.

Cristianismo e pelos próximos 1.500 anos, a ideia de prazer como um valor primordial caiu em desuso (2017).
[292] POSNER, Richard. *Direito, pragmatismo e democracia*. Tradução: Teresa Dias Carneiro. Revisão técnica: Francisco Bilac M. Pinto Filho. Rio de Janeiro: Forense, 2010.

Capacidades institucionais e efeitos sistêmicos são, portanto, conceitos que não se confundem, mas que se complementam, para orientar a tomada de decisão vinculada ao direito que promova o melhor dentro de certo contexto e para agentes reais e falíveis, a custos menores, observadas as finalidades para as quais essas instituições foram criadas.

2.4 Dilema institucional: decisões racionalmente arbitrárias

Decisões racionais, adotadas de forma legítima e com observância de direitos fundamentais, são condições associadas a um suposto padrão ideal para justificar limitada discricionariedade no controle judicial. Mas é, de fato, razoável admitir que as decisões administrativas possam sempre ocorrer em cenários de irrestrita racionalidade e de absoluta certeza?

A perspectiva até o momento adotada no presente estudo procura refletir a partir de um ponto de vista diverso, direcionado para cenários reais e agentes falíveis. Aliado a essa preocupação está o fato de que as decisões administrativas, para que atendam à necessidade de eficiência e continuidade, devem ser permanentemente revistas, após o aprendizado necessário extraído da prática.

Logo, visões descontextualizadas da realidade tendem a não oferecer respostas adequadas para o funcionamento das instituições e, em especial, para a busca de soluções em cenários onde há dúvidas e incertezas. Maior esforço será necessário quando a tomada de decisão não puder ocorrer no tempo imaginado, mas antes em situações que demandam urgência, com necessidade de gerar adesão por diferentes segmentos.

Ocorre, porém, que, sob a ótica da legitimidade, a tônica da opção administrativa deve repousar menos nas regras meramente formais do sistema e mais na realização dos anseios sociais.

Escolhas políticas, nesse aspecto, traduzem um percurso deliberativo destinado a especificar o conteúdo de valores constitucionais, bem como a veicular a relação de instrumentalidade entre essa opção valorativa e a estratégia de ação eleita.

Navega a Administração, portanto, num terreno de indeterminação, o que demanda permanente diálogo com os diversos agentes e ponderação dos interesses presentes em uma sociedade plural. Sob outra ótica, não se pode desconsiderar que as diretrizes propostas geram alguns riscos, como aqueles decorrentes de assimetria de informações, insuficiência de domínio do problema e cooptação por grupos de pressão.

Acresça-se que a Administração atualmente é chamada a operar também em campos nos quais o consenso entre os especialistas nem sempre estará presente. A pretensão de que a certeza científica possa embasar as decisões se vê mais recentemente substituída pelo reconhecimento de que, mesmo nesse domínio, seja a probabilidade – e não a certeza – a principal referência.

Nesse contexto, no domínio de incerteza, o juízo de adequação formal da escolha não residirá na correção da decisão final, mas na proclamação de que ela foi obtida por meio de um caminho racional. A questão fundamental, portanto, não reside na obtenção de opção ótima, mas na adoção de um procedimento rico, aberto, coerente e público. Nesse sentido, destaca Vale (2013) que a legitimação das escolhas administrativas é atributo que só se conquistará com um processo necessariamente plural, que busca na sociedade o compartilhamento dos desafios, o que envolve sempre um acordo em relação a determinado nível de abdicação ou renúncia daqueles que já usufruam daquela situação subjetiva, em favor dos que ainda não a alcançaram.[293]

A ação pública deve se dirigir à consecução de melhorias reais, com reconhecimento da limitação do seu alcance, o que afasta a aceitação resignada de uma realidade supostamente imutável. A abertura à realidade e o pensamento compatível permitem que o aparato administrativo possa promover as condições para que todos os cidadãos possam exercer com maior qualidade suas liberdades.[294]

Não se pode, portanto, dispensar a necessidade de um espaço político para a tomada de decisão, que procure ponderar os vários interesses postos em jogo, atenta às variadas aspirações da sociedade, sem negligenciar o cuidado com a limitação de recursos públicos – contingência que pode deitar efeitos sobre a expectativa de maximização dos compromissos valorativos da Constituição.

Com efeito, escolhas estratégicas envolvem uma arquitetura de decisão diferenciada. E assim deve ser porque os direitos fundamentais que veiculam essa mesma axiologia são expressões de respeito recíproco

---

[293] VALLE, Vanice Lírio do. Controle Judicial de Políticas Públicas: sobre os riscos da vitória semântica sobre o normativo. *Revista de Direitos Fundamentais e Democracia*, Curitiba, v. 14, n. 14, p. 387-408, jul./dez. 2013.

[294] RODRIGUEZ-ARANHA MUÑOZ, Jaime. *Direito fundamental à boa Administração Pública*. Belo Horizonte: Fórum, 2012.

entre as pessoas, razões pelas quais todos têm o direito básico a ser um agente de justificação, no sentido de que nenhum conjunto de direitos possa ser determinado sem adequada justificativa.[295]

Decisões que tenham sido obtidas por meio de processo racional que exponha a motivação adotada e traduza de forma efetiva a busca pela satisfação das necessidades sociais tendem a diminuir a margem do desacordo, com menor risco de externalidades negativas.

Nesse contexto, seria possível admitir uma racionalidade arbitrária em processos de tomada de decisão e em contextos de incerteza? Decisão a um só tempo arbitrária e racional seria um contrassenso? O que admitir a título de incerteza para esses fins?

Importante retomar a contribuição de Vermeule (2017) para o tema suscitado. Em resposta às indagações ora formuladas, o autor esclarece que "a arbitrariedade racional surge quando nenhuma razão de primeira ordem pode fundamentar a escolha da agência, embora a agência tenha válidas razões de segunda ordem para fazer determinada escolha", hipótese em que até mesmo uma decisão aleatória, a exemplo de "cara ou coroa", pode ser considerada racional, a ensejar uma postura de deferência pelos tribunais às escolhas de segunda ordem.

Note-se, porém, que a ideia de incerteza desenvolvida pelo autor não se confunde com o mero risco, mas com a chamada incerteza genuína desenvolvida por Knight (1921), economista americano, conhecido por sua obra *Risk, uncertainty and profit*.[296]

Knight (1921) admite existirem outras ambiguidades, mas considera como mais importante para a distinção entre os conceitos de risco e incerteza a ideia de que o risco é mensurável, ao passo que a incerteza genuína, relevante para a teoria do lucro, deve estar restrita às hipóteses não quantitativas.

O autor sustenta que decisões empresariais, por exemplo, podem lidar com situações que são muito específicas para medição por algum tipo de estatística a ensejar alguma orientação. Assim, a ideia de uma mensuração objetiva de probabilidade é simplesmente inaplicável.

Interessa, para esses casos, o conceito de incerteza genuína, assim entendida como aquela que não pode ser reduzida por nenhum método a uma probabilidade quantitativamente determinada (KNIGHT, 1921).

---

[295] FORST, Rainer. The justification of human rights and the basic right to justification: a reflexive approach. *Ethics*, vol. 120, n. 4, 2010.

[296] KNIGHT, Frank Hyneman. *Risk, uncertainty and profit*. Boston and New York: The University Press Cambridge, 1921.

A análise mostra-se relevante, porque afasta a premissa de uma possível cognição ampla e exauriente sobre dada matéria econômica. Ademais, enfatiza a necessidade de encontrar formas de enfrentamento para os casos de incerteza genuína a descartar qualquer tentativa de simples omissão ou acobertamento.

Vermeule (2017) salienta que os casos de incerteza genuína são raros no campo da tomada de decisão administrativa a justificar a deferência. São situações como as que tangenciam os efeitos da mudança do clima ou o futuro de uma espécie. Hipóteses concretas em que a lei deve reconhecer a categoria de decisões racionalmente arbitrárias das agências.

O autor realiza sua análise a partir de exemplos reais dos problemas considerados relevantes, em que os tribunais revisam decisões administrativas em cenário de incerteza.

Dentre os casos por ele citados,[297] convém notar o que teve origem em decisão do secretário do Interior, em atuação no chamado *Fish and Wildlife Service*,[298] agência americana federal dedicada ao controle da pesca, da vida selvagem e *habitats* naturais, com sede em Washington, sobre o possível enquadramento do lagarto-de-chifres de cauda achatada, réptil cujo nome científico é *Phrynosoma mcallii*, como espécie ameaçada, à luz do chamado *Endangered Species Act*, ato que classifica as espécies que ensejam proteção do governo.[299] A questão central está na ausência de uma base racional para estimar a quantidade de lagartos existentes. Qual postura deve o tribunal assumir nessa hipótese? (VERMEULE, 2017).

O caso tem origem em decisão do Nono Circuito de 2009, *Tucson Herpetological Society v. Salazar, 566 F.3d 870*, em que o Tribunal de Apelações dos EUA reformou a decisão do Tribunal Distrital. A decisão do tribunal de origem tinha confirmado o ato do secretário do Interior de não designar o lagarto-de-chifres de cauda achatada como espécie ameaçada para fins de amparo pela Lei de Espécies Ameaçadas. O Tribunal de Apelação considerou que o ato do secretário foi arbitrário e caprichoso, por não considerar fatores importantes.[300]

---

[297] Vermeule cita também os seguintes precedentes: *Tri-Valley Cares v. U.S. Department of Energy*, 671 F. 3d 1.113 (9th Cir., 2012) e *American Equity Investment Life Insurance Co. Securities and Exchange Commission*, 613 F. 3d 166 (2010).
[298] *U.S. Fish & Wildlife Service*. Disponível em https://www.fws.gov/. Acesso em: 02 mar. 2022.
[299] Cf. *Tucson Herpetological Society v. Salazar*, 566 F. 3d 870 (9th Cir., 2009).
[300] *Defenders of Wildlife Tucson Herpetological Society Horned Lizard Conservation Society Sierra Club Desert Protective Council Biodiversity Legal Foundation Dale Turner Wendy Hodges Francis*

A tese defendida por Vermeule (2017) é a de que os tribunais em geral desconhecem o papel que devem desempenhar em hipóteses como a descrita, exatamente porque não compreendem o que significa decidir de forma racional em cenário de incerteza genuína, quando, então, "nenhuma razão de primeira ordem pode justificar a escolha, dentro de determinado domínio, por parte de uma agência, ainda que uma escolha ou outra seja inescapável, legalmente obrigatória, ou ambos". Uma decisão arbitrária, assim entendida como aleatória, para essas hipóteses, deve ser considerada como perfeitamente racional.

Correto o raciocínio segundo o qual a racionalidade exige dos tomadores de decisão a análise do contexto e observa não ser razoável impor à agência que resolva uma incerteza dada como impossível (ALMEIDA, 2019).

Sob esse prisma, remanesce a indagação de como deve a Administração Pública decidir diante de um cenário de dúvida, em que não é possível vislumbrar a inevitabilidade dos resultados. São situações em que ausente base informacional ou científica para que se possa ter segurança.

Assim ocorre diante de incerteza bruta, em que o conhecimento dos fatos é intangível a um custo aceitável; ou estratégica, quando escolhas interdependentes criam equilíbrios múltiplos; ou, ainda quando o quadro analítico utilizado para avaliar as alternativas não é claro. O Direito Administrativo precisa, segundo Vermeule (2017), abrir espaço para a tomada de decisão que seja racionalmente arbitrária, assim entendida no sentido técnico-decisional, e não a decisão meramente caprichosa.

Para o autor, duas situações justificam maior deferência pelas cortes revisoras em relação às decisões administrativas: a primeira se perfaz quando a agência decide dentro de sua área de conhecimento científico; a segunda pressupõe existir divergência entre especialistas, hipótese em que caberá à agência a prerrogativa de se apoiar em seus peritos internos. Nas situações descritas, as cortes não devem impor ônus de justificação e racionalidade em processos decisórios além do ponto em que as razões se esgotam (VERMEULE, 2017).

Allan Muth v. Gale Norton, Secretary of the Department of the Interior, Jamie Rappaport Clark, Director, U.S. Fish and Wildlife Service Gail Kobetich, Supervisor, Carlsbad Field Office, 258 F.3d 1136 (9th Cir. 2001). Court Listener, 2001. Disponível em: https://www.courtlistener.com/opinion/774249/defenders-of-wildlife-tucson-herpetological-society-horned-lizard/. Acesso em: 27 mar. 2022.

Assim, constranger a autoridade a aguardar que sobrevenham informações suficientes quando há obrigação legal de decidir à luz do arcabouço científico existente pode gerar maior custo e riscos. Não decidir pode gerar mais prejuízo do que uma tomada de decisão arbitrária e, nesse sentido, deve ser entendida como racional, e não meramente caprichosa.

Das razões invocadas pela teoria vermeuliana, é interessante observar que não nos parece que a expressão arbitrária deva ser entendida como despótica, mas com o sentido de justificar, portanto, a chamada escolha de segunda ordem.

Com efeito, Vermeule (2017) procura esclarecer que utiliza o termo arbitrariedade no sentido da teoria da decisão, e não no sentido jurídico. Sustenta que "não é juridicamente arbitrário tomar uma decisão inevitável, apoiando-se em válidas razões de segunda ordem, mesmo que a decisão seja arbitrária em primeira ordem".

Tema que revela especial interesse diz respeito à segunda categoria de incerteza, de dimensão estratégica, em que não há uma solução única. Nesse ponto, o autor traz ao debate o tema do contraterrorismo e o precedente conhecido como *Tri-Valley Cares*,[301] em que o tribunal analisou se o Departamento de Energia deveria criar uma instalação de pesquisa de risco biológico nível 3. A instalação gerava riscos de terrorismo e de danos resultantes para as pessoas e o meio ambiente em caso de acidente. O departamento decidiu favoravelmente à instalação e pautou-se em modelo desenvolvido pelo Exército que avaliou os riscos como baixos. Para tais hipóteses, as razões esgotam-se nos limites definidos pela autoridade legal da agência (VERMEULE, 2017).

No caso concreto mencionado, o tribunal também prestigiou a decisão administrativa, com destaque para a incerteza e para a divergência entre especialistas. Afirma Vermeule (2017) que a decisão, nessa hipótese, está na "fronteira do concebível com o inconcebível, onde agências podem ou não dar um salto de fé, dependendo de quão intenso esteja seu apetite pelo risco". A questão fundamental é que são situações em que nenhuma escolha não arbitrária seria viável.

Na prática, decisões racionalmente arbitrárias são propensas a discordâncias entre especialistas, eis que a incerteza genuína ocorre exatamente onde a escolha única não é uma realidade.

---

[301] Cf. *Tri-Valley Cares v. U.S. Department of Energy*, 671 F. 3d 1.113 (2012).

Questão relevante no tema diz respeito ao acervo informacional. É cediço que a tomada de decisão pressupõe a coleta de informações, mas não menos correto é afirmar que o ônus da incessante busca de dados somente se justifica até o ponto em que eventual benefício da informação futura se justifica. Do contrário, não decidir na esperança de uma coleta ótima de informações gera risco maior, especialmente em se tratando de cenários complexos.

Vermeule (2017) destaca que a incerteza reside não apenas da decisão de primeira ordem, mas também em relação à quantidade de informação a coletar para a escolha de segunda ordem. A decisão sobre a interrupção ótima em situação de incerteza é da agência.

Note-se que os argumentos expostos não autorizam o capricho ou a ilegalidade. A decisão racionalmente arbitrária, como restou esclarecido, funda-se na teoria da decisão, e não no sentido jurídico de arbitrariedade, enquanto ato despótico. Não dispensam, portanto, adequada motivação.

Algumas abordagens podem ser elencadas como sensatos marcadores de racionalidade, como: extrapolação, "*status quo*" padrão, julgamento convencional e, até mesmo, a randomização.

Na extrapolação, pode-se decidir a partir da premissa de que o futuro será como o presente. A seu turno, a ideia de "*status quo*" padrão admite decidir não decidir, sob o argumento de que mudanças geram custos de transição por ganhos meramente especulativos. O julgamento convencional é a conformação com o comportamento da maioria ou da média.[302]

Para a escolha que envolva políticas públicas, Vermeule (2017) não descarta que a randomização possa ser uma opção decisória para hipóteses em que o desempate deva ser neutro e imparcial, porque ausente qualquer justificativa que autorize escolher um caminho em detrimento de outro. Admite, porém, que os tribunais são hostis à randomização, porque a cultura jurídica celebra a argumentação, o que "conspira para produzir um hiperracionalismo judicial".

Almeida (2019) alerta, porém, para o risco advindo de que esses motivos de segunda ordem disponíveis para uma agência aliados a um

---

[302] VERMEULE, Adrian. Decisões racionalmente arbitrárias no direito administrativo. Tradução: Maíra Almeida. Revisão: Antonio Guimarães Sepulveda. *REI – Revista de Estudos Institucionais*, vol. 3, n. 1, p. 1-47/48-88, ago. 2017. ISSN 2447-5467. Disponível em: https://estudosinstitucionais.com/REI/article/view/152. Acesso em: 31 out. 2021. DOI: https://doi.org/10.21783/rei.v3i1.152.

tribunal altamente deferente possam abrir espaço para o pretexto de perícia tácita e para introduzir razões inválidas como boas.

Finalmente, a invocação da incerteza deve ser real e consistente. Não pode ser retórica, empregada como mero pretexto ou para alcançar fins ilegítimos. Nesse ponto, toda a argumentação desenvolvida pressupõe a boa-fé da autoridade, até mesmo porque eventual vício pode ocorrer em qualquer domínio, de incerteza ou não.

2.5 O Estado Administrativo e a moralidade da lei

Ao longo de todo o capítulo, procuramos apresentar os argumentos mais importantes do chamado institucionalismo de reconstrução empírica proposto por Adrian Vermeule. O debate teve início com os princípios da legalidade e da separação de poderes para, na sequência, revisar os principais *standards* de deferência judicial, com o estudo dos casos julgados pela Suprema Corte: *Skidmore* (1944), *Chevron* (1984), *Auer* (1997) e *Mead* (2001).

Conhecidas as premissas teóricas e jurisprudenciais, deslocou-se a análise para duas variáveis fundamentais na análise institucional: capacidades institucionais e efeitos sistêmicos. O momento, portanto, mostra-se oportuno para uma reflexão sobre os desafios do Estado contemporâneo, em especial sobre sua capacidade para a promoção do bem comum.

Sunstein e Vermeule (2020) demonstram especial preocupação com a crença difundida por parcela da doutrina de Direito Público americana,[303] com algum apoio nos tribunais,[304] na ilegitimidade do Estado Administrativo moderno. Procuram restringir a discricionariedade do Executivo, sob o argumento da separação de poderes. Os autores denominam esse movimento de *"New Coke"*.[305]

---

[303] Os autores apontam o trabalho principalmente de Gary Lawson e Philip Hamburger.
[304] Sunstein e Vermeule apontam para o *Justice* Clarence Thomas como o principal defensor dessa tese, acompanhado pelo *Justice* Antonin Scalia e, por vezes, pelo *Justice* Samuel Alito e pelo *Chief Justice* John Roberts.
[305] A expressão reporta-se a *Sir* Edward Coke, nascido em 1º de fevereiro de 1552, em Mileham, Norfolk, Inglaterra, e falecido em 3 de setembro de 1634, em Stoke Poges, Buckinghamshire. Jurista e político britânico cuja defesa da supremacia do direito comum contra o despotismo do Rei Stuart teve uma profunda influência no desenvolvimento do direito inglês e da constituição inglesa. Disponível em: https://www.britannica.com/biography/Edward-Coke. Acesso em: 19 jun. 2022.

2.5.1 New Coke

A origem do debate está no receio sobre uma crescente centralização do poder no Executivo e, em consequência, no renascimento da doutrina da não delegação, amparado na crítica de que o Congresso delega cada vez mais matérias para a regulação técnica e o Judiciário tende a ser cada vez mais respeitoso a essa avaliação.

Sunstein e Vermeule (2020) pretendem demonstrar que o *"New Coke"* é um produto dos valores e dos temores contemporâneos de que o Executivo abusará do poder.[306] Esclarecem que aqueles que comungam desse pensamento assim o fazem sob a justificativa de que consideram o significado original[307] da Constituição.[308]

No entanto, acreditam que o *"New Coke"* deve ser compreendido, em verdade, como um movimento constitucionalista vivo, motivado por uma contínua rejeição ao plano econômico conhecido como *"New Deal"*,[309] que obsta o desenvolvimento.

Salientam os autores, porém, que o *Administrative Procedure Act* (APA),[310] de 1946, representa importante esforço de equilíbrio de variáveis que incluem estabilidade, restrições ao Poder Executivo, *"accountability"* e necessidade de eficiência. Ademais, eventuais lacunas

---

[306] SUNSTEIN, Cass R.; VERMEULE, Adrian. *Law & leviathan*: redeeming the administrative state. London: Harvard University Press, 2020.

[307] Sobre originalismo, reportamo-nos à nota 314, ora transcrita: "Entenda-se como originalismo a teoria constitucional que acredita ser a Constituição uma fonte legítima do Direito. Logo, eventuais mudanças na lei deveriam ser realizadas por meio de emendas e não pela interpretação judicial. O originalismo apresenta diversas variantes, mas seu ponto comum é a visão de que o sentido constitucional foi determinado ao tempo da sanção da Constituição". Cf. VERMEULE, Adrian. Beyond Originalism. *The atlantic*. 2020. Disponível em: https://www.theatlantic.com/ideas/archive/2020/03/common-good-constitutionalism/609037/. Acesso em: 31 maio 2021.

[308] MCLAUGHLIN, Dan. Common-Good Constitutionalism is no alternative to originalism to originalism. *National review online*, 2020. Disponível em: https://www.nationalreview.com/2020/04/common-good-constitutionalism-is-no-alternative-to-originalism/. Acesso em: 19 jun. 2021. Nesse sentido: *"The essential argument of originalism is that the Constitution is a legitimate source of law because it was enacted by the people. It follows from this that changes to the law should be made by the people through the amendment process, rather than by unelected judges' deciding what the law ought to be. Thus, whatever the Constitution was understood to mean when it was ratified by the people is what it continues to mean. This is the same way in which courts of law read statutes or contracts. Indeed, the "textualist" school of statutory interpretation, which considers the meaning of the statute's words when they were written, is a longstanding and arguably even more successful project of many of the same conservative judges who promote originalism"*.

[309] Plano econômico iniciado 1933 no governo Franklin Roosevelt, com o objetivo de recuperar a economia americana, logo após a quebra da Bolsa de Valores de Nova Iorque, em 1929.

[310] Sobre o APA, reportamo-nos ao item 2.1.2 do presente trabalho.

e ambiguidades presentes no APA podem ser supridas pelos tribunais, que podem avançar no sentido de limitar a ação executiva.[311]

A Constituição também é um compromisso com pontos de vista concorrentes e que busca um Poder Executivo coordenado e eficiente, a suscitar severas dúvidas sobre a visão de que a discricionariedade executiva seria um mal central a ser evitado como represália ao legado monárquico.[312]

2.5.2 Moralidade do direito

Sunstein e Vermeule (2020) propõem uma abordagem centrada em princípios procedimentais que canalizem a ação das agências a fim de tornar o Estado eficaz. Sustentam que tais princípios seguem uma lógica natural para a criação de um direito serviente ao bem comum. Sua teoria inspira-se na obra de Lon Fuller, que desenvolveu a ideia de que o direito tem uma moralidade interna.

Fuller (1964) desenvolve seu pensamento a partir de uma história imaginária que acontece em um reino infeliz de um monarca chamado Rex, que chegou ao trono com o espírito de um reformador. Ele considerava que o direito era o campo no qual seus predecessores cometeram seus maiores fracassos, porque as regras eram ditadas em uma linguagem arcaica, a Justiça era custosa, e os juízes, corruptos. Rex estava convicto em remediar a situação, e seu primeiro projeto foi repelir toda a legislação existente e redigir um novo código. No entanto, fracassou na primeira iniciativa.[313]

Rex decidiu, então, atuar como juiz. Dessa forma, ele pretendia desenvolver a capacidade de generalizações a partir da solução de casos concretos, mas seu projeto não foi bem-sucedido, porque se pautava em suas próprias opiniões, o que gerou confusões (FULLER, 1964).

O rei concluiu ser necessário um recomeço, procurou desenvolver suas capacidades intelectuais e, após longas horas de isolamento, conseguiu escrever um código, cujo conteúdo seria secreto. Para sua surpresa, esse plano também fracassou, porque era desagradável ter

---

[311] SUNSTEIN, Cass R.; VERMEULE, Adrian. *Law & leviathan*: redeeming the administrative state. London: Harvard University Press, 2020.

[312] SUNSTEIN, Cass R.; VERMEULE, Adrian. *Law & leviathan*: redeeming the administrative state. London: Harvard University Press, 2020.

[313] FULLER, Lon L. *The Morality of law*. Revised edition. New Heaven: Yale University Press, 1964.

um caso decidido por regras não conhecidas por todos. Assim, Rex compreendeu a necessidade de publicidade das regras que deveriam ser aplicadas aos casos futuros (FULLER, 1964).

No entanto, quando o código se tornou público, verificou-se que era um grande exemplar de obscuridade. O código foi por diversas vezes reescrito com a ajuda de especialistas e, finalmente, era claro e consistente, mas, ultrapassado muito tempo entre inúmeras revisões, tornou-se obsoleto.

Após sua morte, seu sucessor, Rex II, anunciou a retirada dos poderes dos advogados, substituindo-os por psiquiatras e especialistas em relações públicas. Dessa forma, as pessoas poderiam ser felizes sem regras.

A saga de Rex como legislador e juiz ilustra a tentativa de criar e manter um sistema de regras que pode fracassar por pelo menos oito formas. A primeira e mais óbvia é o fracasso em estabelecer regras. As demais são: falha na publicidade, abuso de retroatividade, dificuldade em tornar as regras compreensíveis, editar regras contraditórias, bem como aquelas que demandam que pessoas realizem o que não capazes de fazer, mudanças frequentes na legislação e regras incongruentes entre as formas como são anunciadas e administradas (FULLER, 1964).

Sunstein e Vermeule (2020) invocam a teoria fulleriana de Estado de Direito como uma forma de compreender a moralidade do Direito Administrativo e garantir que as agências tenham seu comportamento estruturado em uma concepção que as torne eficazes e não arbitrárias.

2.5.3 Constitucionalismo do bem comum

Vermeule (2020) apresenta o que chama de "constitucionalismo do bem comum" a partir de uma estrutura que deve favorecer uma presidência e uma burocracia fortes, que atuem por meio de princípios de moral interna do Direito Administrativo com vistas a promover a solidariedade e a subsidiariedade. Ressalta que o governo deve ter amplos poderes para lidar com crise de larga escala de saúde pública e bem-estar.

Observa o autor que alternativas ao originalismo sempre existiram.[314] Uma delas é o libertário ou constitucionalismo clássico liberal,

---

[314] Entenda-se como originalismo a teoria constitucional que acredita ser a Constituição uma fonte legítima do direito. Logo, eventuais mudanças na lei deveriam ser realizadas por

que enfatiza princípios de liberdade individual e que, não raro, está em conflito com o sentido original da Constituição. Outra alternativa é o tradicionalismo Burkean,[315] que procura desacelerar a inovação das leis. Acredita, porém, que a diferença para o originalismo é clara, na medida em que esse é algumas vezes revolucionário, a exemplo da visão da Corte originalista que declara o direito constitucional de usar armas[316] (VERMEULE, 2020).

Considera, nessa linha, que a teoria do originalismo, inicialmente desenvolvida nos anos 1970 e 1980, desfrutou de crescimento inicial, sem desafiar fundamentalmente as premissas do liberalismo legal que dominou tanto as cortes quanto a academia. Possibilitou, assim, oposições às inovações constitucionais na história da Suprema Corte no período de Earl Warren[317] e Warren Burger[318] (VERMEULE, 2020).

---

meio de emendas, e não por interpretação judicial. O originalismo apresenta diversas variantes, mas seu ponto comum é a visão de que o sentido constitucional foi determinado ao tempo da sanção da Constituição. Cf. VERMEULE, Adrian. Beyond Originalism. *The Atlantic*, 2020. Disponível em: https://www.theatlantic.com/ideas/archive/2020/03/common-good-constitutionalism/609037/. Acesso em: 31 maio 2021.

[315] Filosofia política e social que enfatiza princípios de ordem moral, baseada em Aristóteles e Edmund Burke (1729-1797). Burke foi um economista e filósofo irlandês, membro do Parlamento entre 1766 a 1794 na Casa dos Comuns. Disponível em: Wikipedia.

[316] *District of Columbia v. Heller, US 570 (2008)*. Os cidadãos têm o direito, de acordo com a Segunda Emenda, de possuir um tipo comum de arma e usá-la para situações legais e historicamente estabelecidas, como autodefesa em uma casa, mesmo quando não há relação com uma milícia local.

[317] O Tribunal Warren foi o período da história da Suprema Corte dos Estados Unidos durante o qual Earl Warren atuou como presidente da Suprema Corte. Warren substituiu o falecido Fred M. Vinson como chefe de Justiça em 1953, e Warren permaneceu no cargo até se aposentar em 1969. Warren foi sucedido como chefe de Justiça por Warren Burger. O Tribunal Warren é frequentemente considerado o tribunal mais liberal da história dos Estados Unidos. O Tribunal Warren expandiu os direitos civis, as liberdades civis, o poder judicial e o poder federal de maneiras dramáticas. É amplamente reconhecido que o tribunal, liderado pelo bloco liberal, criou uma grande "Revolução Constitucional" na história dos Estados Unidos. O Tribunal Warren trouxe "um homem, um voto" aos Estados Unidos por meio de uma série de decisões e criou a advertência Miranda. Além disso, o tribunal foi aplaudido e criticado por pôr fim à segregação racial de *jure* nos Estados Unidos, incorporando a Declaração de Direitos (ou seja, incluindo-a na cláusula do processo devido de alteração 14) e encerrando a oração voluntária oficialmente sancionada em público nas escolas. O período é reconhecido como o ponto mais alto do poder judicial que recuou desde então, mas com um impacto continuado substancial. Disponível em: https://en.wikipedia.org/wiki/Warren_Court.

[318] O Burger Court foi o período da história da Suprema Corte dos Estados Unidos de 1969 a 1986 quando Warren Burger atuou como presidente da Suprema Corte dos Estados Unidos. Burger sucedeu Earl Warren como chefe de Justiça após a aposentadoria deste último, e Burger atuou como chefe de Justiça até sua aposentadoria, quando William Rehnquist foi nomeado e confirmado como substituto de Burger. O Tribunal do Burger é geralmente considerado o último tribunal liberal até hoje. Ele foi descrito como um

Vermeule (2020) afirma que as circunstâncias atualmente mudaram. O ambiente hostil que tornou o originalismo um expediente útil, retórica e politicamente, não mais existe. A partir dessas premissas, seria possível imaginar um constitucionalismo substancial moral, apesar de não atrelado ao sentido original da Constituição.

A abordagem defendida toma por ponto de partida princípios morais que conduzem ao bem comum, princípios que a autoridade deve ler a partir das generalidades e ambiguidades da Constituição escrita. Tais princípios incluem o respeito à autoridade da regra e dos governantes; respeito pelas hierarquias necessárias para a sociedade funcionar; e solidariedade dentro e entre famílias, grupos sociais e sindicatos, associações comerciais, profissões, subsídios apropriados ou respeito pelos legítimos papéis de órgãos públicos e associações em todos os níveis de governo e sociedade. Em resumo, um reconhecimento que toda legislação é necessariamente baseada em alguma concepção de moralidade e que a promoção desse valor é a função central e legítima da autoridade. Tais princípios promovem o bem comum e uma sociedade justa e bem organizada (VERMEULE, 2020).

Vermeule (2020) observa que houve uma tentativa de associar a ideia de bem comum ao originalismo a partir da orientação do direito natural da era da fundação.[319] No entanto, o autor procura enfatizar que sua abordagem é diferente e mais ambiciosa, porque busca se afastar do originalismo e se recusa a jogar dentro dos limites definidos pelo liberalismo. Cita, então, Dworkin como doutrinador e filósofo que costumava se utilizar de uma leitura moral da Constituição. Afirma que o constitucionalismo do bem comum é metodologicamente dworkiniano, mas defende um conjunto muito diferente de compromissos morais e prioridades de Dworkin (VERMEULE, 2020).

---

tribunal de "transição" devido à sua transição das decisões liberais da Corte Warren para as decisões conservadoras da Corte Rehnquist. Um símbolo da "contenção" conservadora prometida pelo presidente Richard Nixon na eleição de 1968, Burger foi frequentemente ofuscado pelo liberal William Brennan e pelo mais conservador William Rehnquist. O Burger Court teve uma interpretação menos generosa das proteções oferecidas pela Quarta Emenda e pela Quinta Emenda do que as do Warren Court, mas o Burger Court não anulou nenhum dos principais precedentes estabelecidos pelo Warren Court. Disponível em: https://en.wikipedia.org/wiki/Burger_Court.

[319] Founding corresponde ao período de 1774 a 1779, quando a nação americana enfrentou um período de rebelião, revolução e fundação da nação. A história da Era da Fundação dos Estados Unidos é rica em registros, especialmente em função da natureza pública dos debates em torno da Constituição dos Estados Unidos. Disponível em: https://guides.ll.georgetown.edu/c.php?g=944664&p=6834195. Acesso em: 18 jun. 2021.

Feitas essas considerações, prossegue esclarecendo que o constitucionalismo do bem comum não é positivista, no sentido de que não está atrelado a instrumentos escritos de direitos civis ou ao desejo dos legisladores que os criaram. Ao contrário, repousa na tradição do *ius gentium* – a lei das nações ou a lei geral comum a todos os sistemas legais civilizados – e princípios de moralidade, incluída a moralidade legal no sentido utilizado por Fuller[320] (VERMEULE, 2020).

Argumenta, também, que não é liberal ou libertário.[321] Seu principal objetivo não é maximizar a autonomia individual ou minimizar o abuso de poder, mas assegurar que o regulador tenha o poder necessário para bem regular. O objetivo central da ordem constitucional é promover boa regra, e não "proteger liberdade" como um fim em si mesma. Nesse sentido, defende que constrangimentos ao poder são bons desde que contribuam para o bem comum. A ênfase não deve estar na liberdade em abstrato, mas na liberdade humana em particular, cuja proteção é um dever de justiça ou prudência por parte do regulador (VERMEULE, 2020).

O constitucionalismo do bem comum, ressalta o autor, inspira-se na teoria moderna mais recente de "razão de Estado", que, apesar das conotações que estiveram associadas ao seu nome, não é a tradição da máquina inescrupulosa, mas foi formulada para combater visões amorais e tecnocratas da lei, como a maximização do poder principesco. Ao contrário, a *"ragion di Stato"*[322] elabora um conjunto de princípios para o justo exercício da autoridade (VERMEULE, 2020).

---

[320] FULLER, Lon L. *The morality of law*. Revised Edition. London: Yale University Press, 1969.
Lon Fuller, em um longo capítulo de conclusão intitulado *A reply to critics*, esclarece sua definição da relação entre a lei e a moralidade apresentada na primeira edição (1964) de *The morality of law*. Seu argumento original distingue entre a moralidade do dever e a moralidade da aspiração, em que ambas se relacionam com o *design* e operação das instituições sociais: a primeira estabelecendo as pré-condições necessárias para qualquer empreendimento social intencional, a última sugerindo as direções para tal empreendimento.

[321] Libertarians procuram maximizar autonomia e liberdade política, enfatizando livre associação, liberdade de escolha, individualismo e associação voluntária. Compartilham um ceticismo de autoridade e poder estatal. Disponível em: https://en.wikipedia.org › wiki › Libertarianism. Acesso em: 16 jun. 2021.

[322] BOTERO, Giovanni. *The reason of state*. London: Cambridge University Press, 2017.
Maquiavel, em *O príncipe*, argumentou que o regulador não pode governar moralmente e ser bem-sucedido. Botero propõe um sistema para a manutenção e expansão do Estado que permaneça moral. *Razão de Estado* é seu trabalho mais notável e contribui significativamente para o maior debate político do momento – a relação entre política e moralidade. Disponível em: https://www.amazon.com/Botero-Cambridge-History-Political-Thought/dp/131650672X. Acesso em: 18 jun. 2021.

Considera, assim, que o Direito Constitucional deve possibilitar amplo escopo para que os reguladores possam promover, como a *"ragion di Stato"* aponta, paz, justiça e abundância. Atualmente, entende ser possível adicionar saúde e segurança a essa lista (VERMEULE, 2020).

Vermeule (2020) acredita que, em um mundo globalizado, relacionado ao ambiente natural e biológico profundamente desorganizado, um Estado desse tipo tem ampla autoridade para proteger o vulnerável das ondas de pandemias, desastres naturais e mudança climática, e contra as estruturas subliminares de poder corporativo que contribuem para esses eventos.

Esclarece, nessa esteira, que a *"ragion di Stato"* não se envergonha de regras fortes, porque não as vê como presumidamente suspeitas, mas como um corolário de que autoridade e hierarquia também são princípios do constitucionalismo. Finalmente e talvez o mais importante, enfatiza solidariedade e subsidiariedade. Autoridade é baseada na confiança e exercida em nome de uma comunidade e dos grupos subsidiários que a formam, não para o benefício individual (VERMEULE, 2020).

As generalidades e ambiguidades da Constituição americana propiciam amplo espaço para leituras morais, que promovem paz, justiça, abundância, saúde e segurança por meio de autoridade, hierarquia, solidariedade e subsidiariedade (VERMEULE, 2020).

Assevera que pensar que o bem comum e seus princípios corolários devem estar sedimentados em textos específicos é um erro. Eles podem estar presentes na estrutura geral da ordem constitucional e na natureza e objetivos do governo. A Suprema Corte, como o Congresso e a Presidência, tem frequentemente utilizado a estrutura geral e princípios de direito natural para determinar a exata autoridade do Estado (VERMEULE, 2020).

Adverte que a jurisprudência das cortes sobre liberdade de expressão, aborto, liberdade sexual e assuntos relacionados ficará vulnerável diante de um regime de constitucionalismo de bem comum (VERMEULE, 2020).

Quanto à estrutura e distribuição de autoridade dentro do governo, admite que o constitucionalismo do bem comum favorecerá uma presidência forte governando uma burocracia poderosa, esta última agindo por meio de princípios de moral interna do Direito Administrativo com vistas a promover a solidariedade e a subsidiariedade. A burocracia será vista não como um inimigo, mas como a mão forte do governo legítimo. O Estado deve ter autoridade para proteger a população dos caprichos e injustiças das forças de mercado, dos empregadores que explorariam os indivíduos como atomizados, da exploração corporativa e destruição do meio ambiente (VERMEULE, 2020).

Argumenta que, sob a ótica do princípio do bem comum, não existe Direito Constitucional de recusar a vacinação, na medida em que a lei constitucional definirá em termos gerais a autoridade do Estado para proteger a saúde e o bem-estar da população, protegendo fracos de pandemias e flagelos de vários tipos – biológico, social e econômico –, mesmo quando isso requerer anular os caprichos egoístas dos indivíduos em relação aos "direitos" privados. Afirma que, dessa forma, o Estado terá autoridade para restringir as pretensões sociais e econômicas dos liberais da pequena nobreza urbana, que tão frequentemente colocam suas próprias satisfações (financeiras e sexuais) e o bem de sua classe ou meio social acima do bem comum (VERMEULE, 2020).

Por fim, acredita que o constitucionalismo do bem comum promete ampliar e cumprir os compromissos da Constituição com a promoção do bem-estar geral e da dignidade humana (VERMEULE, 2020).

Streck (2021) apresenta severa crítica ao texto apresentado por Vermeule. Acredita ter o professor de Harvard "mudado de lado", de defensor da interpretação textualista para ativista "teo-onto-voluntarista".[323]

Apresenta Vermeule como um ortodoxo do textualismo, a partir de argumentos institucionais, para restringir a atividade interpretativa dos juízes. O autor admite discordar dessa posição adotada por Vermeule e reforça seu desconforto com a proposta de constitucionalismo do bem comum por pressupor tratar-se, na hipótese, de uma teoria da interpretação para promover valores religiosos (STRECK, 2021).

Observa que o constitucionalismo do bem comum admite que, em tempos de pandemia, um governo justo possa ter amplos poderes por meio de um legalismo iliberal. Procura resumir a contribuição de Vermeule a partir da concepção de que o constitucionalismo que ele propõe é pautado em valores morais substantivos: hierarquia e autoridade (STRECK, 2021).

---

[323] STRECK, Lenio luiz. *Revista Consultor Jurídico*. 2020. Disponível em: https://www.conjur.com.br/2020-abr-23/senso-incomum-professor-harvard-lanca-constitucionalismo-deus-acima-todos. Acesso em: 19 jun. 2021.

Toma de empréstimo as críticas do professor Epps,[324] da Universidade de Baltimore, que sustenta ter Vermeule vocalizado o pensamento de muitos conservadores americanos sobre o papel da Suprema Corte. Atribui sua suposta mudança de entendimento a um processo de conversão religiosa que o teria levado a defender a submissão do Estado à doutrina da Igreja Católica. Epps entende relevante essa observação porque, segundo ele, Vermeule teria invocado a religião para legitimar uma mudança no Estado e no direito em favor do credo (ou ausência de credo) de outros indivíduos (STRECK, 2021).

Streck (2021) prossegue, adotando o raciocínio de Epps, para afirmar que a tese de um governo forte para promover um projeto moral em detrimento de liberdades individuais não tem suporte no direito americano e reproduz o argumento de que a tese de Vermeule apresenta retórica semelhante à da ditadura de Franco.

Manifesta o autor, então, grande receio de que os argumentos lançados por Vermeule possam esvaziar o texto constitucional. Na sequência, sustenta que "setores do Judiciário desprezam os limites do texto Constitucional sob pretexto da voz das ruas (medida onde?), da justiça (qual?), do bem comum (de quem?)" (STRECK, 2021).

Observa que Vermeule pretende, em verdade, uma carta em branco, à semelhança da Lei de Habilitação do *Reich* ou do regime instaurado em 1964 no Brasil. Por fim, entende que Vermeule coloca a política acima do direito e propõe solução diferente, no sentido de que a Constituição deve dizer qual é o bem comum (STRECK, 2021).

As críticas formuladas por Streck (2021) a Vermeule (2020) sugerem algumas considerações, a partir de três premissas adotadas no texto do professor brasileiro: (i) mudança de posição de Vermeule, de defensor ortodoxo de interpretação textualista para ativista "teo-onto-voluntarista"; (ii) teoria vermeuliana para defesa de valores religiosos; (iii) a tese de Vermeule apresenta retórica fascista e schmittiana.

Dyzenhaus (2021) afirma que Vermeule, ao sugerir que os juízes conservadores deveriam agora adotar o "legalismo iliberal" – um refrão deliberado da "democracia iliberal", de Viktor Orbán –, defende o abandono total da Constituição como uma base acordada para o argumento jurídico.[325]

---

[324] EPPS, Garrett, Common-Good Constitutionalism is an idea as dangerous as they come. *The Atlantic*, 2020. Disponível em: https://www.theatlantic.com/ideas/archive/2020/04/common-good-constitutionalism-dangerous-idea/609385/. Acesso em: 19 jun. 2021.

[325] DYZENHAUS, David. Schmitten in the USA. *Verfassungsblog on matters constitucional*, 2020. Disponível em: https://verfassungsblog.de/schmitten-in-the-usa/. Acesso em: 19 jun. 2021.

Esclarece que o Parlamento húngaro teria acabado de promulgar uma lei, a pretexto de responder à pandemia, que dá a Orbán autoridade indefinida para governar a Hungria por decreto. Vislumbra o autor que o precedente citado é o análogo legal mais próximo da Lei de Habilitação de Hitler, de 1933 (DYZENHAUS, 2021).

Observa que, antes de 1933, Schmitt argumentou que, em uma época de pluralismo fracionado e partidarismo político, apenas o chefe do Executivo pode se elevar acima da briga política, e somente ele pode articular o que hoje chamaríamos de sua "base". Uma vez alcançada essa unidade de "amigos", o líder pode governar pela lei, interpretada por um grupo homogêneo de juízes (DYZENHAUS, 2021).

Afirma que esse casamento de "legalismo iliberal" com "democracia iliberal" é precisamente o que Orbán conseguiu na Hungria e provavelmente está muito mais próximo do que Schmitt imaginou como a sociedade política ideal do que a Alemanha nazista (DYZENHAUS, 2021).

Importante destacar que Dyzenhaus (2021) diz ter convicção de que Vermeule é ainda mais contrário ao nazismo do que Schmitt. Adverte que a posição que ele articula reproduz todos os elementos da posição pré-1933 de Schmitt, incluindo um anseio por alguma ideia de legalidade.

Não se desconhece que o texto apresentado por Vermeule gerou resistências fortes da academia americana, mas também é importante observar que angariou adeptos importantes.

Nesse sentido, válida a contribuição de Casey (2021), que, contrariamente às críticas antes formuladas, defende que a proposta de Vermeule (2020) não representa um argumento para defesa do autoritarismo, sequer de ausência de restrições legais e democráticas ou de preocupação com os direitos humanos.

Observa que, no contexto americano, o trabalho de Vermeule (2020) em Direito Administrativo e Constitucional fornece uma visão clara de como ele considera que a autoridade institucional e interpretativa deve ser alocada. Lembra que, em trabalhos anteriores, Vermeule argumentou que a separação de poderes nos Estados Unidos evoluiu dramaticamente da era fundadora: de uma forma dominada pelo Legislativo com um Executivo modesto a uma forma dominada por uma presidência forte, que supervisiona um poderoso Estado administrativo, cujo trabalho é policiado nas margens pelo Legislativo e Judiciário (CASEY, 2021).

Conclui que o núcleo do constitucionalismo do bem comum não tem relação com a promoção de ditadura ou antissemitismo. Considera que os argumentos levantados por Vermeule (2020) estão, em vez disso, dentro dos limites da interpretação jurídica aos princípios da moralidade política, da importância da regra dos valores do direito para orientar a ação estatal e da primazia do bem comum para justificar a autoridade política (CASEY, 2021).

Afirma, por fim, que o constitucionalismo do bem comum de Vermeule não envolve o abandono de direitos, a abnegação completa da lei ou uma rejeição de freios e contrapesos. Ressalta que Vermeule e Sunstein, em outras oportunidades, defendem a "moralidade interna do Direito Administrativo" como princípios morais inerentes ao Direito Administrativo dos EUA, a saber: a exigência de que administradores emitam decisões e regulamentos que são transparentes, aplicados de forma consistente, compreensível, não retroativamente ou de forma abusiva, possível de cumprir e não contraditório. Esses princípios são necessários para ter um sistema jurídico eficaz regido pela regra da lei, e não da vontade arbitrária (CASEY, 2021).

A polêmica que Vermeule inaugura com seu artigo tem claro cunho propositivo e provocativo ao lançar novas luzes no debate acadêmico – por vezes, morno – e se propõe a retirá-lo do risco de mera reprodução de ideias já lançadas. Por isso, merece ser lido com atenção e, pelo desconforto que causa, angariaria mais referências por méritos do que por eventuais desacertos.

Primeiramente, há que se destacar que Vermeule não se limita a um texto, mas há um conjunto de ideias, textos e obras que não se resumem às poucas premissas de que se valem os críticos.

Não se pretende fazer a defesa da teoria de Vermeule, mas procurar compreendê-la sob sua melhor luz. Assim, em relação ao primeiro argumento suscitado por Streck (2021), de que teria incorrido Vermeule em uma virada de posição, não parece ser essa a melhor conclusão. Vermeule distancia-se das correntes que atribuem aos juízes a prerrogativa interpretativa para admitir que as instituições de matriz constitucional devem ter a primazia nesse papel.

O texto de Vermeule (2020) ora em análise em nada se afasta dessa defesa – antes, até a reforça. Admite que o Estado, a partir de sua estrutura e de sua burocracia, deve ter o papel central na interpretação constitucional.

As ideias sustentadas pelo autor em seu texto sequer são novas, eis que, na última obra por ele escrita em parceria com Sunstein, já defendia que a moralidade interna da lei empodera e constrange a autoridade administrativa, a partir de um conjunto de princípios que constituem o ideal da regra do direito, que procura promover o bem comum (SUNSTEIN; VERMEULE, 2020).

Também em obra anterior, professou a ideia de que juízes devem permanecer próximos ao nível superficial ou sentido literal de textos claros e específicos, sem perquirições sobre finalidades dos estatutos, intenção dos legisladores ou autores das constituições, sequer a compreensão de valores públicos ou equidade geral. Assim, para textos intrinsecamente ambíguos, juízes devem atribuir a autoridade para interpretá-los a outras instituições (agências administrativas) em relação aos estatutos e legisladores para a Constituição. Vermeule (2006) denunciava uma espécie de cegueira ou insensibilidade da teoria interpretativa e dos seus teóricos para as dimensões institucionais de interpretação.

Quanto ao argumento de que Vermeule utiliza sua suposta "nova" teoria para a defesa de valores religiosos, cumpre observar que, da literalidade do texto, nada há que se possa invocar Deus ou a doutrina cristã. Lido e relido o texto, não se apresenta em nenhum momento esse argumento nas palavras de Vermeule. Tal associação somente se apresenta na premissa utilizada pela crítica apontada por Streck (2021) ao reproduzir o argumento de Dyzenhaus (2021).

Finalmente, em relação ao terceiro ponto suscitado por Streck (2021), de que a tese de Vermeule apresenta retórica fascista e schmittiana, também aqui há que se ter cautela. Como dito anteriormente, a defesa de uma moralidade interna da lei foi realizada em trabalhos anteriores, com especial ênfase em sua obra mais recente, em que procurou responder às preocupações de que o Estado administrativo poderia se tornar uma forma de absolutismo, em que o cidadão poderia estar constantemente receoso em relação ao que as autoridades poderiam fazer (SUNSTEIN; VERMEULE, 2020).

Como resposta, Vermeule oferece a moralidade da lei e a visão de Lon Fuller, reproduzida no artigo ora em comento. O cerne da sua teoria está na confiança do setor regulado na consistência da tomada de decisão pelas agências, quer na edição de atos normativos, quer na solução de demandas.

Vermeule acredita, portanto, em uma burocracia forte e, ao trazer a ideia de "razão de Estado", foi suficientemente claro para afastar qualquer ideia associada à "máquina inescrupulosa" ou à "maximização do poder principesco". Ao contrário, defende a lógica de uma interpretação constitucional que possibilite aos reguladores promover paz, justiça, abundância, saúde e segurança, e toda e qualquer interpretação do bem comum não dispensa a leitura da Constituição escrita (VERMEULE, 2021).

Acresça-se que Vermeule (2021) procura desenvolver melhor o pensamento de que a promoção da moralidade pública é um componente essencial do governo político. Nesse sentido, a autoridade pode atuar para o bem comum a partir de determinações razoáveis sobre os meios para promover finalidades públicas e, quando isso acontecer, os juízes devem deferência. A promoção do bem comum inclui a moralidade de papéis e a divisão de funções e, em consequência, a deferência judicial conduz ao bem comum, porque as autoridades públicas fazem melhores julgamentos de determinação, dentro de limites razoáveis, do que os tribunais.

Vermeule (2015) segue coerente ao mesmo raciocínio em artigo seguinte, em que defende que os juízes devem dar às agências margem de manobra para que especifiquem a política dentro dos limites e para os propósitos para os quais foram criadas, mesmo quando a agência, escolhendo entre maneiras alternativas, não possa oferecer razões para preferir uma especificação a outra (2020a) – tese, aliás, defendida outrora, ao que chamou "racionalmente arbitrária".

Assim, a proposta de Vermeule não é um argumento para autoritarismo dissociado de restrições legais e democráticas.

Por fim, cumpre notar que Vermeule não cita Carl Schmitt em texto que foi objeto de crítica por parte de Streck (2021). Mais uma vez, a referência à teoria schmittiana tem origem na reprodução do argumento lançado por Dyzenhaus. De toda forma, não é novidade que Vermeule tende a buscar respostas no pensamento de Carl Schmitt, particularmente em função da relação entre legalidade e emergências (VERMEULE, 2009). Importante, observar, porém, que os escritos de Schmitt, citados no texto anterior de Vermeule e por ele analisados, são anteriores à sua conversão ao nazismo.[326]

---

[326] Sobre os escritos de Schmitt, citados no texto de Vermeule e por ele analisados, ver: SCHMITT, Carl. *Verfassungslehre* (1928), traduzido por Jeffrey Seitzer; SCHMITT, Carl. *Constitutional theory* (Jeffrey Seitzer ed. & trans., 2008) (1928), bem como SCHMITT, Carl. *The crisis of parliamentary democracy* (Ellen Kennedy trans., MIT Press 1985) (2. ed., 1934). E ainda: SCHMITT, Carl. *Political theology*: four chapters on the concept of sovereignty 5 (George Schwab trans., MIT Press, 1985) (1922).

As considerações aqui realizadas levam a crer que se atribuíram a Vermeule conclusões que não se extraem do seu texto e supostas inovações e incoerências que não resistem a uma leitura atenta de textos anteriores. As críticas, em sua maioria, são imprecisas e não agregam para um debate mais profícuo sobre as questões centrais suscitadas por Vermeule. Não se duvida, portanto, que a leitura do artigo de Vermeule (2021), dissociado de todo o contexto de sua contribuição acadêmica, pode levar a conclusões precipitadas e a excessos indesejados.

Assim, a prestigiar o relevante papel da hermenêutica jurídica, qualquer crítica à contribuição de Adrian Vermeule não dispensa a necessidade de perquirir o alcance de sua contribuição e sua perspectiva crítica do modelo norte-americano de deferência judicial, cujo conteúdo, para ser bem explorado, demandará maior fôlego por parte da academia.

3 Constitucionalismo e democracia

Em linhas anteriores, restou defendida a ideia de que a tomada de decisão necessita de um espaço político de ponderação das diversas aspirações sociais, com as inevitáveis cautelas que a limitação orçamentária exige, tendo como norte maximizar os compromissos valorativos assumidos no texto constitucional.

Partindo-se do referencial teórico institucionalista, que apresenta como pano de fundo a relação entre as funções estatais, é razoável questionar se a defesa de um modelo de deferência às escolhas administrativas pelo Poder Judiciário poderia estimular o fortalecimento excessivo do Poder Executivo, fortemente pautado em princípios abstratos, como "liberdade de expressão" e "legalidade", impregnados de moralidade política.

O debate é oportuno e aponta para preocupações estruturais em relação a possíveis ameaças representadas por um aparato administrativo poderoso e discricionário e pela crença de que o controle presidencial é uma salvaguarda essencial.

A seu turno, sob ótica diversa, um controle político muito forte a cargo do Parlamento poderia suscitar instabilidade política, a ensejar menores possibilidades de governabilidade. Com efeito, o modelo estatal denominado Estado constitucional, fundamentado no princípio da supremacia da Constituição, segundo o qual nenhuma norma ou ato jurídico pode contrariar as disposições constitucionais, foi pautado pela proclamação de direitos fundamentais e por tribunais constitucionais especializados para sua proteção (PULIDO, 2015).

Interessa, portanto, perquirir se a proteção de direitos fundamentais pelo texto constitucional representa um limitador do poder, a restringir o fortalecimento desmedido do Poder Executivo frente ao Poder Legislativo ou se, ao contrário, as mudanças constitucionais ocasionaram o fortalecimento do primeiro e, em particular, do presidente como medida compensatória à expansão de direitos (BOLONHA; RANGEL; CORRÊA, 2015).

Este capítulo propõe-se a investigar se o hiperpresidencialismo pode ser um problema para a teoria institucional, em especial, para a realidade brasileira. Para tanto, serão realizadas algumas reflexões derivadas da proteção dos direitos fundamentais, por uma perspectiva crítica à tradicional separação de poderes, a partir de um retrospecto sobre os movimentos de constitucionalismo e neoconstitucionalismo, bem como a definição de hiperpresidencialismo a partir de Carlos Santiago Nino e Roberto Gargarella.

3.1 Constitucionalismo

Tavares (2021) identifica quatro sentidos para o constitucionalismo: em uma primeira acepção, aponta para a ideia de limitação ao poder arbitrário, com origens históricas bem remotas; uma segunda definição encontra-se associada à existência de constituições escritas; o termo pode ainda indicar os propósitos que as constituições ocupam nas diferentes sociedades; finalmente, em uma acepção mais restrita, o constitucionalismo identifica-se com a evolução histórico-constitucional de determinado Estado.

O autor acrescenta que o constitucionalismo revela um movimento de grande alcance jurídico, porque acredita na Constituição como um sistema dotado de um corpo normativo máximo, que se encontra acima dos governantes. Também apresenta feições sociológicas, porque representa a limitação do poder, a impedir que os governantes possam fazer valer interesse e regras próprios na condução do Estado. Sustenta, outrossim, o aspecto ideológico, em função de seu viés garantístico (TAVARES, 2021).

Conclui o autor que o movimento do constitucionalismo pode ser analisado em seu contexto histórico, desde o antigo até o moderno. Assim, identifica, por exemplo, o movimento hebreu, na Antiguidade Clássica, que, em seu Estado teocrático, impôs limites ao poder político pela imposição da chamada "Lei do Senhor", a assegurar determinada organização do Estado. Nesse sentido, rechaça a ideia de identificar o constitucionalismo apenas e necessariamente com as sempre lembradas revoluções modernas que deram fim aos regimes absolutistas de então. Na sequência, ressalta que, na Idade Média, o movimento do constitucionalismo retorna não apenas para impor limites ao soberano, mas para garantia de liberdades individuais, com destaque para o desenvolvimento britânico com a concessão da Magna Carta, de 1215, com a *Petition of Rights*, de 1628, bem como com as revoluções de 1648 e 1688 e o *Bill of Rights*, de 1680 (TAVARES, 2021).

A experiência inglesa aponta, ainda, para a doutrina da separação de poderes no século XVII, associada à pretensão antiabsolutista e fundada na ideia de que as leis não podem ser criadas por quem deva aplicá-las. De toda forma, não se pode olvidar que a Inglaterra se pautou em institutos assentados na tradição e nos costumes, e não em uma Constituição escrita, base do constitucionalismo moderno, que tem seus elementos fundadores na experiência norte-americana do final do século XVIII (TAVARES, 2021).

A Constituição escrita, em sua origem, é revolucionária, porque rompe com a ordem jurídica então vigente, que influenciou a Europa a partir de fins do século XVIII, com a inauguração de uma nova etapa, com a edição da Constituição norte-americana de 1787 e com a Revolução Francesa, de 1789, a Declaração Universal dos Direitos do Homem e do Cidadão, de 1791, que serviu de preâmbulo para a Constituição Francesa.

Aponta a dificuldade em separar os institutos de raízes francesas e americanas e vislumbra existir verdadeira parceria doutrinária, na medida em que "os Estados americanos, quando decidiram escrever suas constituições, estavam bastante influenciados, também, pela doutrina francesa que fomentava a Revolução, em especial por Montesquieu. Dessa forma, quando a França tomou as Cartas como modelo, estava fazendo uma retroalimentação ou reimportação" (TAVARES, 2021).

Não obstante os grandes avanços que o constitucionalismo representa como limitação a governos arbitrários, não se pode olvidar que o caminho trilhado representa um importante começo, que encontrará ainda em seu curso grandes desafios e oportunidades para aprimoramento, a ensejar a necessidade de repensar o Direito Constitucional a partir de novas premissas.

3.2 Neoconstitucionalismo

O neoconstitucionalismo, segundo Carbonell, é conceito relativamente recente no Estado constitucional contemporâneo, com forte repercussão na cultura jurídica italiana e espanhola e em diversos países da América Latina, porém pouco estudado. Salienta que não são raros os autores que questionam se há, de fato, algo novo no constitucionalismo ou se se trata apenas de uma etiqueta vazia, que se prestaria apenas a dar nova roupagem a antigas questões. Crê, no entanto, que o neoconstitucionalismo incorpora algo novo e que existam três níveis distintos de análise que devem ser considerados: textos constitucionais, práticas jurisprudenciais e evolução teórica (CARBONELL, 2007).

Sustenta o autor que o neoconstitucionalismo procura explicar um conjunto de textos constitucionais que surgem após a Segunda Guerra Mundial e que seu conteúdo não se limita a estabelecer competências ou a separação de poderes, mas que possui normas materiais ou substantivas que condicionam o agir estatal por meio da definição de fins e objetivos. Dentre os exemplos citados, encontra-se a Constituição Brasileira de 1988 (CARBONELL, 2007).

Em consequência, vislumbram-se relevantes mudanças também na prática jurisprudencial de muitos tribunais e cortes constitucionais, que passaram a realizar sua função com parâmetros interpretativos novos e técnicas próprias, como os princípios constitucionais, a ponderação, a proporcionalidade, a razoabilidade, a maximização dos efeitos normativos dos direitos fundamentais, entre outros (CARBONELL, 2007).

A evolução teórica exerce, para o autor, igualmente grande importância no conjunto de fenômenos que constituem o neoconstitucionalismo. Contribuições como as apontadas por Ronald Dworkin, Robert Alexy, Gustavo Zagrebelsky, Carlos Nino, Luis Prieto Sanchís e Luigi Ferrajoli auxiliam não apenas na compreensão das novas constituições e jurisprudência, mas exercem o papel de ajudar na sua criação. Por fim, registra que a novidade não reside em cada um desses elementos analisados de forma isolada, mas em sua combinação (CARBONELL, 2007).

Barroso reconhece como o marco histórico do chamado novo direito constitucional na Europa o constitucionalismo do pós-guerra na Alemanha e na Itália, com a Lei Fundamental de Bonn, de 1949, e a criação do Tribunal Constitucional Alemão, em 1951, bem como a Constituição da Itália de 1947 e a instalação da Corte Constitucional, em 1956. O movimento de redemocratização ocorrido na década de

1970 em Portugal (1976) e Espanha (1978) fortaleceu o debate. No Brasil, esse renascimento do Direito Constitucional ocorre com a Constituição de 1988 (2005).

Na filosofia, esse marco identifica-se com o pós-positivismo, consequência da superação histórica do jusnaturalismo desenvolvido a partir do século XVI, base filosófica propícia para as grandes revoluções liberais, e do positivismo jurídico do final do século XIX, cuja decadência foi associada ao fim dos regimes fascistas e nazistas (BARROSO, 2005).

O presente trabalho procurou, em oportunidade anterior, mais especialmente na parte I, discorrer sobre o debate clássico entre jusnaturalismo e positivismo e sua importância para a determinação do conceito de direito na modernidade, com especial enfoque na normatividade dos princípios e na definição de valores e regras.

O aporte antes realizado, a que se reporta para não cansar o leitor, é fundamental para a compreensão do paradigma em construção, que procura a reaproximação do direito com a filosofia para uma nova hermenêutica constitucional e o desenvolvimento de uma teoria dos direitos fundamentais, com fundamento na dignidade humana.

Barroso (2005) associa o neoconstitucionalismo a três marcos teóricos importantes: o reconhecimento de força normativa à Constituição, a expansão da jurisdição constitucional e o desenvolvimento de uma nova dogmática da interpretação constitucional.

A norma constitucional ganha *status* de norma jurídica, dotada de imperatividade. Ademais, a proteção dos direitos fundamentais de matriz constitucional passa a ser incumbência do Judiciário, a partir de um modelo de controle associado à criação de tribunais constitucionais que se irradia por toda a Europa. Finalmente, as especificidades das normas constitucionais conduzem à sistematização de princípios próprios de interpretação constitucional que se diferenciam do modelo tradicional, em que as normas são regras aplicáveis por subsunção para tornar o intérprete "co-participante do processo de criação do Direito, completando o trabalho do legislador, ao fazer valorações de sentido para as cláusulas abertas e ao realizar escolhas entre soluções possíveis" (BARROSO, 2005).

Streck esclarece que o termo neoconstitucionalismo incorpora autores e teorias que nem sempre comungam do mesmo sentido. Assim, para a ciência política norte-americana, identifica-se com o processo de redemocratização que ocorreu em países como Brasil e Argentina, países do Leste Europeu, África do Sul, entre outros. Por outro lado, na teoria do direito, autores espanhóis e italianos procuram identificar por neoconstitucionalismo a virada teórica ocorrida no pós-guerra por jusfilósofos, como, por exemplo, Ronald Dworkin e Robert Alexy (STRECK, 2017).

Nesse sentido, Streck entende que o termo neoconstitucionalismo, não obstante tenha sido causa de ambiguidades teóricas, exerceu importância "em direção a um constitucionalismo compromissório, de feições dirigentes, que possibilitou, em todos os níveis, a efetivação de um regime democrático no Brasil". No entanto, critica a forma como o neoconstitucionalismo vem sendo utilizado, na medida em que a um só tempo expressa um movimento para lidar com um direito novo, mas que pressupõe para sua realização o protagonismo judicial (STRECK, 2017).

O autor prossegue com a apresentação de críticas ao neoconstitucionalismo, que, ao fazer uso da ponderação, da recepção da jurisprudência dos valores e do entendimento equivocado sobre os princípios, alimenta a discricionariedade judicial, em prejuízo da "legalidade constitucional" (STRECK, 2017).

A seu turno, Sarmento vê com reservas as mudanças relacionadas ao novo paradigma designado como neoconstitucionalismo e suscita preocupação quanto aos riscos que uma judicialização excessiva pode ocasionar para a democracia. Ademais, alerta para os perigos de "uma jurisprudência calcada numa metodologia muito aberta", bem como sinaliza para os "problemas que podem advir de um possível excesso na constitucionalização do Direito para a autonomia pública do cidadão e para a autonomia privada do indivíduo" (SARMENTO, 2009).

Dentre os argumentos expostos, ressalta que, no neoconstitucionalismo, o princípio da separação de poderes cedeu espaço para visões que favoreçam o ativismo judicial. Assim, também, teorias de democracia substantivas são prestigiadas em detrimento de concepções majoritárias do princípio democrático a legitimar restrições ao poder do legislador. Ademais, a ênfase está na centralidade da Constituição, e não na lei formal, o que propicia o papel criativo da jurisprudência (SARMENTO, 2009).

O autor avança para uma análise mais específica em relação à recepção do neoconstitucionalismo no Brasil e lembra que a Constituição foi promulgada com um amplo elenco de direitos fundamentais com aplicabilidade imediata. O texto constitucional garantiu, outrossim, o monopólio da jurisdição pelo Judiciário, bem como remédios constitucionais que fortalecem a sua independência e democratização ao controle abstrato de constitucionalidade. Tudo, ao final, favoreceu o processo de judicialização da política (SARMENTO, 2009).

Nesse sentido, salienta que a crítica ao neoconstitucionalismo e ao poder conferido aos juízes de interpretar de forma valorativa o texto constitucional levou outras correntes de pensamento a rejeitarem a jurisdição constitucional. Ademais, os exageros do ativismo judicial tendem a idealizar o Judiciário e obscurecer o papel do Legislativo e do Executivo, a favorecer "um governo à moda platônica, de sábios de toga, que são convidados a assumir uma posição paternalista diante de uma sociedade infantilizada" (SARMENTO, 2009).

Ao final, recomenda uma postura de autocontenção judicial em prestígio às deliberações majoritárias próprias do espaço político, bem como o reconhecimento da falta de *expertise* do Judiciário para tomadas de decisão em áreas que extrapolam o direito, como economia, políticas públicas e regulação (SARMENTO, 2009).

Questão a merecer análise reside exatamente em analisar a delicada relação entre o neoconstitucionalismo e a democracia representativa. Não se duvida que a jurisdição constitucional e a defesa de direitos fundamentais foram importantes na contenção aos abusos e excessos do presidencialismo. Por outro lado, a autocontenção do Judiciário como medida que sinaliza para a necessidade de que sejam travados diálogos entre os órgãos estatais poderia estimular um efeito rebote, com excessivo fortalecimento do Poder Executivo e, em consequência, de governos autoritários, como o hiperpresidencialismo? Os argumentos expostos até o momento exigem, portanto, a precisão do conceito de hiperpresidencialismo.

3.3 Hiperpresidencialismo

A compreensão da teoria institucional não dispensa uma preocupação com a valorização demasiada que uma das funções estatais possa desempenhar na estrutura do poder em detrimento da outra. Nesse contexto, importante a contribuição de Carlos Santiago Nino com a análise do chamado hiperpresidencialismo, bem como o estudo de Roberto Gargarella sobre o constitucionalismo latino-americano.

Nino (2013) realiza uma caracterização e uma descrição da forma de governo adotada na prática constitucional argentina, que denomina de hiperpresidencialismo. O autor defende a tese de que o sistema de governo argentino se caracteriza por uma contínua formação de democracia pluralista que organiza de modo diverso as relações entre os órgãos Legislativo e Executivo. O sistema hiperpresidencialista encontra-se nos extremos.

O autor recorda que a democracia surge para limitar o poder dos governos hereditários a partir da criação de colegiados com representação de setores mais amplos da população, que foram assumindo, ao longo do tempo, a função de editar normas de caráter geral. Em alguns países, o Parlamento entrega o exercício de funções executivas a ministros, reservando o cargo representativo da nação a um monarca ou a um presidente. Em outros países, chefes de Estado e de governo estão unificados e apartados das funções legislativas, que estarão a cargo do Congresso (NINO, 2013).

Destaca o papel da oposição em uma democracia pluralista, na medida em que pode representar modelos de conflito e compromissório. O primeiro, mais frequente em sistemas bipartidários, atribui ao partido de oposição o papel de vigilância e de crítica ao governo, bem como figura como alternativa para o futuro. A seu turno, no modelo compromissório, a oposição participa do processo de formação das decisões governamentais a partir do consenso em certos denominadores comuns. Esse último mostra-se mais presente em sistemas multipartidários, que demandam, não raro, a formação de governos de coalizão, o que pressupõe concessões mútuas entre os diversos setores e menor espaço crítico (NINO, 2013).

Ao analisar o sistema presidencialista adotado em vários países, Nino destaca a realidade brasileira ao registrar as Constituições de 1891, 1934 e 1946, bem como ao sinalizar para a grave crise política ocorrida em 1961, ocasionada pelo fim da presidência de Kubitschek e pela renúncia do presidente eleito Jânio Quadros, que propiciou o início de um largo período de regime autoritário pelos militares até 1985, quando, então, se constituiu a Assembleia Constituinte. Destaca que o modelo brasileiro estabeleceu um presidencialismo atenuado, como também ocorre em outras constituições latino-americanas, em que os membros do gabinete presidencial podem ser censurados por uma maioria qualificada da Câmara dos Deputados (NINO, 2013).

Nino (2013) atribui ao modelo argentino uma experiência diferenciada, porque se situa em um extremo dos sistemas democráticos pluralistas, com um presidencialismo hipertrofiado. Procura justificar sua assertiva a partir de um dos pontos que considera o mais acentuado: a discricionariedade absoluta a cargo do presidente argentino para designar os membros de seu gabinete, bem como os demais integrantes do governo e da administração em geral. Nesse ponto, observa que a Constituição norte-americana exige o consenso e o consentimento do Senado para as designações para o governo e para a administração.

Outro ponto destacado pelo autor para a concentração de poder pelo presidente argentino são as faculdades a ele atribuídas em caso de estado de sítio, bem como em intervenção federal, que, embora extraordinárias, dizem respeito a funções que normalmente são atribuídas ao Legislativo. Por outro lado, a prática de indulto atribui ao presidente o exercício de funções judiciais. Por fim, ressalta que o presidente, na prática constitucional argentina, possui amplíssimas funções normativas, com a faculdade de editar decretos para executar as leis, bem como para situações de urgência em certas condições, nesse caso condicionadas à ratificação posterior do Congresso, ainda que de forma tácita (NINO, 2013).

A expansão da Administração Pública e do Estado em relação a outros centros de decisão, com forte expansão dos serviços públicos, seja através de agências ou de entes descentralizados, também é um ponto alto do hiperpresidencialismo. Há, também, uma hipertrofia das Forças Armadas, que dependem diretamente do presidente, que pode nomear, promover, utilizar fundos, controlar setores de inteligência e exercer a coação em caso de conflito com outros poderes. Por fim, assinala o controle do Banco Central e de outras entidades bancárias e financeiras, permitindo importante ingerência do presidente em diversos aspectos do processo econômico (NINO, 2013).

Gargarella (2013) sustenta que as reformas constitucionais ocorridas na América Latina se, por um lado, tendem a manter ou fortalecer os poderes presidenciais, por outro incluem uma robusta lista de direitos sociais, políticos e culturais. Sua proposta é analisar uma característica peculiar ao neoconstitucionalismo que vem a ser a dificuldade em introduzir as reformas na "sala de máquinas" da Constituição.

O autor destaca três principais concepções sobre constitucionalismo na América Latina após a independência: uma primeira posição conservadora, que procura organizar todo o sistema constitucional em torno de uma concepção particular do bem – em geral, uma determinada religião –, porém assume uma postura elitista e restritiva em relação à vontade majoritária; a segunda identifica-se com o ideal republicano e com o ideal de autogoverno, a prestigiar a autonomia individual, considerado o bem-estar geral; finalmente, uma terceira acepção de caráter liberal, fundada na ideia de eleições livres individuais e com o propósito de limitar o majoritarismo político (GARGARELLA, 2017).

Este revela-se como uma postura republicana crítica ao conservadorismo, que recusa o elitismo político e se apoia na autoridade das maiorias populares. Manifesta-se preferencialmente por uma separação de poderes estrita, afastando interferências na legislatura. Outra característica da acepção republicana é o populismo moral (GARGARELLA, 2017).

O modelo conservador, pautado na promessa de estabilidade e nos ideais da "cruz e espada",[327] é a visão do constitucionalismo que melhor se adaptou na América Latina, porque, a um tempo, acreditava que as novas sociedades deveriam se organizar em torno de um projeto moral; por outro lado, existia a convicção da necessidade de uma ordem, a exemplo das "Constituições do Chile de 1823 e 1833, as da Colômbia de 1843 e 1886; a do Equador de 1869; a do México de 1843; ou a de Huancayo, Peru, de 1839". Esse modelo pauta-se no elitismo político, traduzido no centralismo e no presidencialismo forte, concepções que se opõem aos ideais liberais de federalismo e de sistema de freios e contrapesos (GARGARELLA, 2017).

Questão importante, que afeta o conservadorismo, está no perfeccionismo moral, que se sustenta em verdades, não raro associadas à religião católica, sobre o que considera uma "boa vida", e na premissa de que a maioria dos cidadãos tem dificuldade de adequação a essa pauta (GARGARELLA, 2017).

A seu turno, o modelo liberal caracteriza-se pelo comprometimento com o equilíbrio de poder e com a neutralidade moral, bem como com a proteção da autonomia individual. Nesse sentido, a Constituição deve afastar os abusos políticos e assegurar direitos individuais. Nas palavras de Gargarella (2017): "Para os liberais, o Estado deveria abdicar de suas pretensões perfeccionistas e reguladoras para permitir, no entanto, que a organização da sociedade surgisse, espontaneamente, a partir dos acordos e contratos livremente firmados, entre si, por seus integrantes", de forma a evitar o duplo risco da tirania e da anarquia.

O sistema de freios e contrapesos é uma manifestação do compromisso liberal com a liberdade individual. Assim, também o são a proibição de delegação de poderes, a descentralização do poder e a limitação dos poderes normativos do presidente (GARGARELLA, 2017).

---

[327] Gargarella remete à contribuição do argentino Félix Farias. Nesse sentido: "O modelo constitucional conservador ficou simbolizado como o da 'cruz e espada', o da religião e da ordem. Como declarou o publicista argentino Félix Farias: 'A ordem à sombra e ao amparo da Cruz, é todo o meu programa político'" (GARGARELLA, 2017).

Gargarella (2017) observa que, na América Latina, predominou, a partir do século XIX até a atualidade, uma fusão dos modelos liberal e conservador, que podem ser considerados bem-sucedidos se avaliados em função de sua estabilidade e ao possibilitar o enraizamento de novas instituições. Apresenta as seguintes características: tolerância de cultos, sistema de freios e contrapesos desequilibrado em favor do presidente, organização centro-federal e resistência a fortes compromissos sociais e políticos.

Destaca o autor o novo constitucionalismo social que ocorreu na região no início do século XX, com maior ênfase após a crise dos anos 1930, a exemplo da Constituição do México, em 1917, e da do Brasil, em 1937, entre outras, em que restaram consagrados os direitos do trabalhador, a Previdência Social, bem como compromissos estatais com a moradia, saúde, educação, direitos das crianças e dos idosos. Observa que a Constituição Mexicana de 1917 representou pioneira abertura para a questão social, ainda que marcada pelo hiperpresidencialismo regional (GARGARELLA, 2017).

A experiência brasileira é considerada de fundamental importância na visão de Gargarella na medida em que apostou em um Estado regulamentador e industrialista, antiesquerdista e nacionalista. A Constituição de 1934 destaca-se pela sua natureza fortemente corporativa e social. Ademais, mantém o caráter federalista, representativo, republicano e presidencialista da Constituição anterior, porém com fortalecimento para os poderes da União e para o Executivo, atuação do Senado como órgão colaborador da Câmara dos Deputados, criação da Justiça Eleitoral, organização de formas de representação corporativas e expansão significativa de direitos. Salienta, porém, que a Constituição de 1934 não durou mais do que três anos, tendo sido extinta pelo próprio governo Vargas que a promulgou, sob a justificativa de que o texto não foi capaz de fazer frente à crise mundial. Em resposta, a Constituição de 1937 apresenta perfil autoritário, com fortalecimento dos poderes conferidos ao presidente e previsão da pena de morte e da censura (GARGARELLA, 2017).

A Constituição Argentina de 1949 apresenta igualmente uma visão centrada no poder do Executivo unipessoal, com centralização geográfica de poder, verticalismo político, nacionalismo e apelo às massas. O avanço das ditaduras e de governos autoritários exerceu enorme influência no constitucionalismo da América Latina na década de 1970, a exemplo das experiências chilena, com Augusto Pinochet, argentina, com Perón, e brasileira, com o governo militar (GARGARELLA, 2017).

A Constituição Brasileira de 1988, não obstante tenha corrigido muitos dos excessos do modelo anterior e realizado profundas mudanças no campo dos direitos fundamentais, manteve o presidencialismo forte, legado do regime autoritário. Nesse sentido, Gargarella aponta para o cenário de duplo processo de fortalecimento do presidencialismo e dos direitos como determinante para a instabilidade política na região (GARGARELLA, 2017).

O autor aponta para a necessidade de não se descuidar da chamada "sala de máquinas" da Constituição, que vem a ser o capítulo destinado à organização de poder que, ao final, definirá o processo de tomada de decisão democrática. A resistência à mudança social e o risco de um colapso são consequências da omissão em relação a esse mister, eis que os novos direitos elencados no texto constitucional permanecem sob uma forma de direção elitista (GARGARELLA, 2013).

Com efeito, as reformas constitucionais tendem a manter as portas da "sala de máquinas" da Constituição fechadas. Nesse sentido, são importantes reformas "cruzadas", que introduzem mudanças na organização de poder para que possam alcançar resultados substanciais em direitos fundamentais (GARGARELLA, 2013).

Interessa ao autor o estudo sobre o impacto de certas reformas procedimentais referentes ao acesso à justiça ocorridas no final do século XX na Costa Rica e na Colômbia e, de forma mais modesta, também na Argentina e no Brasil, em especial aquelas destinadas a ampliar a legitimidade para acesso à corte, com ruptura do estrito formalismo processual. Tais reformas tendem a apresentar limitações se a estrutura básica do poder político se mantém intacta e a organização e composição do Judiciário conservam seu perfil elitista (GARGARELLA, 2013).

Ortiz (2018) salienta que hiperpresidencialismo, em verdade, é um regime de governo que tem em comum com o presidencialismo americano apenas o nome, pois configura um regime não democrático, em que o poder é exercido de forma arbitrária a partir de uma Constituição que tem um sistema presidencial com uma posição proeminente do Poder Executivo.

Salienta que, na experiência equatoriana, o texto constitucional foi interpretado de forma a assegurar um presidencialismo reforçado, com papel limitado para o Poder Legislativo e para a participação do cidadão. As críticas concentram-se no sistema presidencial e no desequilíbrio de poderes, na medida em que todos os órgãos principais de funções estatais foram postos em dúvida em relação a aspectos institucionais (ORTIZ, 2018).

O autor aponta como sinais claros da posição forte do chefe de Estado: acentuado poder de veto, permitindo influência decisiva no procedimento legislativo; atribuição de dissolver a Assembleia Nacional e editar decretos de urgência; e reeleição indefinida. Em consequência, há um esvaziamento do conteúdo democrático do sistema político (ORTIZ, 2018).

As características mencionadas são importantes para que se possa ponderar se o hiperpresidencialismo seria de fato aplicável à realidade brasileira. Com efeito, ainda que seja possível suscitar dúvidas quanto ao adequado equilíbrio entre os poderes existente hoje no Brasil, não se vislumbra a presença na realidade brasileira das peculiaridades mencionadas na experiência equatoriana.

Bolonha, Rangel e Corrêa (2015) defendem a hipótese de que o fortalecimento do Poder Executivo na América Latina está associado às mudanças constitucionais ocorridas na região. Sua análise parte de uma perspectiva crítica ao princípio da separação de poderes. Os autores destacam que o século XX foi impactado pela crise política dos anos de 1970 e por graves violações aos direitos humanos, bem como pelas crises econômica e social decorrentes de programas de ajuste nos anos de 1990.

Os autores mencionados comungam do pensamento de Gargarella de que, embora tenha se observado um movimento, a partir da década de 1980, de conferir *status* constitucional a direitos humanos antes objetos de tratados internacionais, não houve alteração na matriz de concentração da autoridade, com transferência de poderes legislativos ao Executivo e concessão de competências emergenciais ao presidente da República (BOLONHA; RANGEL; CORRÊA, 2015).

Nessa perspectiva, consideram possível o aparecimento de "focos de tensão no desenho institucional" em um cenário onde, a um só tempo, há concentração de poderes na figura do presidente da República e o compromisso com a proteção de direitos fundamentais na Constituição, quando, em verdade, a garantia a direitos deveria implicar em limitação do poder estatal (BOLONHA; RANGEL; CORRÊA, 2015).

Sustentam, ainda, que o Brasil, assim como Peru e Equador, concentra fortes poderes no presidente. Observam que a Constituição do Peru, de 1993, aprovada em regime autoritário de Alberto Fujimori, atribuiu ao presidente fortes poderes regulamentares e de veto, além de prerrogativas de encaminhar mensagens ao Congresso sobre as reformas necessárias e de iniciativa legislativa, bem como de expedir decretos de urgência com força de lei (BOLONHA; RANGEL; CORRÊA, 2015).

No Brasil, a Constituição de 1988, promulgada em um momento de redemocratização do país, também teria conferido poderes ao presidente da República semelhantes aos destacados para a realidade peruana, o que aproxima o país do perfil hiperpresidencialista (BOLONHA; RANGEL; CORRÊA, 2015).

A experiência equatoriana, a seu turno, teria sido a que mais concentrou poderes em torno do Executivo. Os autores citados concluem, então, que o grau de fortalecimento do Poder Executivo tende a ser maior à medida que haja maiores mudanças constitucionais no país (BOLONHA; RANGEL; CORRÊA, 2015).

3.4 Constituição de 1988 e estabilidade institucional

Convém notar, porém, que a posição de destaque ao Executivo não deve levar necessariamente ao hiperpresidencialismo. Como anteriormente descrito, é possível identificar sinais de uma posição de maior concentração de poderes em torno do chefe de Estado quando há acentuado poder de veto que exerça influência decisiva no procedimento legislativo.

Outro ponto a merecer atenção está na atribuição conferida ao chefe do Executivo de dissolver a Assembleia Nacional. Ademais, o poder de editar decretos de urgência pode gerar preocupação. Finalmente, destaca-se nessa avaliação a possibilidade de reeleição indefinida.

Parece razoável que a presença de tais características deva ser avaliada em conjunto com outros fatores que permitam aferir os poderes também conferidos às minorias políticas. Revela especial interesse o controle de constitucionalidade das leis e dos decretos editados pelo presidente da República pelo Supremo Tribunal Federal.

Com efeito, o artigo 103 da Constituição de 1988 admite, entre os legitimados para a propositura de ação direta de inconstitucionalidade, o Conselho Federal da Ordem dos Advogados do Brasil, qualquer partido político com representação no Congresso Nacional e confederação sindical ou entidade de classe de âmbito nacional.

Acresça-se que qualquer cidadão é legitimado para a propositura de ação popular que vise anular ato lesivo ao patrimônio público ou de entidade de que o Estado participe, à moralidade administrativa, ao meio ambiente e ao patrimônio histórico e cultural (artigo 5º, LXXIII, da Constituição da República).

Outro indicador importante direciona-se para o exercício do controle político a cargo do Congresso Nacional, do Senado Federal e de suas comissões, como as previsões insertas nos artigos 49, 52 e 58 da Constituição de 1988. Ademais, os poderes constitucionais do presidente da República de indicar importantes agentes de Estado, como os cargos de ministros das mais altas cortes do país e os de dirigentes das agências reguladoras, são exercidos em conjunto com o Senado Federal, que deve aprovar previamente a escolha.

Ainda em relação aos decretos de necessidade e urgência, que, no contexto brasileiro, seriam equivalentes às medidas provisórias que podem ser adotadas pelo presidente da República, com força de lei, previstas no artigo 62 do texto constitucional, devem ser submetidos ao Congresso Nacional para que permaneçam eficazes e contem com restrições em relação ao seu conteúdo.

As características mencionadas são importantes para que se possa ponderar se o hiperpresidencialismo seria de fato aplicável à realidade brasileira. Com efeito, ainda que seja possível suscitar dúvidas quanto ao adequado equilíbrio entre os poderes existentes hoje no Brasil, não se vislumbra a presença na realidade brasileira das peculiaridades mencionadas na experiência de outros países.

O cenário atual aproxima-se de um modelo de predominância presidencial, porém não se pode descuidar de que a Constituição de 1988 demonstrou ser longeva e capaz de garantir um longo período de estabilidade institucional para o país, apesar dos não raros desafios que precisou enfrentar, como o período de hiperinflação, sucessivos planos econômicos, escândalos e dois *impeachments* de presidentes da República eleitos pelo voto popular.

Conhecer a história auxilia na compreensão das estruturas de poder, em especial, a enxergar com mais clareza a posição ocupada pelo Poder Executivo no enfrentamento de forças que procuram realizar reformas e no diálogo sempre necessário entre as funções estatais. A dificuldade em promover mudanças cruciais no arcabouço do poder político restringe de forma efetiva os direitos fundamentais e a possibilidade de concretizar mudanças estruturais, em especial quando o Poder Judiciário tende a prestigiar o interesse de certos grupos em detrimento de outros.

Diante do cenário exposto, é possível concluir pela possibilidade de defesa de um modelo de deferência às escolhas administrativas pelo Poder Judiciário no Brasil, a partir do referencial teórico institucionalista, sem que isso induza necessariamente a um fortalecimento excessivo do Poder Executivo.

4 Emergência e Estado administrativo

O século XXI desponta em verdadeiro cenário de crise, pois tem seu nascimento marcado pelo atentado de 11 de setembro de 2001,[328] caminha e tropeça pela crise econômica de 2008,[329] considerada como a pior desde a Grande Depressão, e alcança o início da sua fase adulta com a pandemia de COVID-19,[330] no final de 2019.

As duas últimas décadas desafiam novos debates sobre o constitucionalismo democrático e sua capacidade de enfrentamento de situações excepcionais. O direito administrativo tradicionalmente procura oferecer respostas para momentos de crise, como as medidas decorrentes do exercício do poder de polícia, que reconhece prerrogativas em favor da Administração Pública e impõe sujeições ao particular, a condicionar o exercício de liberdades individuais em favor do bem-estar coletivo.

O texto constitucional reconhece medidas excepcionais, como o estado de defesa,[331] o estado de sítio[332] e a intervenção federal,[333]

---

[328] Os ataques ou atentados terroristas de 11 de setembro de 2001, ou apenas 11 de setembro, foram uma série de ataques suicidas contra os Estados Unidos coordenados pela organização fundamentalista islâmica al-Qaeda em 11 de setembro de 2001. Na manhã daquele dia, dezenove terroristas sequestraram quatro aviões comerciais de passageiros. Os sequestradores colidiram intencionalmente dois dos aviões contra as Torres Gêmeas do complexo empresarial do World Trade Center, na cidade de Nova Iorque, matando todos a bordo e muitas das pessoas que trabalhavam nos edifícios. Ambos os prédios desmoronaram duas horas após os impactos, destruindo edifícios vizinhos e causando vários outros danos. O terceiro avião de passageiros colidiu contra o Pentágono, a sede do Departamento de Defesa dos Estados Unidos, no Condado de Arlington, Virgínia, nos arredores de Washington, D.C. O quarto avião caiu em um campo aberto próximo de Shanksville, na Pensilvânia, depois de alguns de seus passageiros e tripulantes terem tentado retomar o controle da aeronave dos sequestradores, que a tinham reencaminhado na direção da capital norte-americana. Não houve sobreviventes em qualquer um dos voos. Quase três mil pessoas morreram durante os ataques, incluindo os 227 civis e os 19 sequestradores a bordo dos aviões. Disponível em: https://pt.wikipedia.org/wiki/Ataques_de_11_de_setembro_de_2001. Acesso em: 09 ago. 2020.

[329] A crise financeira de 2008 ocorreu devido a uma bolha imobiliária nos Estados Unidos causada pelo aumento nos valores imobiliários, que não foi acompanhado por um aumento de renda da população. Disponível em: https://pt.wikipedia.org/wiki/Crise_financeira_de_2007%E2%80%932008. Acesso em: 02 jul. 2022.

[330] *WHO Director-General's opening remarks at the media briefing on COVID-19 - 11 March 2020.* Disponível em: https://www.who.int/dg/speeches/detail/who-director-general-s-opening-remarks-at-the-media-briefingon-covid-19---11-march-2020. Acesso em: 02 jul. 2022.

[331] Constituição Federal, art. 136. "O Presidente da República pode, ouvidos o Conselho da República e o Conselho de Defesa Nacional, decretar estado de defesa para preservar ou prontamente restabelecer, em locais restritos e determinados, a ordem pública ou a paz social ameaçadas por grave e iminente instabilidade institucional ou atingidas por calamidades de grandes proporções na natureza."

[332] Constituição Federal, art. 137. "O Presidente da República pode, ouvidos o Conselho da República e o Conselho de Defesa Nacional, solicitar ao Congresso Nacional autorização para decretar o estado de sítio nos casos de: I - comoção grave de repercussão nacional ou

como necessárias para o restabelecimento da normalidade que restou ameaçada. [333] No entanto, o aparato normativo existente mostra-se não raro insuficiente para oferecer respostas para emergências que desafiam o Estado de Direito.

Adrian Vermeule lança novas luzes sobre tão interessante debate, que tem como pano de fundo a discricionariedade e a nem sempre harmoniosa relação entre as funções estatais. Resgata o pensamento de Carl Schmitt para procurar compreender a relação entre legalidade e emergências a partir dos buracos negros e cinzentos, domínios nos quais estatutos, decisões judiciais e práticas institucionais, explícita ou implicitamente, excepcionam os constrangimentos legais do Executivo (VERMEULE, 2009).

O presente capítulo divide-se em três partes: a primeira é dedicada a contextualizar a contribuição de Adrian Vermeule, a partir do estudo do Direito Administrativo emergencial, sob a rubrica do estado de necessidade administrativo; reserva-se a parte seguinte para uma exposição descritiva da tese defendida pelo autor no texto *Our schmittian administrative law*, que servirá de base para o debate; na sequência, ocupa-se de uma reflexão teórica e crítica sobre as categorias que Vermeule utiliza.

4.1 Direito Administrativo emergencial

Agamben (2004) observa que a criação voluntária de um estado de emergência permanente tornou-se uma das práticas essenciais do Estado contemporâneo, inclusive dos chamados democráticos.

---

ocorrência de fatos que comprovem a ineficácia de medida tomada durante o estado de defesa; II - declaração de estado de guerra ou resposta a agressão armada estrangeira."

[333] Constituição Federal, art. 34. "A União não intervirá nos Estados nem no Distrito Federal, exceto para:
I - manter a integridade nacional; II - repelir invasão estrangeira ou de uma unidade da Federação em outra; III - pôr termo a grave comprometimento da ordem pública; IV - garantir o livre exercício de qualquer dos Poderes nas unidades da Federação; V - reorganizar as finanças da unidade da Federação que: a) suspender o pagamento da dívida fundada por mais de dois anos consecutivos, salvo motivo de força maior; b) deixar de entregar aos Municípios receitas tributárias fixadas nesta Constituição, dentro dos prazos estabelecidos em lei; VI - prover a execução de lei federal, ordem ou decisão judicial; VII - assegurar a observância dos seguintes princípios constitucionais: a) forma republicana, sistema representativo e regime democrático; b) direitos da pessoa humana; c) autonomia municipal; d) prestação de contas da administração pública, direta e indireta; e) aplicação do mínimo exigido da receita resultante de impostos estaduais, compreendida a proveniente de transferências, na manutenção e desenvolvimento do ensino e nas ações e serviços públicos de saúde."

Denomina de estado de exceção ou estado de necessidade o conjunto de fenômenos jurídicos que não coincide com um direito especial, como o direito de guerra, mas enquanto suspensão da própria ordem jurídica.

O autor registra que os regimes democráticos sofreram uma transformação decorrente da progressiva expansão dos poderes do Executivo durante as duas guerras mundiais, ocasiões em que o estado de exceção se apresentava mais como técnica de governo do que como uma medida excepcional (AGAMBEN, 2004).

Ressalta, ainda, que a Primeira Guerra Mundial foi o laboratório de experimentação e aperfeiçoamento de mecanismos do estado de exceção como paradigma de governo e que uma de suas características essenciais é a abolição provisória da distinção entre Poder Legislativo, Executivo e Judiciário. Salienta que a ampliação dos poderes do Executivo na esfera do Legislativo permaneceu após o fim da guerra (AGAMBEN, 2004).

Agamben destaca que o fundamento do estado de exceção está na necessidade, que age no sentido de tornar lícito o ilícito, a justificar uma transgressão em um caso específico. Essa a ideia que aparece no Direito Canônico, por meio do texto do *Decretum* Graciano.[334] No entanto, posteriormente o estado de necessidade passou a ser incluído na ordem jurídica (AGAMBEN, 2004).

O autor prossegue no sentido de que o estado de exceção não procura responder a uma lacuna normativa, mas a uma lacuna fictícia, já que o espaço vago não é interno à lei, mas inerente à realidade. Nesse sentido, no estado de exceção a aplicação da norma é suspensa, mas a lei permanece em vigor. Destaca a contribuição de Carl Schmitt,[335] que propõe a distinção entre duas espécies de ditadura: a comissária, que visa defender ou restaurar a constituição vigente; e a soberana, como figura de exceção. Ambas têm referência a um contexto jurídico (AGAMBEN, 2004).

---

[334] O Decreto de Graciano (em latim, *Decretum Gratiani* ou *Concordia discordantium canonum*) é uma obra de Direito Canônico que compila a totalidade das normas canônicas existentes desde os séculos anteriores, muitas delas contraditórias entre si. Seu autor foi o monge e jurista Graciano, que o redigiu entre 1140 e 1142. Constitui a primeira parte de uma série de seis obras jurídicas canônicas conhecidas como *Corpus Juris Canonici*. Conforme ROESLER, Claudia Rosane. A Estabilização do Direito Canônico e o Decreto de Graciano. *Revista Seqüência*, n. 49, p. 9-32, 2004. Disponível em: https://pt.wikipedia.org/wiki/Decreto_de_Graciano. Acesso em: 03 jul. 2022.

[335] Obra publicada em 1920, titulada *Ditadura*, conforme: *Dictatorship*: From the Beginning of the Modern Concept of Sovereignty to the Proletarian Class-Struggle. Duncker & Humblot: Berlin, 7th edition 2006.

A seu turno, Werner Kägi distingue o direito de emergência infraconstitucional do extraconstitucional. O primeiro corresponde ao conjunto de instituições que, em situações de urgência, a exemplo de emergência, de crise ou de guerra, permitiriam um apartamento temporal da Constituição. Assinala que, em muitos casos, as medidas fundamentadas no direito de emergência excederam os limites previstos na Constituição. Observa que o desmonte do estado de exceção, com o retorno da legalidade, não se dá com a celeridade necessária e que as medidas provisórias adquirem progressivamente um caráter cada vez mais permanente (KÄGI, 2005).

O autor destaca que essas tendências restam ainda mais acentuadas no direito de emergência extraconstitucional, que se coloca ao lado ou acima da Constituição, decorrente, em grande medida, de um retorno ao pensamento manifestamente político (KÄGI, 2005).

Kägi (2005) denuncia que, através de instituições do direito de emergência e sua aplicação excessiva, a força normativa e superior da Constituição tem sido fortemente limitada e debilitada. Vislumbra, outrossim, que os estados de emergência estão mais acentuados em tempos recentes, com maior tendência a invocar razões de estado e de urgência apenas parcialmente fundamentados em necessidades objetivas.

O autor distingue a doutrina alemã da doutrina anglo-americano-francesa. A primeira fundamenta juridicamente o direito de emergência com preceitos superiores, não escritos, resultantes da essência da Constituição, A seu turno, as doutrinas norte-americana, inglesa e francesa caracterizam-no como doutrina política, e não jurídica, e dizem que o império do direito reina também em épocas de crise. Nesse sentido, todo apartamento da Constituição implica em uma violação ao texto constitucional (KÄGI, 2005).

Sustenta que o direito de emergência, tanto na prática como na teoria, manifesta um retrocesso normativo e um desmonte da Constituição, que se caracteriza pelo voluntarismo e pela tendência de total politização. Por meio do estado de exceção, o poder estatal, premido pelos imperativos de uma ação expedita, concentra-se na função executiva. Os atos fundamentados em leis são substituídos pelos atos de governo e, com maior evidência, se eximem cada vez mais do controle judicial (KÄGI, 2005).

Vermeule procura demonstrar que, depois do 11 de setembro, os tribunais aplicaram conceitos abertos do Direito Administrativo, como discricionariedade e razoabilidade, de forma deferente, criando buracos cinzentos nos quais a revisão judicial da ação das agências[336] é mais aparente que real.

A atualidade do tema justifica realizar uma aproximação entre os autores e suas teorias para procurar compreender a complexa articulação entre os três poderes. Por essa razão, o presente trabalho pretende compreender o fenômeno da discricionariedade e identificar os buracos negros e cinzentos analisados por Vermeule para, ao relacionar com a teoria dworkiana, possibilitar uma breve apreciação crítica da doutrina exposta.

Dentro desse contexto, prestigiando o relevante papel da hermenêutica jurídica como reveladora do sentido da norma contida nos textos, insta perquirir o alcance da contribuição de Adrian Vermeule e sua perspectiva crítica do modelo norte-americano de deferência judicial, cujo conteúdo será explorado no item a seguir.

4.2 Direito Administrativo schmittiano

Ganham relevo na tese desenvolvida por Adrian Vermeule o Direito Administrativo federal do governo dos Estados Unidos e as implicações emergenciais de segurança nacional no pós-11 de setembro.

Vermeule sustenta que o Direito Administrativo americano contém uma série de buracos negros e cinzentos, em que o Executivo não se constrange à lei. Para melhor compreensão do tema, vale-se do pensamento de Carl Schmitt, particularmente em função da relação entre legalidade e emergências. Adverte que pretender ampliar a legalidade para eliminar esses buracos negros e cinzentos é impraticável e, em consequência, qualquer aspiração em abolir os elementos schmitianos do Direito Administrativo é utópica.[337]

---

[336] SEC. 2. As used in this Act— (a) AGENCY.—"Agency" means each authority (whether or not within or subject to review by another agency) or the Government of the United States other than Congress, the courts, or the governments of the possessions, Territories, or the District of Columbia. Nothing in this Act shall be construed to repeal delegations of authority as provided by law. Except as to the requirements of section 3, there shall be excluded from the operation of this Act (1) agencies composed of representatives of the parties or of representatives of organizations of the parties to the disputes determined by them, (2) courts martial and military commissions, (3) military or naval authority exercised in the field in time of war or in occupied territory, or (4) functions which by law expire on the termination of present hostilities, within any fixed period thereafter, or before July 1, 1947, and the functions conferred by the following statutes: Selective Training and Service Act of 1940; Contract Settlement Act of 1944; Surplus Property Act of 1944. Disponível em: https://www.justice.gov/sites/default/files/jmd/legacy/2014/05/01/act-pl79-404.pdf. Acesso em: 09 ago. 2020.

[337] VERMEULE, Adrian. Our Schmittian Administrative Law, ob. cit., p. 1.098.

A questão central que o autor procura enfrentar será como o Direito Administrativo responde a situações de emergências. Vermeule observa que o Direito Administrativo emergencial é schmittiano, na medida em que conta com buracos, negros e cinzentos, que explicitamente isentam o Executivo das exigências da lei ou implicitamente excluem da revisão judicial a ação executiva.

Para fundamentar seu entendimento, o autor apresenta de forma breve o pensamento de Carl Schmitt sobre emergências. Observa que Schmitt, jurista de Weimar, foi um crítico dos compromissos constitucionais e legais das democracias liberais, cuja parte mais importante do seu trabalho concentrou-se entre 1918 e 1933. Durante o período de Weimar, muito embora tenha sido um aliado das forças conservadoras de oposição ao nazismo, Schmitt juntou-se a eles quando chegaram ao poder em 1936, ocasião em foi acusado de oportunista. Os escritos de Schmitt, citados no texto de Vermeule e por ele analisados, entretanto, são anteriores à sua conversão ao nazismo[338][339] (VERMEULE, 2009).

A contribuição mais importante da teoria schmittiana foi sua afirmação de que as emergências trazem um problema insuperável para as aspirações da democracia liberal em governar sobre a norma legal, porque, por sua natureza, não podem ser antecipadas, e a lei não será capaz de disciplinar quando a legalidade poderá ser suspensa. Quando muito, o legalismo liberal poderá especificar quem terá o poder para determinar as hipóteses de emergência, mas não os procedimentos ou as condições substanciais em que os poderes emergenciais serão acionados para todas as futuras contingências.

Schmitt observa que o verdadeiro soberano é o que tem a competência de declarar as emergências que terão o condão de excepcionar a regra de direito. Sustenta, ainda, que emergências são de difícil ou até impossível definição prévia e, por essa razão, devem ser administradas por *"ex post" standards*[340] (POSNER; VERMEULE, 2007).

---

[338] VERMEULE, Adrian. *Our Schmittian Administrative Law*, ob. cit., p. 1.098.
[339] Sobre os escritos de Schmitt, citados no texto de Vermeule e por ele analisados, ver: SCHMITT, Carl. *Verfassungslehre* (1928), traduzido por Jeffrey Seitzer; SCHMITT, Carl. *Constitutional theory* (Jeffrey Seitzer ed. & trans., 2008) (1928), bem como SCHMITT, Carl. *The crisis of parliamentary democracy* (Ellen Kennedy trans., MIT Press 1985) (2. ed. 1934). E ainda: SCHMITT, Carl. *Political theology*: four chapters on the concept of sovereignty 5 (George Schwab trans., MIT Press 1985) (1922).
[340] POSNER, Eric A.; VERMEULE, Adrian. *Terror in balance*: security, liberty, and the courts. New York: Oxford University Press, 2007. p. 38.

Suas ideias foram alvo de importantes críticas após o 11 de setembro por duas linhas teóricas: as que enaltecem o primado da legalidade, ainda que para a elaboração de políticas emergenciais pelo Executivo, bem como por aquelas que defendem a sujeição de ações emergenciais ao Direito Administrativo comum, e não como uma esfera separada, governada, em grande parte, por regras e práticas militares (VERMEULE, 2009).

Vermeule distingue duas versões do Estado de Direito: uma, mais frágil, a *"Rule by Law"*, identificada com a conformidade com a lei, independentemente do seu conteúdo; e outra, mais forte, a *"Rule of Law"*, a requerer a aderência a um amplo conjunto de princípios e de normas procedimentais e substanciais associadas à legalidade liberal. Nesse contexto, a *"Rule by Law"* acaba por permitir que legisladores criem os buracos negros na lei ou mesmo zonas cinzentas, com aparência de legalidade (VERMEULE, 2009).

A expressão buraco negro foi originalmente cunhada para descrever Guantánamo Bay por um juiz inglês que enxergou a existência dessa abertura na lei como monstruosa falha tanto da legalidade quanto da justiça.

A seu turno, Vermeule argumenta que buracos negros e cinzentos são inevitáveis para o Direito Administrativo e que não há nenhum sentido em condená-los. Sustenta que tudo é postergado para o julgamento de atores e circunstâncias futuros e que, no cerne do Direito Administrativo, existem zonas livres e parâmetros abertos. Os denominados buracos cinzentos surgem quando a intensidade da revisão realizada sob tais parâmetros se torna suficientemente baixa (VERMEULE, 2009).

Os chamados buracos cinzentos são mais sutis, porque, ainda que admitam certo constrangimento legal sobre a ação executiva, são não substanciais e apresentam apenas uma fachada ou viés de legalidade (VERMEULE, 2009).

O Direito Administrativo é construído em torno de uma série de conceitos abertos, por exemplo, o que deve ser compreendido como "arbitrário" ou "irrazoável", ou se dada evidência é "substancial" ou não, bem como se um estatuto é ou não "claro". As cortes fazem ajustes na definição desses conceitos durante emergências para aumentar a deferência para as agências administrativas.

Os chamados buracos cinzentos provocam mais questionamentos do que os buracos negros, porque os últimos pressupõem explicitamente a ausência de norma legal, enquanto os primeiros apresentam uma aparência de legalidade. Fato é que tais fendas ou aberturas são inevitáveis no Direito Administrativo. Logo, condenar sua existência seria improdutivo.

Vermeule procura demonstrar que, depois dos atentados terroristas de 11 de setembro de 2001, as cortes aplicaram conceitos do Direito Administrativo, mais especialmente do *Administrative Procedure Act* (APA), tais como arbitrariedade, razoabilidade, entre outros, de forma deferente, originando os chamados buracos cinzentos, nos quais a revisão judicial da ação das agências é mais aparente que real (VERMEULE, 2009).

Nessa perspectiva, nas hipóteses em que a lei cria parâmetros, há maior deferência judicial ao Executivo quando a ação administrativa se direciona para matérias sensíveis de segurança nacional e relações internacionais ou quando surgem emergências. O critério no sentido da teoria legal seria, então, um buraco cinzento em potencial, mais bem compreendido como um conceito ajustável, em que a intensidade da revisão pode ser dosada para mais ou para menos, a tornar-se uma sombra ou uma fachada de controle. Nesses casos, a revisão judicial seria apenas uma ficção legal (VERMEULE, 2009).

Algumas situações relacionadas a guerras ou emergências são excluídas do âmbito de incidência do *Administrative Procedure Act* (APA). A existência de uma exceção prevista no APA é um passo necessário e importante para a criação de um buraco negro.

Assim, o APA considera como agência toda autoridade do governo dos Estados Unidos, ressalvadas aquelas que integram uma detalhada lista de seis exceções específicas. Assim, os que não foram expressamente excluídos estão sujeitos à Lei de Processo Administrativo. As exceções legais são direcionadas para os órgãos executivos relacionados à segurança nacional. Muitas exclusões são explícitas, porém outras decorrem da grande variedade de órgãos governamentais e das circunstâncias extremamente heterogêneas em que operam.

A Suprema Corte definiu que o presidente não é considerado uma agência. Tal conclusão não decorre diretamente da definição do APA. Consequentemente, as relevantes ações presidenciais não estão sujeitas à revisão judicial. Assim, também, várias espécies de tribunais militares podem não ser consideradas como agências. A Lei de Processo Administrativo expressamente exclui da sua aplicação cortes marciais e comissões militares e autoridades militares em campo em tempos de guerra ou em território ocupado (VERMEULE, 2009).

Para Vermeule (2009), os chamados buracos cinzentos são mais preocupantes, porque uma aparente constrição à ação executiva dissimula a falta de constrangimentos. Conceitos comuns de Direito Administrativo, como a revisão de escolhas públicas arbitrárias e caprichosas, funcionam como buracos cinzentos em tempos de guerra ou emergências, porque uma legalidade ilusória é preservada, ainda quando a intensidade da revisão judicial é mais aparente do que real.

Hipóteses em que segurança nacional, relações internacionais, guerra e emergências estão em xeque tiveram seus julgamentos judiciais bem menos rigorosos após o 11 de setembro.

Vermeule prossegue identificando situações previstas na Lei de Processo Administrativo que delegam para agências e juízes o poder para decidir sobre situações futuras, a partir de um texto vago. Nesse aspecto, reforça um importante ponto defendido por Schmitt: parâmetros legais são incapazes de definir antecipadamente e com precisão a natureza de emergências que acontecerão no futuro, e isso demanda a suspensão do procedimento legal comum (VERMEULE, 2009).

Vermeule analisa a matriz de deferência judicial desenvolvida pela Suprema Corte Americana no precedente *Chevron U.S.A., Inc. v. Natural Resources Defense Councils*, julgado em 1984.[341] [342]

O caso envolve a decisão da agência de proteção ambiental – EPA – em definir qual o sentido de "fonte estacionária" mencionado no "*Clean Air Act*". A questão a ser dirimida seria perquirir se a expressão deveria alcançar uma fábrica inteira ou cada unidade poluidora dentro de uma fábrica. A Suprema Corte concluiu que o estatuto não era claro, razão pela qual a agência poderia suprir a ambiguidade ou vagueza por qualquer definição razoável por ela escolhida.

O caso *Chevron* criou um questionamento em dois passos para as cortes seguirem na revisão da interpretação da agência sobre a lei. O primeiro passo questiona se o Congresso expressamente disciplina o tema. No entanto, existindo lacuna ou ambiguidade no texto legal, o passo seguinte verifica se a interpretação dada pela agência foi razoável (VERMEULE, 2006a).

Assim, o precedente envolve o estudo da autocontenção do Poder Judiciário, tanto no controle de constitucionalidade das leis como no controle judicial da ação administrativa, inclusive a regulatória, a partir da premissa de que matérias tecnicamente complexas devem ser

---

[341] *Chevron U.S.A., Inc. v. Natural Resources Defense Councils* (1984).
[342] Sobre o caso *Chevron*, reportamo-nos ao descrito no item 2.2.2 do presente trabalho.

definidas pela autoridade administrativa especializada e, aos tribunais, caberia uma revisão superficial (VERMEULE, 2006a).

Vermeule (2009) admite que o teste *Chevron* possa configurar uma moldura relevante a instruir as cortes a prestigiar a interpretação da agência, salvo quando o estatuto claramente proibir ou se a interpretação da agência não for razoável. *Chevron* será aplicável quando uma análise anterior – "*Chevron Step Zero*" – indicar uma intenção clara do Congresso em delegar o poder de interpretação da lei para a agência. O autor questiona como identificar essa clareza e o que é uma interpretação razoável, e conclui que, antes do 11 de setembro, as cortes frequentemente invocavam *Chevron* para prestigiar interpretações administrativas em hipóteses de segurança nacional e relações internacionais. Após o 11 de setembro, um número de casos foi julgado a partir do precedente *Chevron* para revisão de decisões das agências relativas à segurança nacional, com resultado fortemente a favor do governo.

Afirma, ainda, que há situações em que o caso *Chevron* sequer é mencionado e a deferência é implícita, mas, ainda assim, real. Em certas circunstâncias, regras comuns de interpretação curvam-se a favor de decisões administrativas, e a revisão judicial em questões legais torna-se cada vez menos demandada. Tal processo levado ao seu limite produz os chamados buracos cinzentos na lei, que podem ocorrer com ou sem a moldura *Chevron*.[343]

A seu turno, para Vermeule (2009) os buracos cinzentos, ao preservarem uma aparência de legalidade, não mobilizam reações (*backlash*)[344] ou resistência, o que não ocorre em relação a situações de clara violação legal.

O autor assume não ser fácil especificar, em abstrato, quando exatamente aparecem os chamados buracos cinzentos, mas esclarece que parâmetros inerentes ao Direito Administrativo configuram conceitos abertos, que acabam por permitir que a revisão judicial seja mais ou menos intensa. Assim, em certas matérias, alguns juízes aplicam o direito para a ação administrativa de forma tão deferencial que tornam o argumento da legalidade apenas um pretexto, e a revisão judicial, mera ficção (VERMEULE, 2009).

---

[343] VERMEULE, Adrian. *Our Schmittian Administrative Law*, ob. cit., p. 1.130.
[344] O termo *backlash* é definido como "um sentimento forte entre um grupo de pessoas em reação a uma mudança ou a um evento recente na sociedade ou na política", conforme o dicionário *online* de Cambridge. Disponível em: http://dictionary.cambridge.org/pt/dicionario/ingles/backlash. Acesso em: 10 jul. 2022.

No entanto, argumenta que buracos cinzentos no Direito Administrativo podem ser a melhor estratégia para preservar ou promover o Estado de Direito, ao menos em condições políticas não ideais. Certo é que Vermuele (2009) admite que, ainda que buracos negros e cinzentos não sejam desejáveis, são inevitáveis.

Buracos negros surgem porque legisladores e autoridades do Executivo nunca concordarão em sujeitar toda a ação administrativa a parâmetros legais rígidos em função de inevitáveis mudanças e de circunstâncias imprevisíveis. Estas jamais serão totalmente eliminadas, porque, em parte, o próprio Judiciário compreende os limites da sua competência e receia pelas consequências prejudiciais em matérias que envolvam segurança nacional (VERMEULE, 2009).

A seu turno, buracos cinzentos se originam da necessidade do Direito Administrativo, em um estado regulatório moderno, de ter parâmetros que possam oferecer uma resposta legislativa pragmática, compatível com o tamanho do Estado administrativo, bem como com seus órgãos heterogêneos, com a complexidade e com a diversidade dos problemas afetos às agências e os modos de atuação administrativa. A tudo isso se relaciona o fato de que legisladores não desejam especificar antecipadamente normas ou formas institucionais que criam um Estado de Direito rígido para todas as futuras contingências – preocupação, por excelência, da teoria schmittiana (VERMEULE, 2009).

A questão envolve o problema de capacidade institucional. Juízes são deferentes porque acreditam que o Executivo dispõe de melhor informação e porque a assimetria informacional aumenta em situações de emergência. Ainda que possam hesitar se a informação administrativa é de fato superior ou quando duvidam da motivação do Executivo, eles têm consciência da falibilidade do Judiciário e receiam o prejuízo que possam causar à segurança nacional. Há também o receio do engessamento ocasionado pela revisão judicial e do prejuízo específico que isso pode causar em situações em que o tempo seja essencial.

Vermeule pondera se essa seria uma dinâmica apenas para o Direito Administrativo americano para, ao final, admitir que as questões são comuns a toda ação administrativa em um estado regulatório complexo e que essas características não variam tanto entre as nações. Buracos negros e cinzentos apresentam custos e benefícios. Os primeiros são mais explícitos e geram maior segurança para as autoridades do Executivo. Por outro lado, a ofensa ao Estado de Direito é mais óbvia, na medida em que buracos cinzentos podem alcançar os mesmos resultados com menos exposição (VERMEULE, 2009).

O autor sinaliza que as emergências possibilitam enxergar o debate do engessamento por nova perspectiva. Distingue entre mecanismos lentos e rápidos no desenho das respostas legais e institucionais para situações excepcionais a fim de concluir que as cortes que temporariamente ajustam os parâmetros de revisão judicial a ponto de criar buracos cinzentos liberam as agências para se engajarem em políticas experimentais, a fim de testarem novas soluções em regulação. Em geral, tanto para as políticas de segurança como em outras searas, o acervo informacional é construído pela prática. Emergências podem liberar políticas públicas do engessamento e incentivar a criatividade e novas soluções (VERMEULE, 2009).

O tema certamente oferece espaço para debate e possibilita resgatar o pensamento de Ronald Dworkin, que acredita no Direito como integridade e, como um *romance em cadeia*, não pode estar voltado para o passado ou para programas instrumentais de pragmatismos jurídicos voltados para o futuro. Seu discurso parece revelar certo ceticismo na capacidade de diálogo institucional e remete ainda para uma visão idealizada do Judiciário, como se passa a expor.

4.3 Reflexões sobre discricionariedade e a teoria dworkiana

O diálogo entre os autores – Dworkin e Vermeule – é interessante e desafia a reflexão. Dworkin (2010) parte do império da lei e admite que, na ausência de uma regra jurídica válida, a matéria controversa deva ser decidida pelo juiz a partir de seu discernimento pessoal.

Por sua vez, Vermeule salienta que, ao longo do tempo, a lei se curvou no sentido da deferência ao Estado administrativo. Argumenta que a lei abandonou espontaneamente suas pretensões imperialistas e assim o fez por razões legais internas. Acredita que as agências possuem maior legitimidade democrática e melhor competência técnica para enfrentar algumas questões, razão pela qual admite que a abnegação da lei é o caminho mais inteligente a seguir.

Esse é o ponto de tensão.

A perspectiva perfeccionista identifica-se, em grande parte, com a figura do juiz Hércules. Dworkin idealiza um jurista de capacidade sobre-humana, dotado de sabedoria e que supõe que a Constituição estabelece um sistema político geral e justo, consolidado por razões de equidade. Desenvolve uma teoria da Constituição como um conjunto complexo de princípios e políticas que justifiquem um sistema de governo (DWORKIN, 2010).

Ademais, Hércules não exerce suposições sobre a intenção das leis e limita a força gravitacional das decisões anteriores à extensão dos argumentos de princípios que a justificam. Suas convicções intelectuais ou filosóficas não têm força independente em suas decisões (DWORKIN, 2010).

Ao final, a técnica de decisão proposta a partir da alusão ao juiz Hércules propõe lembrar que os juízes podem errar nos juízos políticos que emitem e que devem, portanto, decidir os casos difíceis com humildade, a partir de duas ideias importantes: a dignidade humana e a igualdade política (DWORKIN, 2010).

Propõe, assim, uma teoria conceitual alternativa, a partir da tese de que as decisões judiciais fundamentadas em argumentos de princípios são compatíveis com os preceitos democráticos. A partir dessa construção, defende uma revisão judicial limitada a argumentos de princípio, inclusive e especialmente nos casos controversos, os chamados casos difíceis (DWORKIN, 2010).

Dworkin apresenta a discricionariedade como o poder atribuído a alguém para tomar decisões de acordo com padrões estabelecidos por determinada autoridade, que não está livre para decidir sem recorrer a padrões de bom senso e equidade. Assim, os juízes somente exercem o poder discricionário quando nenhuma das partes tem direito a uma decisão.

Logo, os juízes não costumam ter poder discricionário para decidir reivindicações nos casos convencionais, por mais polêmicos que possam se apresentar, porque o poder discricionário existe quando duas decisões forem igualmente corretas. Com efeito, nos casos difíceis, parece não existir uma única resposta correta para a questão posta em disputa, porque nenhuma proposição pode ser considerada como verdadeira, incidindo o chamado juízo de empate (DWORKIN, 2010). No entanto, o autor conclui que "as ocasiões em que não há resposta correta são mais raras do que geralmente se supõe" (DWORKIN, 2019).

Nesse contexto, é razoável admitir que possa existir uma resposta correta para uma questão controvertida, ainda que a mesma não possa ser demonstrada. No entanto, reconhece, também, que, em certos casos muito especiais e excepcionais, não existe nenhuma resposta certa para uma controvérsia de direito (DWORKIN, 2019).

Vermeule mostra-se cético à capacidade do Judiciário em oferecer uma resposta adequada para questões complexas, porque a revisão judicial de ações administrativas mostra-se fortemente influenciada por ideologia política e influência social. No Estado administrativo, o Executivo detém a *expertise* e a capacidade para agir em situações de emergência e de imprevisibilidade.

No entanto, Vermeule critica o modelo norte-americano e a teoria interpretativa por sofrer de uma falta de atenção para questões institucionais e empíricas.

Sustenta que a deferência judicial deve estar apoiada nas capacidades institucionais, como o reconhecimento pelo Judiciário da autoridade teórica das agências, e não como uma delegação de sua autoridade prática de última palavra. Apoia-se em uma perspectiva crítica à tradicional visão da separação estrita dos poderes e propõe que as capacidades das instituições sejam empíricas e constantemente comparadas, no sentido de avaliar qual está mais apta a tomar decisões que considerem todas as circunstâncias com melhor resultado possível (BOLONHA *et al.*, 2018).

Isso porque, Vermeule assevera, as agências operam em um campo onde a ciência e o consenso de especialistas não estão sempre presentes e, portanto, têm razões excelentes para decidir de uma ou outra maneira, de forma arbitrária, porém racional. Decerto, decisões regulatórias, não raro, são tomadas sob cenário de incerteza genuína, o que seria uma boa e suficiente razão para a abnegação da lei e para limitar a revisão judicial. A questão central não é qual a decisão correta, mas se o processo decisório adotou um caminho racional (VERMEULE, 2016).

Admite o autor, ao final, que o problema crucial que circunda questões como as que ora se discutem é institucional, e não filosófica (VERMEULE, 2006).

Binenbojm (2016) observa, porém, que a postura defendida por Vermeule não oferece qualquer caminho seguro para a preservação das conquistas democráticas e aposta em uma solução que permita identificar uma juridicidade da excepcionalidade.

Procura o autor apresentar respostas adequadas às circunstâncias a partir de um regime de juridicidade *contra legem*, que admite como elementos estruturantes: a excepcionalidade do perigo atual ou iminente; seu caráter transitório; a boa-fé das autoridades; proporcionalidade; e, finalmente, sujeição a mecanismos de *accountability*, inclusive com a possibilidade de responsabilidade civil do Estado por eventuais danos causados a terceiros (BINENBOJM, 2016).

Por fim, Binenbojm admite que "negar as situações de excepcionalidade administrativa equivaleria a pretender revogar a lei da gravidade, ou seja, negar a realidade" (BINENBOJM, 2016).

4.4 A estratégia dialógica da ação eleita: uma questão de justificação

A contribuição de Vermeule é inegável, especialmente porque traz para o debate o estudo das capacidades institucionais e dos efeitos sistêmicos das decisões judiciais. No entanto, polariza segurança e liberdade como valores inconciliáveis e propõe como solução um protagonismo para o Executivo, com ceticismos em relação à capacidade de revisibilidade pelo Judiciário e desconfiança em relação ao Legislativo movido por paixões e pressões.

Na verdade, a tese de Vermeule desenvolve-se a partir de situações trágicas, como o ataque terrorista do 11 de setembro, que estão sujeitas a uma disciplina própria para justificar a deferência judicial absoluta para situações de emergência que devem ser tratadas no cotidiano. Utiliza-se de fatos reais, porém limítrofes e particulares, que não serão exatamente aqueles que demandarão enfrentamento na generalidade. A proposta põe em xeque a teoria constitucional e a submissão a compromissos finalísticos, como justiça e dignidade, cuja adesão se justifica especialmente para orientar os momentos de crise e de incerteza.

Logo, qualquer solução não dispensa a necessária avaliação de que excessiva concentração de poder para o Executivo que coloque em risco o equilíbrio das funções estatais pode sugerir graves e indesejáveis abusos.

O positivismo, em suas diferentes visões, tende a procurar uma ordem jurídica completa, que seja capaz de oferecer uma resposta adequada para os casos difíceis.

Ronald Dworkin procurou sustentar que o juiz terá sempre o dever de encontrar uma resposta correta, porque acredita no direito como integridade, em que as afirmações jurídicas são opiniões interpretativas que combinam elementos, como uma política em processo de desenvolvimento.

A seu turno, Adrian Vermeule, autor que se destaca pelo estudo da teoria institucional, apresenta desenvolvimento de pesquisas, em especial em relação a análises sobre as capacidades institucionais e o contexto constitucional democrático. Em particular, traz relevante contribuição para o debate ao resgatar o pensamento de Carl Schmitt para procurar compreender a nem sempre harmoniosa separação entre as funções estatais e a relação entre legalidade e emergências, a partir dos buracos negros e cinzentos, que excepcionam os constrangimentos legais do Executivo. Assume que tais buracos negros e cinzentos são inevitáveis e, em consequência, qualquer aspiração em abolir os elementos schmittianos do Direito Administrativo é utópica.

A teoria institucional a que se filia Vermeule parte da premissa de que os desenhos institucionais e a sua dinâmica dependem de um estudo sobre capacidades das instituições e efeitos sistêmicos, em uma vertente crítica de pensamento que se opõe às correntes que atribuem aos juízes a prerrogativa interpretativa.

Parece não haver dúvida de que o estudo sobre capacidade institucional é relevante e não pode ser descartado. No entanto, admitir que o Executivo disponha, *a priori*, de melhor informação não se mostra suficiente e não dispensa a autoridade administrativa do necessário ônus de justificação, aprofundando os termos em que suas decisões foram construídas.

Por outro lado, ainda que seja possível admitir o aumento da assimetria informacional em situações de emergência, escolhas públicas devem expor a razão da estratégia de ação eleita e demonstrar o permanente diálogo entre os diversos agentes.

Como bem pontua Oliveira (2020), "o governante não pode decidir qualquer coisa, o que quiser, definir quaisquer prioridades, estatuir quaisquer políticas públicas sem atentar para os meios e os fins. (...) O governante não pode pretender assujeitar a Constituição".

O autor observa que a racionalidade deve ser dialógica, como uma razão edificada pela legitimidade processual, capaz de gerar consenso. Lembra que esse deve ser o sentido de diálogos institucionais, como valorização do saber especializado para que as instituições possam conversar entre si, voltado para um modelo de deferências às agências (OLIVEIRA, 2020).

Eventual reconhecimento do Judiciário de sua falibilidade em questões afetas a emergências não desonera o Executivo de identificar a legitimidade de sua conduta que não seja por uma moldura legal prévia, mas a partir da demonstração de que não tenha a opção em concreto incidido em conhecidos riscos, como insuficiência de informações, carência de domínio do problema ou cooptação por grupos de pressão.

Por fim, no domínio de incerteza, a conclusão pela adequação formal da escolha não residirá na afirmação do inteiro acerto da decisão final – juízo que, por vezes, sequer será possível em ponderável espaço de tempo –, mas na proclamação de que ela foi obtida por meio de um caminho racional.

5 O argumento de capacidades institucionais como resposta a cenários de crise pelo Judiciário brasileiro

Ao longo do presente trabalho, buscou-se, a partir da proposta metodológica de Adrian Vermeule, uma aproximação com os argumentos das capacidades institucionais com olhar voltado para o cenário de crise do século XXI, marcado desde o atentado de 11 de setembro de 2001 até a pandemia de COVID-19.

O debate remete a reflexões de ordem prática, no sentido de procurar demonstrar as repercussões do constitucionalismo democrático e sua capacidade de enfrentamento de situações excepcionais.

Como restou sinalizado em oportunidades anteriores, os conceitos e o arcabouço teórico tendem a padecer de certo anacronismo entre o analítico e pragmático. Nesse sentido, mostra-se necessário empreender um exercício de síntese entre a doutrina exposta e a realidade posta, o que demanda uma aproximação com a realidade do Judiciário brasileiro.

Assim, o objetivo central deste capítulo será exercitar a cogitação sobre possíveis aplicações dos conceitos de capacidades institucionais e efeitos sistêmicos, notadamente na busca da compreensão da forma como o Poder Judiciário brasileiro procurou responder ao cenário de crise gerado pela nova realidade imposta pelas medidas de proteção contra o novo coronavírus, recorte necessário tendo em conta as limitações indispensáveis à pesquisa.

A investigação deve ter, por certo, como pano de fundo a discricionariedade e a relação entre as funções estatais para procurar compreender a relação entre legalidade e separação de poderes, bem como o argumento de capacidade das instituições para o enfrentamento de emergências no modelo brasileiro.

Para verificar se as hipóteses lançadas no curso do trabalho se sustentam, será realizada uma busca pelos dados das publicações disponibilizadas pelo Conselho Nacional de Justiça (CNJ).

5.1 Declaração de emergência em saúde pública por surto de novo coronavírus

O coronavírus, doença respiratória SARS-CoV-2 (COVID-19), identificado na cidade de Wuhan, província de Hubei, na República Popular da China, em dezembro de 2019, gerou alerta à Organização Mundial da Saúde (OMS). Desde então, especialistas do mundo inteiro desenvolvem largo esforço de aprendizagem sobre o vírus, tratamentos disponíveis e mecanismos de prevenção eficientes.

Em 30 de janeiro de 2020, em Genebra, Suíça, a OMS declarou o surto do novo coronavírus (2019-nCoV) como uma emergência de saúde pública de importância internacional.[345]

No Brasil, o primeiro caso confirmado da doença ocorreu em 26 de fevereiro de 2020, e a primeira morte provocada pelo vírus, em 16 de março do mesmo ano.[346] Desde então, os números impressionam.

Em abril de 2020, ainda no início da pandemia, a Nota Técnica FIOCRUZ nº 2, de 2020, registrou em relação ao vírus "uma capacidade de contágio alta e mortalidade significativa, sobretudo em populações mais vulneráveis, como idosos e pessoas que apresentam comorbidades associadas".[347]

Ademais, a mesma nota técnica identificou peculiaridades da epidemia de COVID-19 em relação a outras, em especial em função de sua maior velocidade de propagação. Observa, ainda, que "o início da disseminação da doença acompanhou grandes 'hubs' aeroportuários e, num segundo momento, parece estar associado ao tamanho populacional das cidades".[348]

Após um ano da declaração do surto do novo coronavírus como uma emergência de saúde pública de importância internacional pela

---

[345] *Organização Mundial de Saúde declara pandemia do novo Coronavírus*. Disponível em: https://www.unasus.gov.br/noticia/organizacao-mundial-de-saude-declara-pandemia-de-coronavirus. Acesso em: 25 set. 2022.

[346] *Coronavírus*: primeiro caso é confirmado no Brasil. O que fazer agora?: Homem de São Paulo é o primeiro caso confirmado de infecção por COVID-19 no país. Veja o que muda na prevenção e no diagnóstico do coronavírus. Disponível em: https://saude.abril.com.br/medicina/coronavirus-primeiro-caso-brasil/. Acesso em: 25 set. 2022.

[347] *Nota Técnica 2, de 17 de abril de 2020*. Tendências atuais da pandemia de COVID-19: interiorização e aceleração da transmissão em alguns estados. Disponível em: https://bigdata-covid19.icict.fiocruz.br/nota_tecnica_2.pdf. Acesso em: 25 set. 2022.

[348] *Nota Técnica 2, 17 de abril de 2020*. Tendências atuais da pandemia de COVID-19: interiorização e aceleração da transmissão em alguns estados. Disponível em: https://bigdata-covid19.icict.fiocruz.br/nota_tecnica_2.pdf. Acesso em: 25 set. 2022.

OMS, o Observatório COVID-19 da FIOCRUZ destacou que "dados do SIVEP-Gripe de abril de 2020 a fevereiro de 2021 apontam que pouco menos de um quinto dos (1.029) municípios no país conseguiram atender mais de 10% dos casos de residentes que demandaram atendimento em UTI" e que, em relação ao total de internações pela doença, menos da metade dos 5.570 municípios apresentou capacidade para atendimento de mais de 10% (dez por cento) dos casos da doença em residentes.[349]

A pandemia tornou mais evidentes as desigualdades do país. Quando analisados os dados em nível federal, verifica-se que, em algumas unidades da federação, ocorre maior intensidade no fluxo em busca de atendimentos fora do local de residência do paciente. A análise realizada pelo Sistema de Vigilância Epidemiológica da Gripe (SIVEP – Gripe) identifica que, "para pacientes do sul do AM, por exemplo, é mais acessível do ponto de vista geográfico buscar atendimento em cidades do AC ou de RO do que enfrentar o deslocamento até Manaus, que é a cidade com maior capacidade de atendimento do estado".[350]

As disparidades regionais despontam também quando analisados os dados relativos à vacinação em relação aos estados do Centro-Oeste, Norte e Nordeste do país e em alguns grupos etários. Ademais, ainda que o avanço da imunização tenha representado a retomada do convívio social, dados do MonitoraCovid-19[351] sinalizam para comportamentos preocupantes, como a desmobilização da população em relação à gravidade da doença, assim como, em alguns locais e grupos populacionais, a baixa procura de imunizantes. Tudo isso, aliado à falta de coordenação, planejamento e comunicação, dificultou a eficiência das medidas capazes de frear a disseminação da doença.[352]

A primeira vacina contra COVID-19 aplicada foi no Reino Unido, em 08 de dezembro de 2020. Quando iniciada a campanha de vacinação

---

[349] *Nota Técnica 17, de 08 de abril de 2021.* Redes de Atenção à Saúde para COVID-19 e os desafios das esferas governamentais: macrorregiões de Saúde e a curva que devemos "achatar". Disponível em: https://bigdata-covid19.icict.fiocruz.br/nota_tecnica_17.pdf. Acesso em: 25 set. 2022.

[350] *Nota Técnica 17, de 08 de abril de 2021.* Redes de Atenção à Saúde para Covid-19 e os desafios das esferas governamentais: macrorregiões de Saúde e a curva que devemos "achatar". Disponível em: https://bigdata-covid19.icict.fiocruz.br/nota_tecnica_17.pdf. Acesso em: 25 set. 2022.

[351] Disponível em: https://bigdata-covid19.icict.fiocruz.br/. Acesso em: 25 set. 2022.

[352] *Nota Técnica FIOCRUZ 25, de 23 de junho de 2021.* Disponível em: https://bigdata-covid19.icict.fiocruz.br/nota_tecnica_25.pdf. Acesso em: 25 set. 2022.

em São Paulo, a média móvel passava de 54 mil casos e 900 óbitos por dia e, em 23 estados brasileiros, as taxas de ocupação de leitos de pacientes graves eram superiores a 60%.[353]

Após um ano do início da vacinação, o percentual da população brasileira vacinada com duas doses em comparação com países sul-americanos era menor que Chile (86%), Uruguai (76%), Argentina (73%) e Equador (72%).[354]

O Plano Nacional de Operacionalização da Vacinação do Ministério da Saúde[355] foi elaborado de acordo com a Portaria GM/MS nº 1.841, de 05 de agosto de 2021, como medida adicional ao enfrentamento à COVID-19 no Brasil. A Campanha Nacional de Vacinação teve, então, início em 18 de janeiro de 2021. Até setembro de 2022, 476 mil doses de vacina foram distribuídas, 399 mil aplicadas, 91,5% da população com a 1ª dose e 85,8% da população completamente vacinada.[356]

No Brasil, de acordo com os dados disponibilizados pelo Laboratório de Informação em Saúde (LIS) do Instituto de Comunicação e Informação Científica e Tecnológica em Saúde (ICICT),[357] da Fundação Oswaldo Cruz (FIOCRUZ), foram 34.624.427 (trinta e quatro milhões e seiscentos e vinte e quatro mil e quatrocentos e vinte e sete) casos e 685.750 (seiscentos e oitenta e cinco mil e setecentos e cinquenta) óbitos acumulados até 24.09.2022, considerando os dados notificados.[358]

---

[353] *Nota Técnica FIOCRUZ 25, de 23 de junho de 2021.* Disponível em: https://bigdata-covid19.icict.fiocruz.br/nota_tecnica_25.pdf. Acesso em: 25 set. 2022.

[354] *Nota Técnica FIOCRUZ 25, de 23 de junho de 2021.* Disponível em: https://bigdata-covid19.icict.fiocruz.br/nota_tecnica_25.pdf. Acesso em: 25 set. 2022.

[355] BRASIL. Ministério da Saúde. Secretaria de Vigilância em Saúde. Departamento de Imunização e Doenças Transmissíveis. *Plano Nacional de Operacionalização da Vacinação contra a COVID-19* [recurso eletrônico]. 2. ed. Brasília: Ministério da Saúde, 2022. 121 p. : il. Modo de acesso: World Wide Web: http://bvsms.saude.gov.br/bvs/publicacoes/plano_nacional_operacionalizacao_vacinacao_covid19.pdf. ISBN 978-65-5993-316-7. Disponível em: https://www.gov.br/saude/pt-br/centrais-de-conteudo/publicacoes/publicacoes-svs/coronavirus/plano-nacional-de-operacionalizacao-da-vacinacao-contra-a-covid-19-pno-2a-edicao-com-isbn Acesso em: 25 set. 2022.

[356] Conforme dados disponíveis em: https://www.gov.br/saude/pt-br/coronavirus/vacinas/plano-nacional-de-operacionalizacao-da-vacina-contra-a-covid-19. Acesso em: 25 set. 2022.

[357] O Laboratório de Informação em Saúde (LIS) do Instituto de Comunicação e Informação Científica e Tecnológica em Saúde (ICICT), da Fiocruz, lançou o MonitoraCovid-19, um sistema que integra dados sobre o novo coronavírus no Brasil e no mundo, com o objetivo de oferecer um retrato em tempo real da epidemia no país, por estados e por municípios, possibilitando comparação de tendências e extração de dados para análises.

[358] Disponível em: https://bigdata-covid19.icict.fiocruz.br/. Acesso em: 25 set. 2022.

Em 13 de abril de 2022, a Organização Mundial de Saúde (OMS) comunicou que a pandemia de COVID-19 continuava a ser considerada uma "emergência de saúde pública de importância internacional". Em 14 de setembro de 2022, o diretor-geral da Organização Mundial da Saúde (OMS) admite que o fim da pandemia de COVID-19 pode estar próximo, mas destaca que "ainda há risco do surgimento de mais variantes, aumento de mortes, interrupções e incertezas".[359]

No Brasil, em 17 de abril de 2022, o Ministério da Saúde decretou o fim do estado de emergência pela pandemia de COVID-19, justificado com base na situação epidemiológica favorável, na boa cobertura vacinal da população e na capacidade de assistência do SUS.

Para a FIOCRUZ, a decisão de decretação do fim do estado de emergência foi "precipitada e equivocada" em razão de diversos fatores, como: circulação do vírus, infecção em pessoas ainda não vacinadas ou com esquema vacinal incompleto, avanço de variantes e possibilidade de ocorrência de surtos localizados no Brasil.[360]

5.2 Medidas de enfrentamento da situação de emergência em saúde pública

Em decorrência do cenário apresentado e da declaração de emergência em saúde pública provocada pela infecção humana pelo novo coronavírus realizada pelo governo federal em fevereiro de 2020, a Câmara e o Senado aprovaram projeto para regulamentar as medidas que deveriam ser adotadas pelas autoridades sanitárias em caso de emergência de saúde pública provocada pelo coronavírus (PL nº 23/2020), transformado então na Lei nº 13.979, de 06 de fevereiro de 2020.[361]

A lei disciplina medidas importantes para enfrentamento da situação de emergência, como medidas de isolamento, quarentena,

---

[359] *OMS diz que fim da pandemia pode estar próximo*. Disponível em: https://news.un.org/pt/story/2022/09/1801061. Acesso em: 25 set. 2022.
[360] *Nota Técnica FIOCRUZ 25, de 23 de junho de 2021*. Disponível em: https://bigdata-covid19.icict.fiocruz.br/nota_tecnica_25.pdf. Acesso em: 25 set. 2022.
[361] Disponível em https://www12.senado.leg.br/noticias/materias/2022/04/20/fim-da-emergencia-de-saude-da-covid-pode-impactar-legislacao-e-politicas-publicas#:~:text=Fim%20da%20emerg%C3%AAncia%20de%20sa%C3%BAde%20da%20covid%20pode%20impactar%20legisla%C3%A7%C3%A3o%20e%20pol%C3%ADticas%20p%C3%BAblicas,-Compartilhe%20este%20conte%C3%BAdo&text=O%20fim%20da%20Emerg%C3%AAncia%20em,aprovadas%20pelo%20Congresso%20desde%202020. Acesso em: 25 set. 2022.

determinação compulsória de submissão a procedimentos médicos, restrição excepcional e temporária de entrada e saída do país; permite a importação de fármacos sem prévio registro na Agência Nacional de Vigilância Sanitária; e designa direitos às pessoas que sejam afetadas por alguma das medidas previstas no projeto de lei.

Ademais, determina a dispensa de licitação – apenas no período em que perdurar a situação de emergência – na aquisição de bens, serviços e insumos de saúde destinados ao enfrentamento da emergência de saúde pública.

Dispõe, ainda, que é dever de todos a comunicação imediata às autoridades sanitárias das seguintes situações: possíveis contatos com o coronavírus; circulação em áreas consideradas como de contaminação; ou manifestação de sintomas considerados característicos da infecção pelo agente.

Acresça-se que o diploma legal torna obrigatório o compartilhamento, entre órgãos e entidades das administrações públicas federal, estadual, distrital e municipal dos dados essenciais à identificação de pessoas infectadas ou com suspeita de infecção pelo coronavírus, com a finalidade exclusiva de evitar a propagação da doença. Registre-se que a obrigação é extensiva às pessoas jurídicas de direito privado, quando os dados forem solicitados por autoridade sanitária.

A Lei nº 13.979, de 2020, vincula-se ao Decreto Legislativo nº 6, de 2020, que reconhece, para os fins do art. 65 da Lei Complementar nº 101, de 04 de maio de 2000, a ocorrência do estado de calamidade pública, nos termos da solicitação do presidente da República encaminhada por meio da Mensagem nº 93, de 18 de março de 2020. O mencionado decreto perdeu a validade em dezembro de 2020.

Note-se, outrossim, que restou editada a Emenda Constitucional nº 106, de 07 de maio de 2020, que institui regime extraordinário fiscal, financeiro e de contratações para enfrentamento de calamidade pública nacional decorrente de pandemia. A mencionada emenda, conhecida como "Orçamento de Guerra", prevê os gastos do governo federal no combate à pandemia de coronavírus, com a possibilidade de separar os gastos com a pandemia do Orçamento Geral da União.

Nesse cenário, também cumpre observar a edição da Lei nº 13.993, de 23 de abril de 2020, que dispõe sobre a proibição de exportações de produtos médicos, hospitalares e de higiene essenciais ao combate à epidemia de coronavírus no Brasil, bem como a Lei nº 14.124, de 10 de março de 2021, que dispõe sobre as medidas excepcionais relativas à aquisição de vacinas e de insumos e à contratação de bens e serviços de logística, de tecnologia da informação e comunicação, de comunicação social e publicitária e de treinamentos destinados à vacinação contra a COVID-19 e sobre o Plano Nacional de Operacionalização da Vacinação contra a COVID-19.

Acresça-se que a Lei nº 14.006, de 28 de maio de 2020, permite à Agência Nacional de Vigilância Sanitária (Anvisa) autorizar a importação e a distribuição de medicamentos e equipamentos contra a COVID-19 já liberados para uso no exterior, bem como a Lei nº 13.989, de 15 de abril de 2020, que admite o uso da telemedicina durante a crise causada pelo coronavírus (SARS-CoV-2).

Merece ainda registro a Lei nº 14.125, de 10 de março de 2021, que autoriza estados, Distrito Federal e municípios a assumirem a responsabilidade civil em relação a efeitos adversos pós-vacinação.

O arcabouço legislativo parece, no entanto, não ter sido suficiente para o enfrentamento da pandemia, revelando um cenário de crise institucional que, embora não seja nova, mostra-se mais intensa.

Oliveira (2020) analisa o ambiente pandêmico brasileiro e observa que "a perspectiva dos diálogos institucionais e sociais apresenta sinais de, mais do que uma estagnação, um refluxo, havendo mesmo uma evidente e perniciosa precariedade e falta de diálogo no interior da mesma instituição, fenômeno manifestado sobretudo pelo poder executivo federal".

Traz, em reforço argumentativo, a distinção entre reserva de governo e reserva da ciência para lembrar que a primeira expressão deve ser empregada como referência a um espaço decisório político alocado ao governante, nos limites da lei e da Constituição, para tomadas de decisão e implementação de políticas públicas (OLIVEIRA, 2020).

Salienta que ao governante não é dado decidir sem atentar para meios e fins e que não detém liberdade absoluta de ação, porque "ele não começa o romance em cadeia (DWORKIN, 2007). Ele não é o marco zero. Ele não é a Constituição. O governante não pode pretender assujeitar a Constituição" (OLIVEIRA, 2020).

O combate à pandemia e o debate doutrinário, judicial e normativo dele decorrente possibilitam vislumbrar uma aproximação crescente com os argumentos das capacidades institucionais. A edição da Recomendação nº 66, de 13 de maio 2020, do Conselho Nacional de Justiça, ao recomendar aos juízes com competência para o julgamento das ações que versem sobre o direito à saúde a adoção de medidas para garantir os melhores resultados à sociedade durante o período excepcional de pandemia da COVID-19, merece, portanto, análise mais detida.

5.3 O impacto da COVID-19 e o Estado administrativo

O modelo de Estado administrativo mostra-se essencialmente dinâmico, a demandar constante apreciação de sua concretização. O contexto ofertado pela pandemia de COVID-19 no Brasil apresenta fatos e dilemas que oportunizam importante reflexão sobre a aplicação da teoria consequencialista em ambiente de incerteza e informação limitada.

O Conselho Nacional de Justiça (CNJ),[362] como órgão de fiscalização e de regulamentação do Poder Judiciário, a partir da publicação da Lei nº 13.979, de 06 de fevereiro de 2020, que dispõe sobre medidas para enfrentamento da situação de emergência em saúde pública de importância internacional decorrente do novo coronavírus, considerou necessária a edição da Recomendação CNJ nº 66/2020,[363] ato que recomenda aos juízes "maior deferência ao respectivo gestor do SUS, considerando o disposto na LINDB, durante o período de vigência do 'estado de calamidade' no Brasil".

Dentre as medidas expedidas, o CNJ recomenda de forma expressa maior deferência judicial ao gestor do Sistema Único de Saúde,[364] na forma da Lei de Introdução ao Direito Brasileiro (LINDB),[365] durante o período de vigência do estado de calamidade no Brasil.

Prossegue no sentido de que se observe "o efeito prático da decisão no contexto de calamidade, com vistas ao cumprimento do interesse público e da segurança do sistema sanitário, bem como a efetividade judicial e a celeridade no cumprimento da decisão".

No mesmo sentido a Recomendação CNJ nº 92, de 29 de março de 2021,[366] que recomenda aos magistrados que "atuem na pandemia

---

[362] O Conselho Nacional de Justiça (CNJ) foi criado pela Emenda Constitucional nº 45, de 2004, e instalado em 14 de junho de 2005, nos termos do art. 103-B da Constituição Federal. Trata-se de um órgão do Poder Judiciário com sede em Brasília (DF) e atuação em todo o território nacional.

[363] BRASIL. Conselho Nacional de Justiça. *Recomendação nº 66 de 13/05/2020*. Diário de Justiça Eletrônico / CNJ nº 137/2020, de 14/5/2020, p. 2-4. Disponível em: https://atos.cnj.jus.br/atos/detalhar/3318. Acesso em: 08 out. 2022.

[364] O Sistema Único de Saúde (SUS) é garantido pela Constituição Federal de 1988, em seu artigo 196, e pela Lei nº 8.080/1990 e constitui o conjunto de ações e serviços de saúde, prestados por órgãos e instituições públicas federais, estaduais e municipais, da Administração direta e indireta e das fundações mantidas pelo Poder Público. Disponível em: https://www.saude.mg.gov.br/sus. Acesso em: 08 out. 2022.

[365] BRASIL. *Decreto-Lei nº 4.657, de 04 de setembro de 1942*. Disponível em: http://www.planalto.gov.br/ccivil_03/decreto-lei/del4657compilado.htm. Acesso em: 08 out. 2022.

[366] BRASIL. Conselho Nacional de Justiça. *Recomendação nº 92, de 29/03/2021*. Diário de Justiça Eletrônico / CNJ nº 82/2021, de 29/3/2021, p. 2-3. Disponível em: https://atos.cnj.jus.br/atos/detalhar/3830. Acesso em: 08 out. 2022.

da COVID-19 de forma a fortalecer o sistema brasileiro de saúde e a preservar a vida com observância da isonomia e dos preceitos veiculados pela Lei de Introdução às Normas do Direito Brasileiro".

A seu turno, a Recomendação Conjunta Presi-CN nº 2, de 19 de junho de 2020,[367] expressamente reconhece ser a execução de políticas atribuição exclusiva do gestor ao recomendar aos membros do Ministério Público brasileiro a ampliação do diálogo interinstitucional como meio de fortalecer o controle proativo e resolutivo da política pública.

As aludidas recomendações expressam a preocupação dos órgãos de controle em buscar minimizar os impactos da judicialização, no sentido de evitar intimações pessoais a gestores do sistema de saúde em prazos exíguos e multas processuais, bem como priorizar a mobilização de recursos humanos e orçamentários para o controle da pandemia.

Com efeito, a LINDB, em seu artigo 20,[368] incorporou argumento consequencialista ao dispor sobre a tomada de decisão pautada em valores jurídicos que tenham em conta as suas consequências práticas, com foco no resultado agregado, a exigir do intérprete uma apreciação direcionada para os efeitos dinâmicos dos diversos modelos decisórios.

Ora, o cenário de combate à pandemia tornou possível vislumbrar a aproximação concreta com a análise institucional e sua interferência na escolha de regras interpretativas que juízes imperfeitos, falhos e reais devem adotar, especialmente diante do grande desafio que a gestão da pandemia, em cenário de incerteza, representou para os gestores.

Como restou defendido ao longo do presente trabalho, a análise institucional apresenta-se como condição necessária, porque possibilitará subsidiar o processo de tomada de decisão com empiria, comparação e foco no resultado, premissas necessárias ao conceito de capacidades institucionais.

Nessa esteira, é importante que órgãos correcionais e revisionais atuem pelo aperfeiçoamento e fortalecimento institucional, no sentido

---

[367] BRASIL. Conselho Nacional do Ministério Público – CNMP. *Recomendação Conjunta Presi-CN nº 2/2020b*. Diário de Justiça Eletrônico / CNMP de 19/6/2020. Disponível em: www.cnmp.mp.br/portal/images/Recomendacoes/RECOMENDAO-CONJUNTA-PRESI-CN-N-2-DE-19-DE-JUNHO-DE-2020-1.pdf/2020. Acesso em: 08 out. 2022.

[368] Art. 20. Nas esferas administrativa, controladora e judicial, não se decidirá com base em valores jurídicos abstratos sem que sejam consideradas as consequências práticas da decisão. Parágrafo único. A motivação demonstrará a necessidade e a adequação da medida imposta ou da invalidação de ato, contrato, ajuste, processo ou norma administrativa, inclusive em face das possíveis alternativas.

de garantir o estrito respeito à autonomia funcional e às atribuições de cada órgão.

A análise do balanço apresentado pelo relatório anual do Justiça em Números em 2021 demonstra que, dentre as matérias em que ocorre aumento de casos novos, o Direito Assistencial é o que apresenta maior destaque, com um aumento de 32,2%, excetuado o auxílio emergencial. Com efeito, os direitos assistenciais foram os mais demandados junto ao Poder Judiciário em função do grande impacto gerado pela COVID-19 e do incremento de vulnerabilidade social dela decorrente.[369]

Assim, também, as matérias relativas a Direito Administrativo e outras matérias de direito público apresentaram aumento no ingresso de processos, com 30,6% mais em 2020, se comparado a 2019, para aqueles relacionados à garantia constitucional em geral.[370]

Um indicador que merece atenção é o que mensura as sentenças proferidas em caráter precário ou em antecipação dos efeitos da sentença. Nos anos de 2019 e 2020, houve aumento de julgamento de liminares na Justiça Estadual, Federal e do Trabalho, com aumento mais significativo de um ano para outro na Justiça Federal.[371]

Ainda em relação a esse indicador, é interessante observar que o grupo de matéria em que a taxa de liminares por sentença foi mais elevada em 2020 é a relativa às ações envolvendo o grupo de saúde, com 12%, seguida de COVID-19, com 11,2%, e direito à educação, com 9%.

Quando analisado especificamente o grupo de matérias de saúde, é possível notar aumento nas liminares relativas à matéria saúde suplementar:[372]

---

[369] CONSELHO NACIONAL DE JUSTIÇA. *Impacto da COVID-19 no Poder Judiciário*. Brasília: CNJ, 2022.
[370] CONSELHO NACIONAL DE JUSTIÇA. *Impacto da COVID-19 no Poder Judiciário*. Brasília: CNJ, 2022.
[371] CONSELHO NACIONAL DE JUSTIÇA. *Impacto da COVID-19 no Poder Judiciário*. Brasília: CNJ, 2022.
[372] CONSELHO NACIONAL DE JUSTIÇA. *Impacto da COVID-19 no Poder Judiciário*. Brasília: CNJ, 2022.

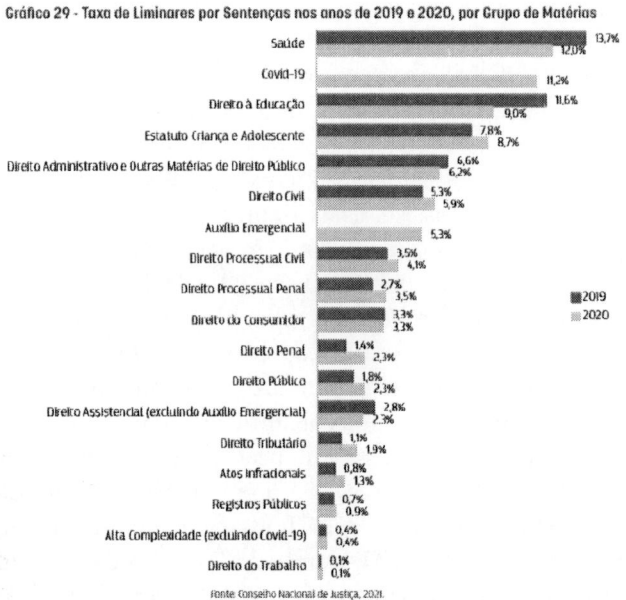

Gráfico 29 - Taxa de Liminares por Sentenças nos anos de 2019 e 2020, por Grupo de Matérias

Grupo de Matérias	2019	2020
Saúde	13,7%	12,0%
Covid-19	—	11,2%
Direito à Educação	9,0%	11,6%
Estatuto Criança e Adolescente	7,8%	8,7%
Direito Administrativo e Outras Matérias de Direito Público	6,6%	6,2%
Direito Civil	5,3%	5,9%
Auxílio Emergencial	—	5,3%
Direito Processual Civil	3,5%	4,1%
Direito Processual Penal	2,7%	3,5%
Direito do Consumidor	3,3%	3,3%
Direito Penal	1,4%	2,3%
Direito Público	1,8%	2,3%
Direito Assistencial (excluindo Auxílio Emergencial)	2,8%	2,3%
Direito Tributário	1,1%	1,9%
Atos Infracionais	0,8%	1,3%
Registros Públicos	0,7%	0,9%
Alta Complexidade (excluindo Covid-19)	0,4%	0,4%
Direito do Trabalho	0,1%	0,1%

Fonte: Conselho Nacional de Justiça, 2021.

O indicador de julgamento de liminares, isto é, as decisões que são proferidas em caráter de liminar ou aquelas em que ocorrem antecipação de efeitos, desperta uma reflexão interessante, porque, em princípio, são proferidas ainda em fase embrionária do processo e com limitado acervo informacional. Com efeito, se, de um lado, o Conselho Nacional de Justiça e o Poder Judiciário brasileiro editaram atos normativos que buscavam uma análise voltada para as capacidades institucionais e efeitos sistêmicos, alinhados à previsão disposta na LINDB, por outro observa-se, na prática, incremento de decisões precárias em matéria de saúde em 2020, em especial, para o tema de COVID-19 e para auxílio emergencial.

Mendonça (2018) sinaliza para a chamada cultura do hipercontrole público, que tomou conta do Brasil nos últimos tempos. Observa que tal cultura não está presente apenas nas normas, mas se revela como um modo de compreender e de se fazer.[373]

---

[373] MENDONÇA, José Vicente Santos de. Art. 21 da LINDB Indicando consequências e regularizando atos e negócios. *Rev. Direito Adm.*, Rio de Janeiro, Edição Especial: Direito Público na Lei de Introdução às Normas de Direito Brasileiro – LINDB (Lei nº 13.655/2018), p. 43-61, nov. 2018.

O autor destaca que uma das formas de exercício do controle reside na vagueza de certos tipos previstos em lei, enquanto categorias amplas que possibilitam discordâncias de opiniões sobre a interpretação jurídica de normas ou de práticas. Admite, ainda, que tais divergências estimulem atuações performáticas como forma de demonstração de poder. As diversas instâncias de controle favorecem, também, a disputa pelo controle.[374]

Conclui que o consequencialismo jurídico, como teoria da argumentação, e a LINDB, enquanto seu referencial normativo no Brasil, são reações à cultura do hipercontrole. Nesse sentido, o julgador pode se valer de diálogos que reduzam a assimetria informacional.[375]

Ora, ainda que louvável o esforço no âmbito normativo, há evidente descompasso quando analisada a prática, sugerindo a necessidade de mudanças organizacionais mais profundas. A pandemia de COVID-19 descortinou uma realidade nova para o Poder Judiciário brasileiro e, também, para os demais órgãos de fiscalização, como o Ministério Público e os tribunais de contas, a exigir não apenas reação mais célere para as demandas da sociedade, mas maior capacidade de compreensão das escolhas administrativas, a partir de parâmetros qualitativos de análise que demonstrem a capacidade de prestigiar a *expertise* na condução de políticas públicas.

Se é certo que a lei não será capaz de antever toda a ação administrativa, não menos correto será esperar uma exegese da lei pelo juiz Hércules de Dworkin. Para os desafios que a realidade revela e, em especial, para as situações de crise, deve o administrador estar preparado para o trato da coisa pública de forma ética e inovadora, apto a adaptar escolhas, rever prognósticos e avaliar consequências, com especial prestígio para os espaços decisórios de caráter técnico e científico.

As respostas institucionais devem sinalizar não apenas no plano abstrato, mas, com maior razão, na sua aplicação concreta, para o diálogo cooperativo entre os poderes, a demonstrar efetiva

---

[374] MENDONÇA, José Vicente Santos de. Art. 21 da LINDB Indicando consequências e regularizando atos e negócios. *Rev. Direito Adm.*, Rio de Janeiro, Edição Especial: Direito Público na Lei de Introdução às Normas de Direito Brasileiro – LINDB (Lei nº 13.655/2018), p. 43-61, nov. 2018.

[375] MENDONÇA, José Vicente Santos de. Art. 21 da LINDB Indicando consequências e regularizando atos e negócios. *Rev. Direito Adm.*, Rio de Janeiro, Edição Especial: Direito Público na Lei de Introdução às Normas de Direito Brasileiro – LINDB (Lei nº 13.655/2018), p. 43-61, nov. 2018.

capacidade de tomada de decisão em ambiente de incerteza, para situações complexas.

A questão central está, portanto, em compreender a dinâmica do Estado administrativo, em especial quando diante de situações de crise, como a vivenciada no enfrentamento da COVID-19. Referenciais epistemológicos maduros permitem que o Estado administrativo subsista, apesar das crises a que inevitavelmente estará sujeito.

CONCLUSÃO

O século XXI mostra-se assombrado por crises. Os padrões existentes são insuficientes, e as situações de crise demandam ponderações e novas soluções. Como o Direito Administrativo responde a emergências?

Do presente trabalho, emergem reflexões e respostas às perguntas formuladas, visando, ao final, contribuir para a superação da controvérsia. Pela ordem de exposição, estas as conclusões alcançadas:

1. Vermeule (2009) lança novas luzes sobre o debate que tem como pano de fundo a discricionariedade e a nem sempre harmoniosa relação entre as funções estatais ao imprimir sua concepção de direito, a partir do institucionalismo empírico.
2. O problema central da presente tese está na pergunta: como o direito responde a situações de crise? A hipótese do presente trabalho é a de que a resposta está na análise das instituições jurídicas, a partir do estudo dos conceitos de capacidades institucionais e efeitos sistêmicos e a compreensão da complexa articulação entre os três poderes.
3. Importante a discussão sobre os limites da legislação infraconstitucional como mecanismo de mutação, bem como sobre a atuação do Poder Judiciário na guarda da Constituição.
4. O presente trabalho procurou investigar criticamente a possibilidade de incremento da deferência para as agências administrativas em situações de emergência, bem como identificar as capacidades particulares de interpretação legal e os efeitos sistêmicos dessa aproximação interpretativa.
5. Também buscou perquirir a forma como o Poder Judiciário brasileiro respondeu ao cenário de crise gerado pelo novo coronavírus ao analisar os dados constantes nas publicações

do Conselho Nacional de Justiça (CNJ) a partir do marco teórico adotado e de uma análise interpretativa do modelo de controle de constitucionalidade brasileiro.
6. A teoria institucional contemporânea, de forma diversa do institucionalismo clássico, introduz análise sob novo enfoque metodológico, de viés pragmático, com consideração de ordem comportamental e funcional das instituições políticas.
7. Adotou-se a expressão teoria interpretativa no significado que lhe atribui Ely (2010) como a corrente que afirma que os juízes devem se limitar a fazer cumprir as normas explícitas ou claramente implícitas no texto da Constituição, razão pela qual os tribunais não podem fazer cumprir normas que não se encontram diretamente indicadas na Constituição escrita.
8. Válido revisitar o debate clássico entre jusnaturalismo e positivismo para a determinação do conceito de direito na modernidade. A nomenclatura, no entanto, pode ensejar certa confusão, na medida em que há diferenças relevantes entre os jusnaturalistas sobre a fonte dos princípios morais e de justiça que são considerados universalmente válidos ou mesmo sobre seu conteúdo.
9. A seu turno, o positivismo jurídico é um fenômeno complexo, cuja compreensão depende de paradigmas filosóficos que lhe dão sustentação.
10. A questão central que se coloca entre o direito natural e o positivismo jurídico está na discussão sobre o momento em que se deve analisar a relação entre moral e direito.
11. Das correntes do positivismo jurídico trazidas à colação, anotou-se que o debate, não raro, assume indesejadas questões ideológicas, com tentativa de aproximação de determinada corrente a um viés mais ou menos conservador, isto é, com o sentido de manutenção ou não do *status quo*.
12. Cogitou-se que eventual alinhamento do positivismo jurídico com qualquer regime de força revela desvirtuamento do ponto central da discussão que se pretende desenvolver.
13. Vermeule trouxe importante contribuição para o debate, porque alerta para uma condição crônica de cegueira institucional de que sofre a doutrina, na medida em que superestima a capacidade do Judiciário em ter sucesso na atualização dinâmica e flexível da interpretação, especialmente relativa à administração das agências.

14. Vermeule aponta para três tipos de cegueira institucional: não institucional, institucionalismo estilizado e institucionalismo assimétrico. O autor oferece como alternativa o institucionalismo empírico, com uma abordagem realística sobre as capacidades de todos os atores relevantes.
15. Dworkin desenvolve uma concepção do direito como um romance em cadeia que deve ser construído a partir de princípios que forneçam uma justificação coerente com todos os precedentes, disposições constitucionais e legislativas. A partir do conceito de integridade, o direito não pode estar voltado para o passado ou para programas instrumentais de pragmatismo jurídico voltado para o futuro.
16. Nesse contexto, Dworkin admite que, nos casos difíceis, parece não existir uma única resposta correta para a questão posta em disputa, porque nenhuma proposição pode ser considerada como verdadeira, incidindo o chamado juízo de empate.
17. A teoria dworkiniana não sustentou de forma indistinta que, para todos os casos, deva existir uma única resposta correta. Em verdade, o que ela defende é a possibilidade de que não haver uma só resposta certa é mínima em sistemas jurídicos avançados.
18. Dworkin idealiza um jurista de capacidade sobre-humana, a quem chama de Hércules, para lembrar que os juízes podem errar nos juízos políticos que emitem e que devem, portanto, decidir os casos difíceis, a partir de duas ideias importantes: a dignidade humana e a igualdade política.
19. Vermeule diverge de Dworkin em relação ao alcance da revisão judicial e sustenta que a teoria dworkiniana sofre de cegueira institucional, na medida em que o acervo informacional dos juízes é limitado e sua capacidade de processar a informação é pobre.
20. O conceito de agência adotado por Vermeule não está adstrito à ideia unicamente de agência reguladora, tal como adotado na legislação e doutrina brasileiras, mas alcança os que exercem a autoridade legal delegada para regulamentar.
21. Sustenta Vermeule a ideia de abnegação da lei em favor do império do Estado administrativo.
22. Divergem Dworkin e Vermeule sobre a contribuição da análise econômica do direito. A teoria vermeuliana e os efeitos

sistêmicos relacionados às capacidades institucionais são expressões de uma filosofia consequencialista, combatida por Dworkin.

23. Concluiu-se no sentido de que o Judiciário, ao assumir postura de interferência em políticas públicas, toma como suas as competências constitucionalmente atribuídas ao legislador e ao Executivo, de forma indevida.

24. A tese desenvolvida no presente trabalho é que decisões judiciais pautadas em argumentos de política e de moral, a partir de convicções pessoais de cada magistrado, exigem olhar atento para a contribuição que Vermeule pretende trazer para a hermenêutica.

25. Em consequência, a carência de acervo informacional, de que padece a atividade jurisdicional, recomenda uma postura mais deferente às escolhas técnicas ou democráticas.

26. Hart supõe que a validade do direito está no mundo concreto e social e constrói a chamada regra de reconhecimento, que tem como fundamento um elemento convencional. A norma de reconhecimento pode ser uma constituição escrita, a lei e precedentes judiciais.

27. Hart introduz o conceito de textura aberta, possibilitando que argumentos morais venham a integrar o direito. Aceita, portanto, que tribunais possam desempenhar função normativa e criadora.

28. Vermeule sugere que Hart padece da mesma cegueira institucional de Dworkin, porque ambos carecem de uma visão prospectiva.

29. O institucionalismo assimétrico caracteriza-se por superestimar a função exercida pelo Legislativo, com uma visão pessimista de algumas instituições em detrimento de outras. Na teoria vermeuliana, figuram como paradigmas dessa concepção John Hart Ely e Jeremy Waldron.

30. Ely apresenta como proposta a busca por metas participativas que assegurem, por meio de uma estratégia pluralista, que o processo político possa estar aberto a diferentes pontos de vista. Oferece uma abordagem de controle judicial de constitucionalidade que promova a representação, centrado na eliminação das obstruções ao processo democrático, em especial na garantia do voto.

31. Interessou ao propósito do presente trabalho e ao debate sobre diálogo institucional o posicionamento de Ely quanto a certa preferência dos legisladores de, para os casos difíceis, redigir leis de forma ambígua, delegando para a burocracia do Executivo a função de disciplinar o tema.
32. A concepção de um controle judicial de constitucionalidade procedimental é criticada por Vermeule, por entender que a teoria desenvolvida por Ely seria incompleta, uma visão estilizada e assimétrica do institucionalismo, que não se debruça sobre as capacidades institucionais.
33. Concluiu-se que pouco atenção tem sido dada ao papel que a burocracia administrativa pode desempenhar nesse mister, e aderimos a ideia de uma nova abordagem, que procure priorizar o diálogo entre as instituições.
34. Waldron não concorda com o argumento de que as cortes podem deliberar melhor, porque não estão sujeitas à pressão popular. Sustenta que as cortes não devem decidir pautadas em suas próprias motivações, mas provocadas pelos interesses dos litigantes. Defende a ideia de forte compromisso aos direitos das minorias.
35. Waldron atribui grande parte da autoridade e legitimidade de um sistema jurídico ao fato de que estamos sujeitos ao governo ditado por leis, e não por homens.
36. A teoria vermeuliana parte da premissa de que Waldron falhou em sua análise conceitual da separação de poderes, porque idealizada e não consequencialista.
37. A tese defendida no presente trabalho é a que procura incorporar uma dimensão dialógica na defesa de direitos fundamentais como a melhor forma de preservação da prática democrática.
38. Sustentou-se que a noção clássica de Administração Pública, constrangida pela legalidade estrita e limitada a um agir estatal estritamente público, não encontra suporte na atualidade.
39. O Estado administrativo tem como premissa a criação de agências, cujos poderes e limites foram conferidos pela legislação e pelo APA. Vermeule argumenta que o Estado administrativo foi criado e limitado por uma ação do Legislativo e do Executivo ao longo do tempo, sujeito à supervisão do presidente e chancelado por um consenso duradouro com a Suprema Corte.

40. A partir dos anos 1990, o Estado administrativo sofre críticas por parte de alguns autores, que sustentam ser uma espécie de poder absoluto, extra e supralegal.
41. O presente trabalho procurou refletir sobre as análises críticas aportadas por Hamburger para concluir que, ainda que não se deva dispensar o cuidado que instigam, os argumentos lançados não são suficientes para que concordemos que o Estado administrativo seja despótico e, por essa razão, deva ser desmantelado.
42. Anotou-se que a divisão tripartite de poderes, tal como proposta por Montesquieu no século XVIII, mostra-se um produto de uma época, em descompasso com as necessidades de governabilidade e a complexidade do Estado contemporâneo.
43. Buscou-se a revisão dos principais *standards* de deferência judicial, com o estudo dos casos julgados pela Suprema Corte: *Skidmore* (1944), *Chevron* (1984), *Auer* (1997) e *Mead* (2001), para examinar a construção de variáveis que são fundamentais na análise institucional: capacidades institucionais e efeitos sistêmicos.
44. A virada institucional proposta por Adrian Vermeule parte de duas premissas: capacidades institucionais e efeitos sistêmicos. Intentou-se no presente trabalho alcançar o significado essencial dessas variáveis.
45. Sunstein e Vermeule entendem não ser possível interpretar a partir de princípios ótimos, assim entendidos aqueles de primeira ordem, sem atentar para questões de segunda melhor opção sobre capacidades institucionais. A eficiência não será necessariamente maximizada pela busca de uma solução ideal, mas pela implementação de alternativas para aquele cenário.
46. O presente trabalho aponta para alguns problemas enfrentados pelas agências reguladoras brasileiras, que podem fragilizar seu poder decisório, a partir do cotejo do relatório de acompanhamento sobre a Agência Nacional de Mineração (ANM), no Processo nº TC 036.914/2018-5, de 2018, instaurado para acompanhamento do TCU em relação à estruturação da ANM.
47. Buscou-se contribuir com exemplos concretos de descompassos entre as lições acadêmicas, as previsões legais e

normativas e a realidade das agências reguladoras no Brasil, a recomendar que o uso da expressão capacidade institucional se faça tendo em conta recursos, habilidades e limitações concretas.

48. O argumento das capacidades institucionais apresenta sua face consequencialista. A tomada de decisão deve ser avaliada para o que se apresenta melhor no todo, e não apenas para o caso concreto.

49. A capacidade institucional parte, portanto, de três premissas: a primeira considera necessária a existência de especialização funcional, em observância ao princípio da separação de poderes; a segunda pondera que toda e qualquer iniciativa, por qualquer instituição, para alcançar seus fins é falível, porque sujeita a erros e incertezas; finalmente, qualquer análise não deve dispensar suas possíveis consequências para a promoção de um valor ou de um objetivo.

50. A atenção aos efeitos sistêmicos ou dinâmicos impõe necessário ônus argumentativo quanto à estimativa dos custos inerentes à tomada de decisão, bem como a chance de erro na sua aplicação, para valorar as consequências no tempo e no espaço para os diferentes atores.

51. Sustentou-se que capacidades institucionais e efeitos sistêmicos são conceitos que se complementam para orientar a tomada de decisão vinculada ao direito que promova o melhor dentro de certo contexto e para agentes reais e falíveis, a custos menores, observadas as finalidades para as quais essas instituições foram criadas.

52. Diante de um cenário de dúvida, em que ausente base informacional ou científica para que se possa ter segurança, o Direito Administrativo precisa abrir espaço para a tomada de decisão que seja racionalmente arbitrária.

53. Ponderou-se que a decisão racionalmente arbitrária se funda na teoria da decisão, e não no sentido jurídico de arbitrariedade enquanto ato despótico. Não dispensa, portanto, adequada motivação.

54. Sunstein e Vermeule invocam a teoria de Fuller de Estado de Direito como uma forma de compreender a moralidade do Direito Administrativo e garantir que as agências tenham seu comportamento estruturado em uma concepção que as torne eficazes e não arbitrárias.

55. Buscou-se no presente trabalho apresentar controvérsia em torno da promoção da moralidade pública enquanto componente essencial de constrangimento da autoridade administrativa, bem como a noção de bem comum.
56. O presente trabalho procurou investigar a relação do hiperpresidencialismo para a teoria institucional, em especial, para a realidade brasileira, a partir de um retrospecto sobre os movimentos de constitucionalismo e neoconstitucionalismo, com as contribuições de Carlos Santiago Nino e Roberto Gargarella.
57. Concluiu-se que o conceito de hiperpresidencialismo não seria aplicável à realidade brasileira. A Constituição de 1988 demonstrou ser longeva e capaz de garantir um longo período de estabilidade institucional para o país, apesar dos desafios enfrentados.
58. Sustentou-se ser possível a defesa de um modelo de deferência às escolhas administrativas pelo Poder Judiciário no Brasil, a partir do referencial teórico institucionalista, sem que isso induza necessariamente a um fortalecimento excessivo do Poder Executivo.
59. Anotou-se, a partir das contribuições de Vermeule, que a questão central não é qual a decisão correta, mas se o processo decisório adotou um caminho racional. As questões discutidas são institucionais, e não filosóficas.
60. Concluiu-se que Vermeule polariza segurança e liberdade como valores inconciliáveis e propõe como solução um protagonismo para o Executivo, com ceticismos em relação à capacidade de revisibilidade pelo Judiciário e desconfiança em relação ao Legislativo movido por paixões e pressões.
61. Sustentou-se que a tese de Vermeule desenvolve-se a partir de situações trágicas, como o ataque terrorista do 11 de setembro, que estão sujeitas a uma disciplina própria, para justificar a deferência judicial absoluta para situações de emergência que devem ser tratadas no cotidiano.
62. Cogitou-se que admitir que o Executivo disponha, *a priori*, de melhor informação não se mostra suficiente e não dispensa a autoridade administrativa do necessário ônus de justificação. Escolhas públicas devem expor a razão da estratégia de ação eleita e demonstrar o permanente diálogo entre os diversos agentes.

CONCLUSÃO | 173

63. A conclusão pela adequação formal da escolha não residirá na afirmação do inteiro acerto da decisão final, mas na proclamação de que ela foi obtida por meio de um caminho racional.
64. Cogitou-se aportar reflexões de ordem prática, buscando compreender a forma como o Poder Judiciário brasileiro procurou responder ao cenário de crise gerado pela nova realidade imposta pelas medidas de proteção contra o novo coronavírus, a partir da análise dos dados das publicações disponibilizadas pelo Conselho Nacional de Justiça (CNJ).
65. Quando analisados os dados em nível federal, verifica-se que, em algumas unidades da federação, ocorre maior intensidade no fluxo em busca de atendimentos fora do local de residência do paciente. A pandemia tornou mais evidentes as desigualdades do país.
66. Intentou-se demonstrar que o contexto ofertado pela pandemia de COVID-19 no Brasil apresenta fatos e dilemas que oportunizam importante reflexão sobre a aplicação da teoria consequencialista em ambiente de incerteza e informação limitada.
67. As recomendações do Conselho Nacional de Justiça e do Ministério Público brasileiro ampliam o diálogo interinstitucional como meio de fortalecer o controle proativo e resolutivo da política pública.
68. O presente trabalho demonstrou que a análise institucional se apresenta como condição necessária, porque subsidia o processo de tomada de decisão com empiria, comparação e foco no resultado, premissas necessárias ao conceito de capacidades institucionais.
69. A análise dos dados possibilitou concluir que os direitos assistenciais foram os mais demandados junto ao Poder Judiciário, em função do grande impacto gerado pela COVID-19 e do incremento de vulnerabilidade social dela decorrente.
70. Anotou-se que as matérias relativas a Direito Administrativo e outras matérias de direito público apresentaram aumento no ingresso de processos, com 30,6% mais em 2020, se comparado a 2019, para aqueles relacionados à garantia constitucional em geral.
71. O exame dos dados demonstrou que se, de um lado, o Conselho Nacional de Justiça e o Poder Judiciário brasileiro

editaram atos normativos que buscam uma análise voltada para as capacidades institucionais e efeitos sistêmicos, alinhados à previsão disposta na LINDB, por outro observa-se, na prática, incremento de decisões precárias em matéria de saúde em 2020, em especial, para o tema de COVID-19 e para auxílio emergencial, cenário de limitado acervo informacional.

72. Concluiu-se que o consequencialismo jurídico, como teoria da argumentação, e a LINDB, enquanto seu referencial normativo no Brasil, são reações à chamada cultura do hipercontrole público.

73. As respostas institucionais devem sinalizar para o diálogo cooperativo entre os poderes, a demonstrar efetiva capacidade de tomada de decisão em ambiente de incerteza, para situações complexas.

REFERÊNCIAS

AGAMBEN, Giorgio. *Estado de exceção*. Tradução: Iraci D. Poleti. 2ª ed. São Paulo: Boitempo, 2004.

Almeida, Maíra. *Estado Administrativo Norte-Americano Contemporâneo*: transformação permanente, diálogos de poderes e perspectivas simbióticas entre teorias e casos. Tese de Doutorado apresentada ao Programa de Pós-Graduação em Direito da Universidade Federal do Rio de Janeiro, Rio de Janeiro, 2019.

AMARAL, Alexandra da Silva. Apontamentos para uma reflexão sobre ativismo judicial. *In*: BRAGA, Nivea Corcino Locatelli; DORNELAS, Henrique Lopes (org.). *Hermenêutica jurídica à luz da teoria streckiana*. 1. ed. Londrina: Thoth, 2020.

AMARAL, Alexandra da Silva. *Princípios estruturantes das agências reguladoras e seus mecanismos de controle*. Rio de Janeiro: Lumen Juris, 2005.

AMATO, Lucas Fucci. Institucionalismo, pluralismo, corporativos: 100 anos de ordenamento jurídico, de Santi Romano. *Revista Quaestio Iuris*. vol. 10, n. 04, Rio de Janeiro, 2017, p. 2.656-2.677. Disponível em: https://www.researchgate.net/publication/320672778_Institucionalismo_pluralismo_corporativismo_100_anos_de_O_ordenamento_juridico_de_Santi_Roman. Acesso em: 21 jun. 2021.

ARAGÃO, Alexandre Santos de. *Curso de direito administrativo*. Rio de Janeiro: Forense, 2012.

ARGUELHES, Diego Werneck; LEAL, Fernando Angelo Ribeiro. Dois problemas de operacionalização do argumento de "capacidades institucionais". *Revista de Estudos Institucionais*, vol. 2, n. 1, 2016.

ARGUELHES, Diego Werneck; LEAL, Fernando Angelo Ribeiro. O argumento das "capacidades institucionais" entre a banalidade, a redundância e o absurdo. *Direito, Estado e Sociedade*, n. 38, p. 6-50, jan./jun. 2011.

ÁVILA, Humberto. *Teoria dos princípios*: da definição à aplicação dos princípios jurídicos. 19ª edição revista e atualizada. São Paulo: Malheiros, 2019.

BARROSO, Luís Roberto. *A judicialização da vida e o papel do Supremo Tribunal Federal*. Belo Horizonte: Fórum, 2018.

BARROSO, Luís Roberto. Neoconstitucionalismo e constitucionalização do direito: o triunfo tardio do direito constitucional no Brasil. *Revista de Direito Administrativo*, vol. 240, p. 1-42, 2005.

BINENBOJM, Gustavo. *Poder de polícia, ordenação, regulação*: transformações político-jurídicas, econômicas e institucionais do direito administrativo ordenador. Prefácio: Luís Roberto Barroso. Apresentação: Carlos Ari Sundfeld. Belo Horizonte: Fórum, 2016.

BOBBIO, Norberto. *Jusnaturalismo e positivismo jurídico*. Tradução: Jaime A. Clasen. Revisão técnica: Marcelo Granato. 1ª edição. São Paulo: Editora Unesp; Instituto Norberto Bobbio, 2016.

BOBBIO, Norberto. *Teoria geral do direito*. Tradução: Denise Agostinetti. Revisão da tradução: Silvana Cobucci Leite. 3ª ed. São Paulo: Martins Fontes, 2010.

BOLONHA, C.; ALMEIDA M.; LUCAS, D. Um caminho possível para a operacionalização das capacidades institucionais. *Revista de Estudos Constitucionais, Hermenêutica e Teoria do Direito* (RECHTD), v. 10, n. 3, p. 326-337, set./dez. 2018.

BOLONHA, C.; ALMEIDA, M.; RANGEL, H. A legitimidade na teoria institucional. *Revista Brasileira de Direitos Fundamentais & Justiça*, v. 7, n. 22, p. 148-169, 30 mar. 2013.

BOLONHA, Carlos; RANGEL, Henrique; CORREA, Flávio. Hiperpresidencialismo na América Latina. *Revista da Faculdade de Direito – UFPR*, Curitiba, vol. 60, n. 2, p. 115-140, maio/ago. 2015. Disponível em: https://revistas.ufpr.br/direito/article/viewFile/39132/26047. Acesso em: 16 jun. 2022.

BRASIL. Conselho Nacional de Justiça. *Recomendação nº 66, de 13/05/2020*. Diário de Justiça Eletrônico / CNJ nº 137/2020, de 14/5/2020, p. 2-4. Disponível em: https://atos.cnj.jus.br/atos/detalhar/3318. Acesso em: 08 out. 2022.

BRASIL. Conselho Nacional de Justiça. *Recomendação nº 92, de 29/03/2021*. Diário de Justiça Eletrônico / CNJ nº 82/2021, de 29/3/2021, p. 2-3. Disponível em: https://atos.cnj.jus.br/atos/detalhar/3830. Acesso em: 08 out. 2022.

BRASIL. Conselho Nacional do Ministério Público – CNMP. *Recomendação Conjunta Presi-CN nº 2/2020b*. Diário de Justiça Eletrônico / CNMP de 19/6/2020. Disponível em: www.cnmp.mp.br/portal/images/Recomendacoes/RECOMENDAO-CONJUNTA-PRESI-CN-N-2-DE-19-DE-JUNHO-DE-2020-1.pdf/2020. Acesso em: 08 out. 2022.

BRASIL. *Decreto-Lei nº 4.657, de 04 de setembro de 1942*. Disponível em: http://www.planalto.gov.br/ccivil_03/decreto-lei/del4657compilado.htm. Acesso em: 08 out. 2022.

BRASIL.. Ministério da Saúde. Secretaria de Vigilância em Saúde. Departamento de Imunização e Doenças Transmissíveis. *Plano Nacional de Operacionalização da Vacinação contra a COVID-19* [recurso eletrônico]. 2. ed. Brasília: Ministério da Saúde, 2022. 121 p. : il. Modo de acesso: World Wide Web: http://bvsms.saude.gov.br/bvs/publicacoes/plano_nacional_operacionalizacao_vacinacao_covid19.pdf ISBN 978-65-5993-316-7. Disponível em: https://www.gov.br/saude/pt-br/centrais-de-conteudo/publicacoes/publicacoes-svs/coronavirus/plano-nacional-de-operacionalizacao-da-vacinacao-contra-a-covid-19-pno-2a-edicao-com-isbn. Acesso em: 25 set. 2022.

BUENO, Roberto. Em torno à filosofia jurídica de Norberto Bobbio: desafios modernos. *Revista NEJ – Eletrônica*, vol. 17, n. 3, p. 489-500, set./dez. 2012. Disponível em: https://www6.univali.br/seer/index.php/nej/article/viewFile/4214/2425. Acesso em: 20 mar. 2022.

CARBONELL, Miguel *et al*. *Teoría del neoconstitucionalismo*: ensayos escogidos. Madrid: Trotta, 2007.

CASEY, Conor. 'Common Good Constitutionalism' and the New Debate over Constitutional Interpretation in the United States (November 4, 2020). *(Forthcoming, 2021) Public Law*. Disponível em: https://ssrn.com/abstract=3725068 or http://dx.doi.org/10.2139/ssrn.3725068. Acesso em: 19 jun. 2021.

CONSANI, Cristina Foroni. Separação dos poderes e Estado de Direito: considerações a partir da teoria de Jeremy Waldron. *Pensar*, Fortaleza, v. 21, n. 1, p. 123-149, jan./abr. 2016, p. 147.

CONSELHO NACIONAL DE JUSTIÇA. *Impacto da COVID-19 no Poder Judiciário*. Brasília: CNJ, 2022.

DWORKIN, Ronald. *A raposa e o porco-espinho*: justiça e valor. Tradução: Marcelo Brandão Cipolla. São Paulo: Editora WMF Martins Fontes, 2014. p. 590-591.

DWORKIN, Ronald. *Levando os direitos a sério*. Tradução: Nelson Boein. 2ª edição. São Paulo: Editora WMF Martins Fontes, 2010.

DWORKIN, Ronald. *O império do direito*. Tradução: Jeferson Luiz Camargo. São Paulo: Martins Fontes, 1999.

DWORKIN, Ronald. *Uma questão de princípio*. Tradução: Luís Carlos Borges. São Paulo: Martins Fontes, 2019. p. 176.

DYZENHAUS, David. Schmitten in the USA. *Verfassungsblog on matters constitucional*. 2020. Disponível em: https://verfassungsblog.de/schmitten-in-the-usa/. Acesso em: 19 jun. 2021.

ELY, John Hart. *Democracia e desconfiança*: uma teoria do controle judicial de constitucionalidade. São Paulo: Editora WMF Martins Fontes, 2010.

FORST, Rainer. The justification of human rights and the basic right to justification: a reflexive approach. *Ethics*, vol. 120, n. 4, 2010.

FULLER, Lon L. *The Morality of law*: revised edition. New Heaven: Yale University Press, 1964.

GARGARELLA, Roberto. 200 anos de constitucionalismo latino-americano. In: VIEIRA, Oscar Vilhena; GLEZER, Rubens (orgs.). *Transformação constitucional e democracia na América Latina*. São Paulo: FGV Direito SP, 2017.

GARGARELLA, Roberto. *Latin American constitutionalism, 1810-2010*: the engine room of the constitution. New York: Oxford University Press, 2013.

GODOY, Arnaldo Sampaio de Moraes. O realismo Jurídico em Oliver Wendell Holmes Jr. *Revista de Informação Legislativa*, Brasília, a. 43, n. 171, jul./set. 2006. Disponível em: https://www2.senado.leg.br/bdsf/bitstream/handle/id/92825/Godoy%20Arnaldo. pdf?sequence=1. Acesso em: 19 mar. 2022.

GRAU, Eros Roberto. *O direito posto e o direito pressuposto*. 7ª ed. São Paulo: Malheiros Editores, 2008. p. 203-204.

GUERRA, Sergio. *Discricionariedade e reflexividade*: uma nova teoria sobre as escolhas administrativas. Belo Horizonte: Fórum, 2008.

HÄBERLE, Peter. *Hermenêutica constitucional*: a sociedade aberta dos intérpretes da Constituição: contribuição para a interpretação pluralista "procedimental" da Constituição. Tradução: Gilmar Ferreira Mendes. Porto Alegre: Sergio Antonio Fabris Editor, 2002.

HAMBURGER, Philip. *Is administrative law unlawful?* Chicago and London: The University of Chicago Press, 2015.

HART, H. L. A. *O conceito de direito*. Pós-escrito organizado por Penélope A. Bulloch e Joseph Raz. Tradução: Antônio de Oliveira Sette-Câmara. São Paulo: Editora WMF Martins Fontes, 2009.

HART, H. L. A. *O conceito de direito*. Pós-escrito organizado por Penélope A. Bulloch e Joseph Raz. Tradução: Antônio de Oliveira Sette-Câmara. São Paulo: Editora WMF Martins Fontes, 2009.

HAURIOU, Maurice. *A teoria da instituição e da fundação*: ensaio de vitalismo social. Tradução: José Ignácio Coelho Mendes. Porto Alegre: Sergio Antonio Fabris Ed., 2009.

HESSE, Konrad. *A força normativa da constituição*. Tradução: Gilmar Ferreira Mendes. Porto Alegre: Sergio Antonio Fabris Editor, 1991.

HOLMES JR., Oliver Wendell. *The common law*, 1881. Disponível em: http://www.dominiopublico.gov.br/download/texto/gu002449.pdf. Acesso em: 19 mar. 2022.

JORDÃO, Eduardo. Entre o *prêt-à-porter* e a alta costura: procedimentos de determinação da intensidade do controle judicial no direito comparado. *Revista Brasileira de Direito Público – RBDP*, Belo Horizonte, ano 14, n. 52, p. 9-43, jan./mar. 2016. Disponível em: https://hdl.handle.net/10438/19180. Acesso em: 01 ago. 2021.

KÄGI, Werner. *La constitución como ordenamiento jurídico fundamental del estado*: investigaciones sobre las tendencias desarrolladas en el moderno Derecho Constitucional. Tradução: Sergio Díaz Ricci y Juan José Reyven. Madrid: Dydinsön, 2005.

KNIGHT, Frank Hyneman. *Risk, uncertainty and profit*. Boston and New York: The University Press Cambridge, 1921.

KOZICKI, Katya; PUGLIESE, William. O conceito de direito em Hart. *Enciclopédia jurídica da PUC-SP*. CAMPILONGO, Celso Fernandes; GONZAGA, Alvaro de Azevedo; FREIRE, André Luiz (coord.). Tomo: Teoria Geral e Filosofia do Direito. CAMPILONGO, Celso Fernandes; GONZAGA, Alvaro de Azevedo; FREIRE, André Luiz (coord. de tomo). 1. ed. São Paulo: Pontifícia Universidade Católica de São Paulo, 2017. Disponível em: https://enciclopediajuridica.pucsp.br/verbete/137/edicao-1/o-conceito-de-direito-em-hart. Acesso em: 28 jun. 2021.

LA TORRE, Massimo. Teorias institucionalistas del derecho (esbozo de uma voz de enciclopédia. *Derechos y Libertades*, n. 14, v. 11, p. 103-112, jan. 2006.

LAWSON, Gary. The return of the king: the unsavory origins of administrative law. *Texas Law Review*, Forthcoming, Boston Univ. School of Law, Public Law Research Paper No. 14-46. Aug. 2014. Disponível em: https://papers.ssrn.com/sol3/papers.cfm?abstract_id=2475853. Acesso em: 01 ago. 2021.

LAZARI-RADEK, Katarzyna de; SINGER, Peter. *Utilitarianism*: a very short introduction. Oxford: Oxford University Press, 2017.

LEAL, Fernando. Consequenciachismo, principialismo e deferência: limpando o terreno. Dilema é, de fato, meramente aparente. *Jota Info*, São Paulo, 2018. Disponível em: Consequenciachismo, principialismo e deferência: limpando o terreno | JOTA Info. Acesso em: 25 jun. 2020.

MAXIMILIANO, Carlos. *Hermenêutica e aplicação do direito*. 9ª ed. 3ª tiragem. Rio de Janeiro: Forense, 1984.

MENDONÇA, José Vicente Santos de. Art. 21 da LINDB Indicando consequências e regularizando atos e negócios. *Rev. Direito Adm.*, Rio de Janeiro, Edição Especial: Direito Público na Lei de Introdução às Normas de Direito Brasileiro – LINDB (Lei nº 13.655/2018), p. 43-61, nov. 2018.

MENDONÇA, José Vicente Santos de. *Direito constitucional econômico*: a intervenção do Estado na economia à luz da razão pública e do pragmatismo. 2ª edição. Belo Horizonte: Fórum, 2018.

MOREIRA NETO, Diogo de Figueiredo. *Curso de direito administrativo*: parte introdutória, parte geral e parte especial. 15ª edição. Revista, refundida e atualizada. Rio de Janeiro: Ed. Forense, 2009.

MOREIRA NETO, Diogo de Figueiredo. Evolução dos controles de juridicidade no Estado Democrático de Direito: A busca do equilíbrio entre o político e o jurídico: revisitando a missão da Advocacia de Estado. *Debates em Direito Público*, Brasília, ano 12, n. 12, jan./dez. 2013.

MOREIRA, Egon Bockmann. Notas sobre o estado administrativo: de omissivo a hiperativo. *REI – Revista Estudos Institucionais*, [S.l.], v. 3, n. 1, p. 153-179, ago. 2017. ISSN 2447-5467. Disponível em: https://www.estudosinstitucionais.com/REI/article/view/154. Acesso em: 13 jul. 2021. DOI: https://doi.org/10.21783/rei.v3i1.15.

MULGAN, Tim. *Utilitarismo*. Tradução: Fábio Creder. 2ª ed. Petrópolis, RJ: Vozes, 2014.

NINO, Carlos Santiago. *Fundamentos de derecho constitucional*: análisis filosófico, jurídico y politológico de la práctica constitucional. Buenos Aires: Editorial Astrea, 2013.

OLIVEIRA, Daniel Mitidieri Fernandes de. Algumas reflexões sobre o controle judicial da administração pública contemporânea: um dossiê sobre Estado Administrativo. *Revista Estudos Institucionais*, v. 3, n. 1, 2017.

OLIVEIRA, Fabio Corrêa de Souza de. *Morte e vida da constituição dirigente*. Rio de Janeiro: Lumen Juris, 2010.

OLIVEIRA, Fabio Corrêa Souza de. Discricionariedade: juízo de empate. *Revista Sequência*, Florianópolis, n. 79, p. 45-62, ago. 2018.

OLIVEIRA, Fabio Corrêa Souza de. *Por uma teoria dos princípios*: o princípio constitucional da razoabilidade. 2ª edição. Rio de Janeiro: Lumen Juris, 2007.

OLIVEIRA, Fabio Corrêa Souza de. Reserva de governo e reserva da ciência: a pandemia e o pandemônio. *Revista Estudos Institucionais*, v. 6, n. 3, p. 1.066-1.082, set./dez. 2020.

ORTIZ, Richard. Los problemas estructurales de la Constitución ecuatoriana de 2008 y el hiperpresidencialismo autoritario. *Estudios constitucionales*, Santiago, v. 16, n. 2, p. 527-566, dic. 2018. Disponível em: http://www.scielo.cl/scielo.php?script=sci_arttext&pid=S0718-52002018000200527&lng=es&nrm=iso. Acesso em: 16 jun. 2022. DOI: http://dx.doi.org/10.4067/S0718-52002018000200527.

PIETRO, Maria Sylvia Zanella Di. *Direito administrativo*. 27. ed. rev. atual e ampl. Rio de Janeiro: Forense, 2014.

POSNER, Eric. A.; VERMEULE, Adrian. *Terror in balance*: security, liberty, and the courts. New York: Oxford University Press, 2007.

POSNER, Richard. *Direito, pragmatismo e democracia*. Tradução: Teresa Dias Carneiro. Revisão técnica: Francisco Bilac M. Pinto Filho. Rio de Janeiro: Forense, 2010.

PULIDO, Carlos Libardo Bernal. Direitos fundamentais, juristocracia constitucional e hiperpresidencialismo na América Latina. *Revista Jurídica da Presidência*, Brasília, v. 17, n. 111, p. 15-34, fev./maio 2015.

RABKIN, Jeremy. The Origins of the APA: Misremembered and Forgotten Views. *Volume 28:3 of the George Mason Law Review*, 2021.

RIBEIRO, Leonardo Coelho. *O direito administrativo como "caixa de ferramentas"*: uma nova abordagem da ação pública. São Paulo: Malheiros, 2016.

RODRIGUEZ-ARANHA MUÑOZ, Jaime. *Direito fundamental à boa Administração Pública*. Belo Horizonte: Fórum, 2012.

ROMANO, Santi. *O Ordenamento Jurídico*. Tradução: Arno Dal Ri Júnior. Florianópolis: Fundação Boiteux, 2008.

Rossi, Jim. Respecting Deference: Conceptualizing Skidmore within the Architecture of Chevron, 42 *Wm. & Mary L. Rev.* 1105, p. 1110, 2001. Disponível em: https://scholarship.law.wm.edu/wmlr/vol42/iss4/2. Acesso em: 01 ago. 2021.

ROUSSEAU, Jean-Jacques. *Do contrato social*: ou princípios do direito público. Tradução: Eduardo Brandão. Introdução: Maurice Cranston. São Paulo: Penguin; Companhia das Letras, 2011.

SARMENTO, Daniel. O neoconstitucionalismo no Brasil: riscos e possibilidades. *Revista Brasileira de Estudos Constitucionais*, Belo Horizonte, v. 3, n. 9, jan. 2009. Disponível em: http://bdjur.stj.jus.br/dspace/handle/2011/29044. Acesso em: 11 jun. 2022.

SCHMITT, Carl. *O conceito do político*. Tradução: Alexandre Franco de Sá. Lisboa: Edições 70, 2020.

SEN, Amartya. *Desenvolvimento como liberdade*. Tradução: Laura Teixeira Motta. Revisão técnica: Ricardo Doninelli Mendes. São Paulo: Cia. das Letras, 2010. p. 84.

SEPULVEDA, Antônio; BOLONHA, Carlos; LAZARI, Igor de. Deferência judicial às decisões das agências reguladoras no Brasil e nos Estados Unidos. *Interfases*, 2019. Disponível em: https://interfases.legal/2019/08/09/deferencia-judicial-decisoes-agencias-brasil-estados-unidos/. Acesso em: 04 set. 2021.

SHAPIRO, Fred R. Os estudiosos jurídicos mais citados. *The Journal of Legal Studies*, vol. 29, n. S1, p. 409-426, jan. 2000.

SOUTO, João Carlos. *Suprema Corte dos Estados Unidos*: principais decisões. 4ª ed. Barueri, SP: Atlas, 2021.

SOUZA, Rafael Bezerra; BOLONHA, Carlos. Teorias jurídicas contemporâneas: uma análise crítica sob a perspectiva institucional. *Direito, Estado e Sociedade*, n. 43, p. 162, a. 183, jul./dez. 2013. Disponível em: http://direitoestadosociedade.jur.puc-rio.br/media/43artigo7.pdf. Acesso em: 21 jun. 2021.

STRECK, Lenio Luiz. *Dicionário de Hermenêutica*: quarenta temas fundamentais da Teoria do Direito à luz da Crítica Hermenêutica do Direito. Belo Horizonte: Letramento Caso do Direito, 2017.

STRECK, Lenio Luiz. O neoconstitucionalismo é, de fato, uma postura pós-positivista? – A busca de uma resposta a partir da hermenêutica. *In*: LEITE, George Salomão; LEITE, Glauco Salomão; STRECK, Lenio Luiz (coord.). *Neoconstitucionalismo*: avanços e retrocessos. Belo Horizonte: Fórum, 2017. p. 15-36.

STRECK, Lenio Luiz. *Revista Consultor Jurídico*, 2020. Disponível em: https://www.conjur.com.br/2020-abr-23/senso-incomum-professor-harvard-lanca-constitucionalismo-deus-acima-todos. Acesso em: 19 jun. 2021.

STRECK, Lenio Luiz; MOTTA, Francisco José Borges. Relendo o debate entre Hart e Dworkin: uma crítica aos positivismos interpretativos. *Revista Brasileira de Direito*, Passo Fundo, v. 14, n. 1, p. 54-87, abr. 2018. Disponível em: https://seer.imed.edu.br/index.php/revistadedireito/article/view/2451. Acesso em: 10 jul. 2020. DOI: https://doi.org/10.18256/2238-0604.2018.v14i1.2451.

STRUCHINER, Noel. Algumas proposições fulcrais acerca do direito: o debate jusnaturalismo vs. Juspositivismo. *In*: MAIA, Antonio Cavalcanti; MELO, Carolina de Campos; CITTADINO, Gisele; POGREBINSCHI, Thamy (org.). *Perspectivas atuais da filosofia do direito*. Rio de Janeiro: Lumen Juris, 2005. p. 399-415.

SUNDFELD, Carlos Ari. O direito administrativo entre os clips e os negócios. *Fórum Administrativo Direito Público*. Belo Horizonte, ano 9, n. 100, jun. 2009. Disponível em: https://www.conjur.com.br/2006-dez-21/direito_administrativo_oscila_entre_papeis_negocios?pagina=2. Acesso em: 01 dez. 2019.

SUNSTEIN, Cass R. Chevron As Law. *Georgetown Law Journal*, Forthcoming, jan. 2019. Disponível em: https://ssrn.com/abstract=3225880 or http://dx.doi.org/10.2139/ssrn.3225880. Acesso em: 03 ago. 2021.

SUNSTEIN, Cass R.; VERMEULE, Adrian. Interpretation and Institutions. *John M. Olin Program in Law and Economics Working Paper*, n. 156, 2002.

SUNSTEIN, Cass R.; VERMEULE, Adrian. *Law & leviathan*: redeeming the administrative state. London: Harvard University Press, 2020.

SUNSTEIN, Cass R.; VERMEULE, Adrian. The Unbearable Rightness of Auer. Forthcoming, University of Chicago Law Review, *Harvard Public Law Working Paper*, n. 16-02, maio 2016. Disponível em: https://ssrn.com/abstract=2716737 or http://dx.doi.org/10.2139/ssrn.2716737. Acesso em: 04 set. 2021.

SUNSTEIN, Cass. Chevron Step Zero. *Virginia Law Review*, vol. 92, n. 2, 2006.

TAVARES, André Ramos. *Curso de direito constitucional*. 19ª edição. São Paulo: Saraiva Educação, 2021.

VALLE, Vanice Lírio do. Controle Judicial de Políticas Públicas: sobre os riscos da vitória semântica sobre o normativo. *Revista de Direitos Fundamentais e Democracia*, Curitiba, v. 14, n. 14, p. 387-408, jul./dez. 2013.

VALLE, Vanice Regina Lírio do. Deferência judicial às escolhas regulatórias: o que podemos aprender com standards aplicados pela Suprema Corte estadunidense. *Rev. Direito Adm.*, Rio de Janeiro, v. 280, n. 2, p. 137-164, maio/ago. 2021. Disponível em: https://bibliotecadigital.fgv.br/ojs/index.php/rda/article/download/84499/80107/185027. Acesso em: 26 out. 2021.

VERMEULE, Adrian. Beyond Originalism. *The Atlantic*, 2020. Disponível em: https://www.theatlantic.com/ideas/archive/2020/03/common-good-constitutionalism/609037/. Acesso em: 31 maio 2021.

VERMEULE, Adrian. Decisões racionalmente arbitrárias no direito administrativo. Tradução: Maíra Almeida. Revisão: Antonio Guimarães Sepulveda. *REI – Revista de Estudos Institucionais*, v. 3, n. 1, p. 1-47/48-88, ago. 2017. Disponível em: https://estudosinstitucionais.com/REI/article/view/152. Acesso em: 31 out. 2021.

VERMEULE, Adrian. Deference and Determination. *Ius & Iustitium*, 2020. Disponível em: https://iusetiustitium.com/deference-and-determination/. Acesso em: 19 jun. 2021.

VERMEULE, Adrian. *Judging under uncertainty*: an institutional theory of legal interpretation. Cambridge: Harvard University Press, 2006.

VERMEULE, Adrian. *Law and the limits of reason*. New York: Oxford University Press, 2008.

VERMEULE, Adrian. *Law's abnegation*: from law's empire to the administrative state. London: Harvard University Press, 2016.

VERMEULE, Adrian. Mead in the Trenches. *Public Law & Legal Theory Working Paper*. No. 37. Chicago: University of Chicago, 2003. Disponível em: https://chicagounbound.uchicago.edu/cgi/viewcontent.cgi?article=1188&context=public_law_and_legal_theory. Acesso em: 14 ago. 2021.

VERMEULE, Adrian. No' Review of Philip Hamburger, 'Is Administrative Law Unlawful?. *Forthcoming, Texas Law Review*, 93 Texas, 2015. Disponível em: https://dash.harvard.edu/handle/1/16162449. Acesso em: 01 ago. 2021.

VERMEULE, Adrian. Our Schmittian Administrative Law. *Harvard Law Review*, v. 122, n. 4, 2009.

VERMEULE, Adrian. Rationally arbitrary decisions in Administrative Law. Coase-Sandor Working Paper Series in Law and Economics, Conferences and Events, *Journal of Law & Economics, Journal of Legal Studies*, 2015. Disponível em: https://chicagounbound.uchicago.edu/jls/vol44/iss4/7/. Acesso em: 19 jun. 2021.

VÉRTESY, László. The Model State Administrative Procedure Act in the USA. (*De iurisprudentia et iure publico*. p. 1789-0446, 2013. Disponível em: https://ssrn.com/abstract=3198085. Acesso em: 11 jul. 2021.

WALDRON, Jeremy. *A dignidade da legislação*. Tradução: Luis Carlos Borges. São Paulo: Martins Fontes, 2003.

WALDRON, Jeremy. The core of the case against judicial review. *The Yale Law Journal*, n. 115, p. 1346-1406, 2006. Disponível em: https://digitalcommons.law.yale.edu/cgi/viewcontent.cgi?article=5011&context=ylj. Acesso em: 01 nov. 2021.

REFERÊNCIAS DE CASOS

Crowell v. Benson, 285 U.S. 22 (1932).

Skidmore v. Swift & Co., 323 U.S. 134 (1944).

Chevron v. NRDC, 467 US 837 (1984).

Auer v. Robbins, 519 U.S. 452 (1997).

United States v. Mead, 533 U.S. 218 (2001).

Tri-Valley Cares v. U.S. Department of Energy, 671 F. 3d 1.113 (9th Cir., 2012).

American Equity Investment Life Insurance Co. Securities and Exchange Commission, 613 F. 3d 166 (2010).

Tucson Herpetological Society v. Salazar, 566 F. 3d 870 (9th Cir., 2009).

REFERÊNCIA DE LEIS

33 U.S.C.S. §§901-950.

Administrative Procedure Act. 60 Stat. 237 (Pub. Law 79-404).

LINKS

60 Stat. 237 (Pub. Law 79-404). Disponível em: https://www.justice.gov/sites/default/files/jmd/legacy/2014/05/01/act-pl79-404.pdf. Acesso em: 11 jul. 2021.

AGÊNCIA SENADO. Fim da emergência de saúde da covid pode impactar legislação e políticas públicas. Disponível em: https://www12.senado.leg.br/noticias/materias/2022/04/20/fim-da-emergencia-desaude-dacovidpodeimpactarlegislacao epoliticaspublicas#:~:text=Fim%20da%20emerg%C3%AAncia%20de%20sa%C3%BA de%20da%20covid%20pode%20impactar%20legisla%C3%A7%C3%A3o%20e%20 pol%C3%ADticas%20p%C3%BAblicas,Compartilhe%20este%20conte%C3%BA do&text=O%20fim%20da%20Emerg%C3%AAncia%20em,aprovadas%20pelo%20 Congresso%20desde%202020. Acesso em: 25 set. 2022.

BRASIL. Ministério da Saúde. *Esquemas vacinais.* Disponível em: https://www.gov.br/saude/pt-br/coronavirus/vacinas/plano-nacional-de-operacionalizacao-da-vacina-contra-a-covid-19. Acesso em: 25 set. 2022.

BRITANNICA. *Edward Coke.* Disponível em: https://www.britannica.com/biography/Edward-Coke. Acesso em: 19 jun. 2022.

COURT LISTENER. *Defenders of Wildlife Tucson Herpetological Society Horned Lizard Conservation Society Sierra Club Desert Protective Council Biodiversity*, 2001. Disponível em: https://www.courtlistener.com/opinion/774249/defenders-of-wildlife-tucson-herpetological-society-horned-lizard/. Acesso em: 27 mar. 2022.

DICIONÁRIO ONLINE DE CAMBRIDGE. *Blacklash*. Disponível em: http://dictionary.cambridge.org/pt/dicionario/ingles/backlash. Acesso em: 10 jul. 2022.

FIOCRUZ. *Nota Técnica 17 de abril de 2020*. Tendências atuais da pandemia de COVID-19: interiorização e aceleração da transmissão em alguns estados. Disponível em: https://bigdata-covid19.icict.fiocruz.br/nota_tecnica_2.pdf. Acesso em: 25 set. 2022.

FJC. *Cases that Shaped the Federal Courts*: Crowell v. Benson 1932. Disponível em: https://www.fjc.gov/sites/default/files/cases-that-shaped-the-federalcourts/pdf/Crowell.pdf. Acesso em: 08 jul. 2021.

NEWS. *OMS diz que fim da pandemia pode estar próximo*. Disponível em: https://news.un.org/pt/story/2022/09/1801061. Acesso em: 25 set. 2022.

SAÚDE ABRIL. *Coronavírus*: primeiro caso é confirmado no Brasil. O que fazer agora?: Homem de São Paulo é o primeiro caso confirmado de infecção por COVID-19 no país. Veja o que muda na prevenção e no diagnóstico do coronavírus. Disponível em: https://saude.abril.com.br/medicina/coronavirus-primeiro-caso-brasil/. Acesso em: 25 set. 2022.

U.S. Fish & Wildlife Serviço. Disponível em https://www.fws.gov/. Acesso em: 02 mar. 2022.

UNASUS. *Organização Mundial de Saúde declara pandemia do novo Coronavírus*. Disponível em: https://www.unasus.gov.br/noticia/organizacao-mundial-de-saude-declara-pandemia-de-coronavirus. Acesso em 25/09/2022.